非计算机专业计算机公共课系列教材

SPSS统计分析

主编 滕 冲 汪同庆
参编 李珊枝 肖 慧 林迎迎 周 宬

WUHAN UNIVERSITY PRESS
武汉大学出版社

图书在版编目(CIP)数据

SPSS 统计分析/滕冲,汪同庆主编. —武汉:武汉大学出版社,2014.2
非计算机专业计算机公共课系列教材
ISBN 978-7-307-12819-4

Ⅰ.S…　Ⅱ.①滕…　②汪…　Ⅲ.统计分析—软件包　Ⅳ.C819

中国版本图书馆 CIP 数据核字(2014)第 027014 号

责任编辑:林　莉　　　责任校对:汪欣怡　　　版式设计:马　佳

出版发行:**武汉大学出版社**　(430072　武昌　珞珈山)
(电子邮件:cbs22@ whu.edu.cn 网址:www.wdp.com.cn)
印刷:湖北恒泰印务有限公司
开本:787×1092　1/16　印张:13.75　字数:347 千字　插页:1
版次:2014 年 2 月第 1 版　2014 年 2 月第 1 次印刷
ISBN 978-7-307-12819-4　定价:33.00 元

内 容 提 要

本书讲解了统计分析软件 SPSS 的基本用法。主要内容包括 SPSS 系统概述、SPSS 数据文件的创建和管理、SPSS 数据的预处理、描述性统计分析与统计图表、参数检验、非参数检验、相关分析、回归分析和方差分析。

全书体系完整,结构清晰。用通俗简明的语言介绍基本理论,同时,配合了丰富典型的案例增强知识的应用性和可操作性。本书适用高等学校本、专科学生学习统计分析使用,也可为数据统计分析的学习者和研究者提供参考。

前 言

人类已步入大数据时代,凡是有数据的地方,就有数据分析的需求。如何高效地获取有价值的信息,从而作出科学的评估和决策?

SPSS 统计分析软件是在社会学研究、调查统计、市场研究、医学统计、政府和企业的数据分析应用中久享盛名的统计分析软件。在国际学术界的各个领域,其自动统计绘图、数据的深入分析、易学易用、功能齐全等方面得到了高度的评价和广泛的称赞。在国际学术界有条不成文的规定,即在国际学术交流中,凡是用 SPSS 软件完成的计算和统计分析,可以不必说明算法,由此可见其影响之大和信誉之高。

SPSS 软件版本更新很快,本书内容以 SPSS 20.0 中文版为操作平台,以统计分析为目的,讲解了创建数据文件、编辑和管理数据、为后续统计分析打好基础作数据的预处理、描述性统计分析、绘制统计图、假设检验、相关分析、回归分析、方差分析和非参数检验等一系列内容。

全书深入浅出,图文并茂,在简明阐述统计方法的理论与思想的同时,精心设计了大量的案例,给出了详细的操作指导及统计分析结果的解读,真正做到了理论与实践相结合,可操作性强。章节前的引例则是提纲挈领地展示了章节要点,启发式地提出问题,随后解决问题,举一反三。每一章最后附上本章小结,配以思考与练习题来强化重点和加深理解。如此,读者能切实地掌握一门统计分析方法,让自己的实验数据生动起来,为自己的专业领域添砖加瓦,令自己的专业技能如虎添翼。

本书共包括 8 章。其中,第 1 章由汪同庆编写,第 2 章由滕冲编写,第 3 章和第 4 章由肖慧编写,第 5 章和第 7 章由林迎迎编写,第 6 章和第 8 章由李珊枝和周宬编写。在本书编写过程中,陈波在语言表达、全文架构等方面给予了诸多指导和大力支持,在此深表感谢。同时,感谢武汉大学出版社对本书出版给予的支持。

由于编者水平和时间有限,书中难免有错漏之处,敬请广大读者提出宝贵意见,欢迎致邮:tengchong@ whu. edu. cn。

编 者

2014 年 2 月

于珞珈山

目　　录

第1章 SPSS统计分析软件概述

SPSS软件是世界上应用最广泛的统计分析软件之一。目前，在全球约有28万家用户，它们分布于电子商务、银行金融、保险证券、市场调研、政府税务、教育科研、医疗卫生、化工行业、制造业、零售业、通信等多个领域和行业，全球500强中约有80%的公司使用SPSS用于数据统计分析。在市场研究和市场调查领域，SPSS软件有超过80%的市场占有率，深受广大用户的青睐。

1.1 初识SPSS

1968年，美国斯坦福大学的三位研究生研制开发了最早的统计分析软件包，用于解决社会学研究中的统计分析问题，将其称为"Statistical Package for the Social Sciences"即"社会科学统计软件包"，简称SPSS。1975年，SPSS公司在美国芝加哥成立。

2000年，随着SPSS产品服务领域的扩大和服务深度的增加，SPSS公司正式将英文全称更改为"Statistical Product and Service Solutions"，意为"统计产品与服务解决方案"，没有改变英文缩写形式——SPSS。

2009年4月，随着SPSS公司成为预测分析领域的领导者，SPSS公司将旗下主要产品的名称前面统一冠以PASW字样，全称是"Predictive Analysis Software"，意思是"预测分析软件"。

2009年10月，IBM宣布成功收购SPSS公司，随后的产品不再以PASW为名，重新命名为IBM SPSS Statistics。

虽然，软件历经名称的演变，但是功能定位在统计分析这一点上始终未变，用户已习惯称其为SPSS。

1.1.1 SPSS的发展简史

最初的SPSS软件主要是面向中小型计算机和企业级用户，统称为SPSSx版。1984年，推出了运行在DOS操作系统上的SPSS微机第1版，与随后推出的第2版和第3版统称为SPSS/PC+，开创了SPSS微机系列产品的开发方向，从而确立了个人用户市场第一的地位。

20世纪90年代，随着图形界面Windows操作系统的出现和普及，称为SPSS for Windows的第5版、第6版相继出现。90年代中后期，又推出了以交互式对话为主要特征的第7版，后续版本纷纷诞生，其功能不断增加和完善。加之，随后的SPSS公司大刀阔斧地并购SYSTAT公司、BMDP公司、ISL公司、Showcase等一系列同行公司，并将这些公司的主打产品收纳到SPSS旗下，从而使SPSS公司由原来单一统计产品开发与销售转向为企业、教育科研和政府机构等提供全面信息统计决策支持服务。

新的版本纷纷登场，SPSS公司大约用一年时间就会推出一款新的版本。11版软件界面有了较大的改动、提供多语言输出、结果能直接导出为 XLS 电子表格文件；经典的 13 版加入了树模型等智能统计分析方法、复杂抽样模块、输出接口加入了 OMS 系统；17 版提供了包含简体中文的多语言界面；18 版作了一系列的更新，醒目的 PASW 标记也是昙花一现；19 版是并购后的第一个版本，展现出 IBM 风貌，提供了广义线性模型、增强语法编辑器等；20 版改进结果输出、服务器功能，广义线性模型上增加有序分类因变量的建模功能；21 版在 Base 模块的“分析”菜单下增加“模拟”菜单项，在“数据”菜单下增加“比较数据集”菜单项等。

至 2013 年底，SPSS 22 版已经在国内正式发行，其新增了语法文件加密，增强了编程能力，使得创建 Python 程序更简单或者使用已有的 Python 扩展更方便等功能。

1.1.2 SPSS 的主要特点

SPSS 统计软件的易学易用以及专业化的统计分析结果是 SPSS 软件强大的竞争优势之一，也是广大数据分析者对其特别偏爱的主要原因。大量成熟的统计分析方法、完善的数据定义界面、开放的数据接口以及灵活的统计表格和统计图形，为 SPSS 的长盛不衰提供了有力保障。其主要特点如下：

1. 操作简单

除数据输入工作需要使用键盘外，大多数操作通过菜单、图标按钮、对话框来完成。用户不需要精通统计分析的各种算法，只需要了解统计分析原理，在对话框中告之系统要做什么，即可得到统计分析结果。

2. 良好的数据管理功能

SPSS 具有良好的数据管理功能，包括：定义变量属性，利用值标签来快捷地录入数据，插入变量，数据重组，合并数据文件，汇总数据，重复记录和异常数据的发现等，这些数据管理功能为后续的统计分析提供了很好的基础。

3. 强大的统计功能

用户可根据不同的需要，选择不同的统计模块完成问题的基本统计分析和专业统计分析任务。SPSS 为各种研究提供了全方位的统计学算法，如方差分析、回归分析、多元统计分析方法、生存分析方法等，方法体系覆盖全面。

4. 兼容多种数据格式

SPSS 软件可以与很多其他软件文件格式进行数据传输。可以将日常工作中常用的 Excel 表格数据、文本格式数据、数据库文件等导入 SPSS 中进行分析，不仅节省大量时间，而且可以避免因复制数据引起的错误。SPSS 分析的结果也可直接导出并保存为 Word、文本、网页、Excel 等文件。

5. 丰富的图表功能

用户可根据需要选择不同风格、不同功能的表和图展示数据。SPSS 提供了条图、线图、饼图、直方图、散点图等丰富的图形和多种表格形式供用户选择。

6. 强大的编程扩展功能

在 SPSS 命令语法语言的基础上提供与其他编程语言的结合，例如，用 Python 和 R 语言编写的程序代码，可以管理使用 SPSS 语法所编写的任务流。这种扩展编程功能和特性，令 SPSS 软件如虎添翼，成为了更强大的统计开发平台。

1.1.3 SPSS 的结构

1. SPSS 的客户机/服务器结构

从 SPSS 10 版开始，已发展为 Client/Server 结构的体系。对于大规模数据的分析，用户可以购买 SPSS Server，以利用 Server 的计算能力来解决速度慢、网络不畅等由于大规模数据而引起的问题；对于小规模数据，用户选择 SPSS Client 就可以了。

2. SPSS 的模块结构

无论是 SPSS 客户机还是 SPSS 服务器，都是模块式结构，SPSS 把所有的功能分散为多个模块。用户可以根据分析中可能用到的数据处理和统计分析方法，选择适当的模块进行购买，而不必花更多的钱购买所有模块。

SPSS 的模块数量随版本的不同有所变化，18 版以前的版本，SPSS Statistic Base 是必需的。软件的整个框架、基本的数据获取、数据准备和获取等基本功能都集中在 SPSS Statistic Base 这个模块上，其他模块在它搭建的平台上才能工作。从 18 版起，其余模块也可以脱离 Base 单独存在并运行。但对于普通用户而言，仍然是以 Base 和其余模块的并用更为常见。

下面以 IBM SPSS Statistics 20 为例，了解其包含的 16 个功能模块：

- SPSS Statistics Base

基础模块，管理整个软件平台，管理数据访问、数据处理和输出，并能进行很多种常见基本统计分析。

- SPSS Advanced Statistics

广义线性模型(GZLMS)、广义估计方程(GEES)、混合模型、一般线性模型(GLM)、方差成分估计、MANOVA、Kaplan-Meire 估计、Cox 回归、多因子系统模式的对数线性模型、对数线性模型、生存分析。

- SPSS Bootstrapping

SPSS Statistics Bootstrapping 模块可以更有效地使用小样本量的数据，通过数据自身重采用的功能，让用户可以模拟大样本情况下的采样结果，从而对数据结构特征和偏差有更直接的认识。当某些参数估计或者假设检验值得怀疑时，也可以直接使用该功能，从而以一种更加直观的方式来执行结果的检查。

- SPSS Categories

Categories 是优秀的对应分析程序，用启发性的二维图和感知图可以清晰地看到数据中的关系，从而更完整和方便地分析数据。PROXSCAL 把观测数据分配到"概念空间"的具体位置，可以在低维度空间描述相似性和不相似性，以便对变量间的关系有一个"空间位置"的理解。

- SPSS Complex Samples

如果使用了特别复杂的抽样方案，那么该模块可以计算复杂样本的统计数据，得到更精确的结果。它拥有专门的规划工具和统计方法，提供各种向导来制定取样方案或详细定义样本，并提供专门的技术来解决样本设计，能够减少得出错误或误导性推论的风险。Complex Sample 将抽样设计融入调查分析之中，使复杂抽样数据的总体得到更加有效的统计推论，对于调查、市场、民意研究人员或者社会科学家来说是必不可少的统计工具。

- SPSS Conjoint

SPSS Conjoint 是包含三个相互关联过程的一个系统，用于进行全特征联合分析。联合分析使研究人员了解消费者的偏好，或在一定产品属性及其水平条件下的产品评定。联合分析考虑研究时应包括的产品属性、考虑属性水平、产品卡片的数量，用正交设计生成一个包含适量产品卡片的正交主效果片段因子设计。Conjoint 帮助市场研究人员和新产品开发部门了解在消费者心目中什么产品属性是重要的，了解最偏爱的属性水平是什么，进行定价研究，进行品牌价格研究。在产品投入大批量生产之前进行这些研究，以避免可能的失误。

- SPSS Custom Tables

Tables 用更深入的分析，轻松地处理复选题与缺失值，用包括所有统计量、易于理解的表格来展现分析结果。SPSS Tables 广泛应用于调查研究和市场研究等领域，交互式创建各种表格(堆积表、嵌套表、分层表等)。

- SPSS Data Preparation

利用 SPSS Statistics Data Preparation，用户可以获得多个简化数据准备过程的程序。这个附加模块能够在预处理数据时轻易地识别虚假的和无效观测、变量和数据值；确认可疑的或者残缺的案例；查看数据缺失模式；描述变量分布以备分析；更准确地应用针对于分类变量的算法；还可以用为分类变量而设计的运算法则来做更多精确的工作。使用 Data Preparation，可以迅速找到多元的极端值，执行数据检验，为建模预处理数据。

- SPSS Decision Trees

Decision Trees 模块基于数据挖掘中发展起来的树结构模型对分类变量或连续变量进行预测，可以方便、快速地对样本进行细分。建立决策树来确认分组并预测结果，利用直觉式的树形图，颜色分类图，和表格协助研究人员轻松确认和评估区隔。它提供四种强大的决策树算法(CHAID、Exhaustive CHAID、CART 和 QUEST)，提供训练数据及测试数据的模型评估比较，提供 Gain、Response、Index、Profit、ROI 图，帮助评估风险及效益。

- SPSS Direct Marketing

Direct Marketing 主要用来处理市场直销中的一些分析需求。目前提供 RFM 客户评分，客户分群，目标客户轮廓概括，客户响应评分，不同营销行为响应测量等模型。

RFM 是客户价值分析的一种常用方法，此方法使用客户的购买时期，购买频率和消费金额数据对客户进行一些区隔和客户价值分析。客户分群根据客户的不同特征，将客户划分成不同的特征群体。可用来进行市场细分和客户分群。目标客户轮廓概括，用来概括某种不同目标划分(是否购买某产品)的客户群的特征，帮助快速掌握不同客户的特征。客户响应评分，可以根据不同的特征群来判断客户某种行为的倾向，并给予倾向性的评分。

- SPSS Exact Tests

为了确定现有变量之间的关系，研究人员经常首先查看交叉表和非参数检验中的 p-值。如果数据符合假设条件，那么用传统的计算方法是可行的。但是，如果数据属于小样本或零星的数据，又将用户的资料细分到多个类别，或数据变量中有超过 80% 的观测值集中在某一类别，传统方法算出的答案便会不正确。在传统情况下，要得到更好更正确的结论，每一单元需要有五个以上数据，SPSS STATISTICS Exact Tests 为用户解除了这种限制。

超过 30 个精确检验涵盖了小型或大型数据集所有的非参数和分类数据问题。包括独立或相关样本的单样本、两样本和 K-样本检验，拟合度检验，RxC 列联表独立性检验和联合测度检验等。无论用户的数据结构为何，SPSS STATISTICS Exact Tests 都能给用户正确的 p-值，为用户提供可信赖的结果。如果需要做调查研究、医学研究、生物统计、社会科学研究、市场调查或各类的实验，那么用户需要使用 SPSS STATISTICS Exact Tests。

- SPSS Forecasting

Forecasting是目前功能最强的时间序列分析工具，是分析历史资料、建立模型与预测未来事件的强有力的工具，能帮助研究人员做更好的预测。Forecasting利用完备的时间序列提高预测能力，包括多重曲线拟合、平滑以及自回归方程估计。利用专家建模器，可自动从ARIMA和指数平滑模型中选择最佳拟合用户的时间序列和因变量的模型，避免反复选择模型的工作。Forecasting使用这些高级建模技术，用深入的建模支持、丰富的诊断方法、图形界面使分析变得简单容易。预测模块提供了一流的评估过程，用简单、有效的平滑技术进行高质量的预测，使用SPSS STATISTICS Forecasting可完成多种任务，包括生产管理、数据处理、预算管理、公共政策研究等。

- SPSS Missing Values

缺失数据会带来偏差或错误的分析结果，简单代入法或者简单的回归法都不能正确地填补缺失值，SPSS STATISTICS Missing Values Analysis帮助研究人员在分析过程中排除数据中隐含的偏差，得出更精确的结论。

Missing Values Analysis用六种灵活的诊断报告来评估缺失值是否会影响分析结论，更好地了解它们的特性。它通过快捷地诊断缺失值，得到更精确的摘要统计量，方便地用估计值替换缺失值，得到精确的结论。

- SPSS Neural Networks

神经网络是一种模拟人类大脑处理信息的方式的简化算法模型。通过多个神经元层的输入输出运算给出一个判断结果。和传统的模型不同，每个神经元节点内部运算是一个黑箱，我们能清晰获得的是结果而不能精确了解内部的过程。

通常在神经网络中有三个部分：一个输入层；一个或多个隐藏层；一个输出层。这些单元通过可变的连接强度(或权重)连接。输入数据显示在第一层，其值从每个神经元传播到下一层的每个神经元。最终从输出层中输出结果。

神经网络可检查输入的记录，并为每个记录生成预测，通过预测结果正确与否进行判断和调整，在达到某个标准之前，神经网络可以进行自学习来不断改进模型，此过程会不断重复，持续提高其预测准确度。

神经网络执行预测分析的能力不逊于其他传统技术，并且只需很少的统计或数学知识即可进行应用。神经网络对字段类型没有限制，可以处理多种类型的格式。能够广泛应用于各种领域进行预测分析，如银行保险的欺诈判断，客户的反馈判断等。

- SPSS Programmability Extension

SPSS Programmability Extension模块可以让用户使用外部语言来执行SPSS一连串的分析动作以达到自动化的目的。用户可藉由撰写内嵌在SPSS 18.0里的Python程序来控制SPSS的各式语法工作执行，如执行设定变量属性、观察程序输出、错误码或条件状态等。运用外部程序结合新的后端API处理，可扩大语法执行工作的弹性。透过条件执行式(If/Then/Else)、循环控制式(For/While)，这些几乎都会出现在外部语言的叙述，套用在新增的SPSS Programmability Extension模块上，使得控制语法工作的程序更有效率、更方便。

- SPSS Regression

大量的非线性建模工具、多维尺度分析帮助研究人员进行非线性回归分析。它将数据从数据约束中解放出来，方便地把数据分成两组，建立可控制的模型及表达式进行非线性模型的参数估计，能够建立比简单线性回归模型更好的预测模型。

多项式逻辑斯蒂回归(MLR)帮助用户建模分析哪些因素可以用于预测客户会购买产品A、产品B还是产品C，使用户不再局限于是/否的二分类问题。二元逻辑斯谛回归(BLR)帮助用户找到最好的模型来预测二元的结果，如“选”或“不选”。它在每一步骤中提供多种方式来选择能最好地预测响应变量的主效应和交互效应。Probit和Logit响应模型用于分析对某一刺激(如药物剂量、价格和激励机制)的响应力度。Probit过程通过Logit或Probit估算导致一定响应比例所需的刺激强度。

1.2 SPSS操作入门

本书基于IBM SPSS Statistics 20版编写，如果没有特别指明，文中SPSS均指IBM SPSS Statistics 20，以下不再说明。

1.2.1 SPSS软件的安装和授权

SPSS安装文件分为32位和64位两种，其在Windows系统下的安装类似其他软件的安装，启动安装程序，按照界面引导完成安装操作。在较老的版本中，需要选择希望安装的模块，而在新版本中，模块都是默认全部安装的。

SPSS软件是一个授权许可软件，如果未进行软件授权确认，那么只能获得一定的试用期，试用期满后，软件会被禁用。用户需要在“开始”菜单中找到IBM SPSS Statistics组，运行其中的“IBM SPSS Statistics 20许可证授权向导”，在联网状态下输入授权码激活软件后，购买的模块就可以正常使用了。

1.2.2 SPSS的启动和退出

SPSS软件安装完毕后，系统自动在“开始”菜单中创建“IBM SPSS Statistics”组，选择执行其中的启动项“IBM SPSS Statistics 20”命令，即可启动SPSS软件，如图1-1所示为SPSS初始画面：数据编辑窗口和使用向导。

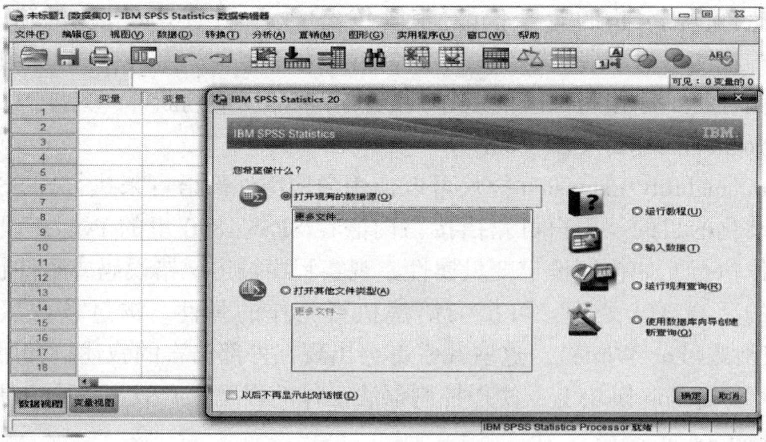

图1-1　SPSS初始画面

用户可在向导对话框下选择所需的操作，如果在以后的启动中，不希望该向导对话框出现，可以选中左下角的“以后不再显示此对话框”复选框，并单击“确定”按钮即可。

如果要退出 SPSS 软件，那么可以选择菜单“文件/退出”，或单击窗口右上角的关闭按钮，均可退出 SPSS。

1.2.3 SPSS 的基本操作方式

SPSS 为用户提供了四种基本操作方式，即菜单对话框的操作方式、程序运行方式、混合运行方式和生产作业方式。

1. 菜单对话框的操作方式

用户在使用 SPSS 的过程中，所有的数据录入和分析操作过程大多数通过选择菜单项、对话框引导的方式完成。

菜单对话框的操作方式是一种最常见和普遍的管理方式，其最大的优点是图形用户界面友好、操作简单、形象直观。用户不需要任何计算编程的概念，只要熟悉 Windows 的基本操作，如复选框、单选框、下拉框和对话框等并懂得相应的统计知识，就可以非常方便地完成统计分析工作。

该方式的缺点是，对于大量的重复统计分析工作，需要将相应菜单和所需参数操作一遍，因此，处理速度较慢且容易产生操作和输入错误。然而，瑕不掩瑜，菜单对话框的操作方式仍然是一般的统计分析人员和 SPSS 初学者选择的主要操作方式。后面的讲解主要以该方式为主。

2. 程序运行方式

程序运行方式是指，用户在使用 SPSS 的过程中，统计分析人员首先根据自己的分析需要，在语法编辑窗口中输入程序，提交给 SPSS 系统执行，无需人工干预，SPSS 会自动按照程序命令语句的前后顺序，自动逐句执行相应的命令并给出结果。例如：对“数据集 1”，按“教育水平”为类别作频数分析，则可以编辑如下程序：

```
DATASET ACTIVATE 数据集 1.
FREQUENCIES VARIABLES=教育水平
  /ORDER=ANALYSIS.
```

在语法编辑窗口中，如果要调用其他语法文件时，那么也可以使用 include 命令。例如：要调用 sample. sps 文件时，只要在语法编辑窗口输入如下命令：

```
Include ‘d: \ SPSS \ MYFILE \ sample. sps’
```

这样使得已有的代码段以便捷的方式得到重复利用。

3. 混合运行方式

混合运行方式是指在使用菜单对话框的操作方式的同时，还可以编辑 SPSS 程序，是以上两种方式的结合。

用户首先按照菜单对话框的操作方式，选择统计分析的菜单和选项，选择完毕后，在对话框中单击“粘贴”按钮，SPSS 系统把相应的操作转换成 SPSS 的命令程序，并粘贴到语法编辑器窗口，用户选择菜单“运行/全部”命令，完成程序的执行工作。如图 1-2 所示为混合运行方式。

可见，混合运行方式弥补了菜单对话框的操作方式中每步分析操作都要人工干预的不足，同时摆脱了程序运行方式中必须熟记 SPSS 命令和参数的制约，因此是一种较为灵活且实用的操作方式。另外，对于熟练的 SPSS 程序员，可以借助该方式在程序中书写菜单和选项中没有提供的参数。

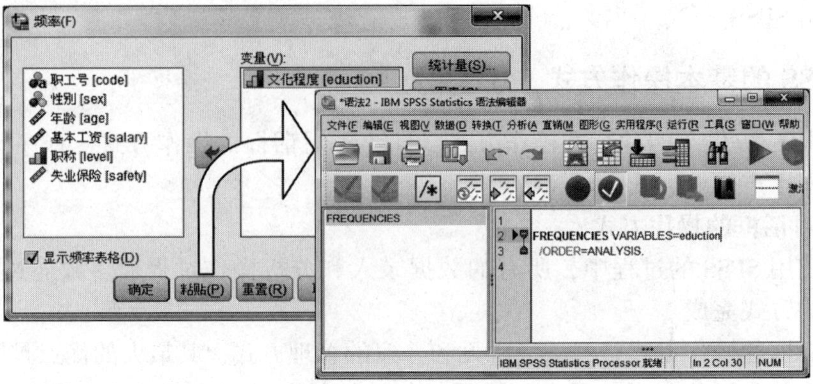

图 1-2　混合运行方式

4. 生产作业方式

SPSS 提供了程序全自动运行的生产作业(Production Facility)方式。在生产作业方式下，程序在无人看管的情况下运行，并在执行最后一条命令后终止。在 SPSS 菜单中，选择"实用程序/生产设施"命令，在弹出的对话框中设置：需自动执行的一个或多个程序文件，执行方式和结果输出方式等参数。

对于常常运行相同的一组耗时较长的分析，例如：周报告，例行月度统计或预测，采用生产作业方式使任务在无人看管且预定的时间自动运行。运行结束后，系统弹出对话框提示任务完成，并有设置的结果文件生成。

这四种运行方式各有千秋，实际中应根据应用分析的需要和对 SPSS 的掌握程度进行合理的选择。

1.3　SPSS 的界面

SPSS 的界面主要指 SPSS 的工作窗口与 SPSS 的菜单。

1.3.1　SPSS 的工作窗口

SPSS 的工作窗口有数据编辑窗口、语法编辑窗口、结果输出窗口和脚本编辑窗口四种。其中数据编辑窗口和结果输出窗口是最常用到的两个窗口。

1. 数据编辑窗口(Data Editor)

数据编辑窗口，也称数据编辑器。启动 SPSS 后，系统会自动打开数据编辑窗口。SPSS 处理数据的主要工作全在此窗口中进行，该窗口的左下角显示两个视图：数据视图(Data View)和变量视图(Variable View)，数据视图用于显示数据，变量视图则显示变量的信息：变量名称、变量的类型、变量的格式等，两个视区可以通过鼠标单击进行切换。

当同时打开多个数据文件时，每个数据文件独占一个不同的数据窗口，系统会对这些数据窗口自动按照"数据集 0"、"数据集 1"……这样的工作名称来以示区分。如图 1-3 所示，数据编辑窗口，可以用来创建、显示和编辑数据文件。

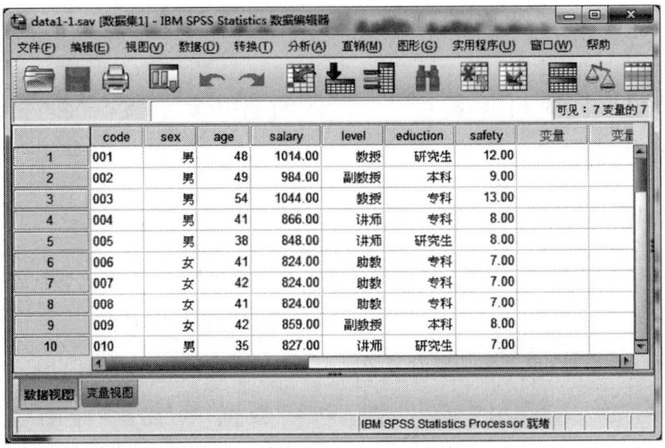

图 1-3　数据编辑窗口

2. 语法编辑窗口(Syntax Editor)

语法编辑窗口，也称语法编辑器，是编辑和运行命令文件的编辑器，是程序运行方式的工作窗口。参见图 1-2 中的语法编辑窗口。

3. 结果输出窗口(Output Viewer)

结果输出窗口，也称结果查看器，用于显示输出数据分析的结果。类似于 Windows 的资源管理器，整个窗口分两个区：左边为目录区，是 SPSS 分析结果的一个目录；右边是内容区，是与目录一一对应的内容。

如果分析过程所设的参数和统计过程正确，该窗口显示分析结果，如果分析过程中发生错误使处理失败，则在该窗口中显示系统给出的错误信息。如图 1-4 所示，结果输出窗口。

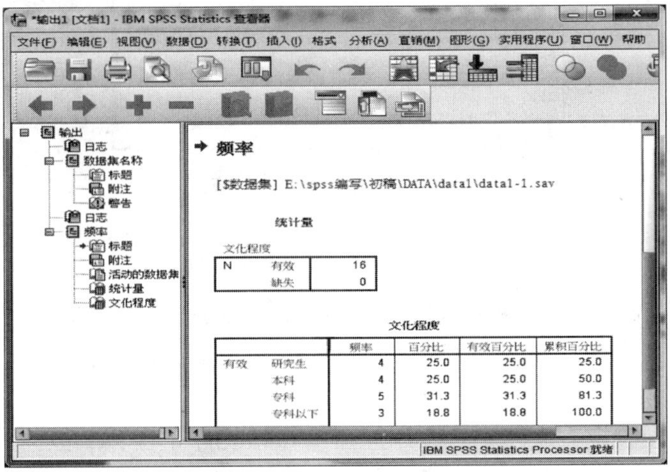

图 1-4　结果输出窗口

4. 脚本编辑窗口(Script Editor)

脚本编辑窗口，也称脚本编辑器。SPSS 脚本是用 Sax Basic 语言编写的程序。脚本可以像 SPSS 宏一样构建和运行 SPSS 命令，而且脚本可以在命令中利用当前数据文件的变量信息，还可以对结果进行编辑，或者构建一些新的自定义的对话框。脚本可用于使 SPSS 内部操作自动化，使结果格式自定义化，实现 SPSS 新功能以及将 SPSS 与 VB 和 VBA 兼容应用程序连接。

这四类工作窗口可以同时打开多个，如，同时打开多个数据文件和多个结果文件。实际使用时的窗口数往往不只四个。

1.3.2 SPSS 的菜单

不同窗口下有不同的菜单。下面以数据编辑窗口为例，介绍各个菜单项的主要内容。

1. 文件

该菜单用于对文件的管理，常见的文件操作有：新建、打开、保存、打印。选择菜单"文件/打开"，在弹出的级联菜单中有四个选项：数据、语法、输出和脚本，分别对应四种不同的窗口。选择其中的"数据"子菜单，弹出"打开数据"对话框，如图 1-5 所示。不仅可以读入 SPSS 默认的数据类型，而且也能读入 Excel 格式的数据、文本数据、SAS 格式的数据，等等。

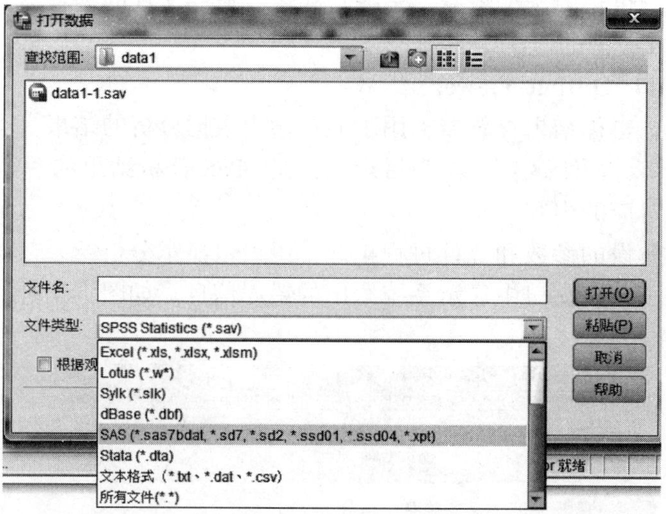

图 1-5 "打开数据"对话框

在"文件"菜单下，还有几项功能特别的子菜单项。其中：

"显示数据文件信息"：在输出窗口中以表格的形式列出当前文件或指定外部数据文件的信息，包括变量列表信息，变量值标签信息，并标记缺失值信息。

"停止处理程序"：用于停止执行当前的 SPSS 命令。当对一个大型的数据执行复杂的分析时，中途发现选项设定有误，则可以用此命令让系统停止运算。但并非所有命令的执行都可以中断，像计算变量、合并等数据库操作命令，因为涉及数据文件自身的修改而无法中断处理。

"缓存数据"、"开关服务器"与"存储库"：涉及前述 SPSS 的客户机/服务器结构，分别表示将服务器方的数据缓存到本地、切换到新的服务器，以及访问服务器方的数据文件，普通用户可以忽略这些功能项。

2. 编辑

该菜单项用于对指定的数据进行复制、粘贴、剪切，插入变量、插入个案，数据查找、替换和定位等常用的编辑操作。不同的是，“选项”命令集合了许多具体的设置，后面会详细介绍。

3. 视图

该菜单用于对当前窗口视图进行显示切换，也可以自定义，特别是可以自行设定快捷工具栏和菜单项。

4. 数据

该菜单项用于实现文件级别的数据管理，如图 1-6 所示，能执行排序、合并、汇总、拆分、加权等常用操作。详见第 2 章介绍。

5. 转换

该菜单项主要针对变量进行的数据管理，如图 1-6 所示，如由已有变量计算新变量、变量重编码、将变量的值转换为离散值等。详见第 2 章介绍。

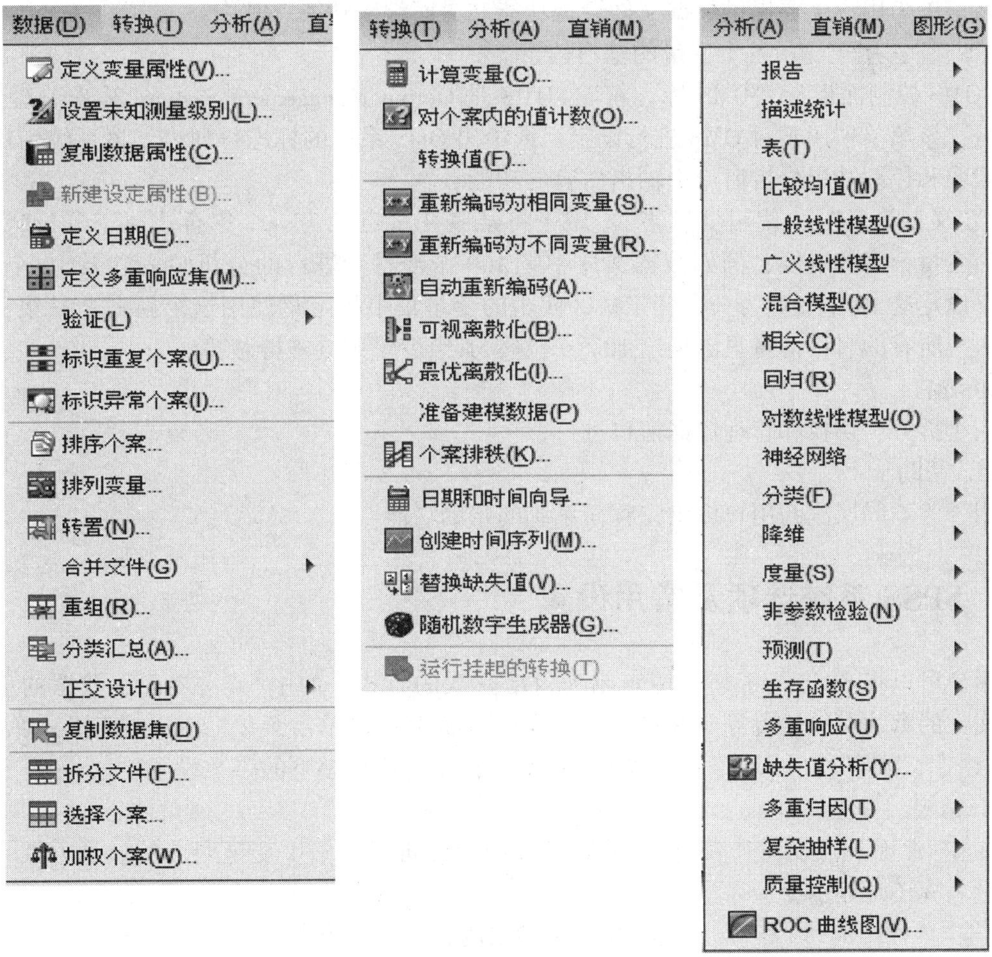

“数据”菜单　　　“转换”菜单　　　“分析”菜单

图 1-6　SPSS 常用菜单

6. 分析

该菜单提供了90%以上的统计分析功能，以及少数与分析功能紧密相关的统计绘图功能，如图1-6所示。其中的描述统计、比较均值、相关、回归、非参数检验等都是SPSS统计分析的常见操作。在SPSS统计分析过程中，约有10%的统计分析功能，如岭回归、典型相关分析是不能用菜单项来实现的，只能用程序方式完成。

7. 直销

该菜单提供了一组用于改善直销活动效果的工具，它可以标志那些用于定义不同消费者群体的人口统计学、购买和特征，针对特定目标群体最大限度地提高正面响应率。具体方法包括：RFM分析、聚类分析和邮政编码响应率等方法，由于该菜单项更多的是基于应用分析需求来划分而不是基于统计方法分类来划分，本书不作详细介绍。

8. 图形

绘图也是统计分析中很必需的一个操作。该菜单提供了约90%的统计绘图功能，另外10%的绘图功能由于和统计分析结合得较为紧密，因此在分析菜单中提供。

9. 实用程序

该菜单为用户主要提供数据文件管理功能和界面编辑功能。其中：

“变量”：用于显示各个变量的基本信息。

“OMS控制面板”、“OMS标志符”：OMS是Output Management System（输出管理系统）的缩写，该菜单项用于对OMS进行设定，或给出OMS系统的标志符列表。该系统为用户提供了提取和控制结果分析窗口中输出内容的功能。

“定义变量集”、“使用变量集”：用于将某些变量定义为一个集合，便于分析时调用。尤其当变量很多的时候，例如数据文件中有100个变量，进行的分析只需涉及10个变量，则可以设定这10个变量为一个变量集，使用的变量集中指定只使用这个新的变量集，这样设定后，所有的对话框将只出现这10个变量，其余变量则会被屏蔽掉。

10. 窗口

用于拆分、切换和管理数据窗口进行。

11. 帮助

用于为不同层次的用户提供完整而系统的帮助功能。

1.4 SPSS系统选项及常用设置

用户可以将SPSS的工作环境定制为自己喜欢的方式，如中/英文界面、数据的显示格式、文件的默认存储位置等。这些环境参数的设置都可以单击菜单“编辑/选项”，弹出“选项”对话框，如图1-7所示。下面列举出该对话框中常用标签下的参数设置。

1. 常规

标签“常规”下“变量列表”栏，控制各种统计分析对话框中变量列表的显示方式，是显示变量名称还是显示变量名标签。

“输出”栏中的“语言”是指输出窗口下输出内容的显示语言。

“用户界面”栏中的“语言”是如菜单项、对话框等用户使用界面的显示语言。用户可以在使用SPSS软件的过程中，直接切换到另一种语言。目前，很多应用软件分别有不同语言的版本。而SPSS软件一个版本的多语言界面，使操作更简单随意。初学者一般更偏爱于中

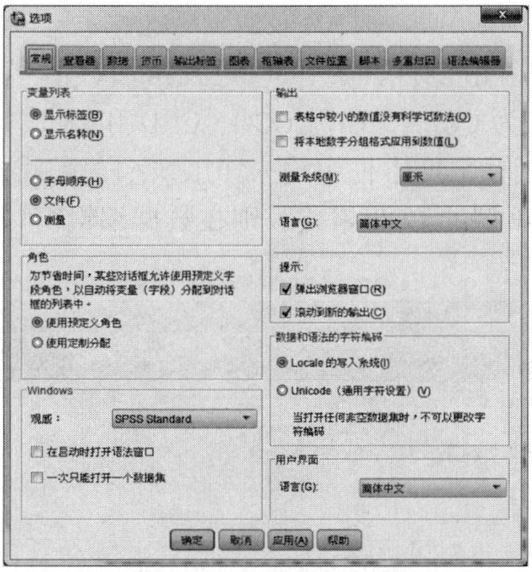

图 1-7 “选项”对话框

文界面，当查阅帮助信息、参阅某操作的英文资料或不理解对话框中的中文翻译时，都可以及时地切换到英文界面，从而看到对应信息和加深理解。

2. 查看器

标签“查看器”下，可以对标题字体、页面标题字体、文本输出的字体格式进行设置。在一般情况下，不需要更改默认设置，但在遇到文本输出列对齐混乱的情况时，可以将相应的文本字体设置为“MingLiu”，则新的输出就会自动列对齐了。

3. 数据

如图 1-8 所示，“选项/数据”对话框，可以设置一些数据处理过程(如 Computer、Count 等)的更新方式、新变量的显示格式、特定的日期格式以及随机数字生成器等。例如，当用两位数字“02”表示生日的年份时，则代表着“2002 年”，而两位数字“46”则表示“1946 年”。

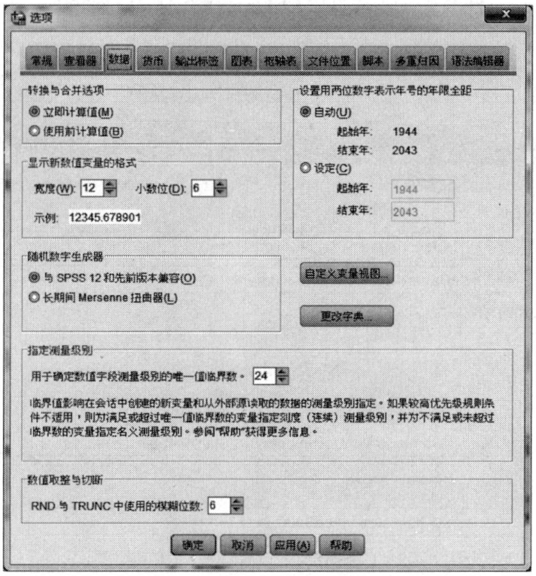

图 1-8 “选项/数据”对话框

4. 货币

如图 1-9 所示，“选项/货币”对话框，可以设置常用数值型变量的格式。列表中给出了五种自定义格式，分别命名为 CCA、CCB、CCC、CCD 和 CCE。单击选择某个格式名称，如图所示，在“所有值”栏的“前缀”文本框中输入“UK”字样后，当创建数据时，若某变量(如薪水)的数据类型选择为货币型的 CCC 格式，则在数据编辑窗口下的数值将会显示前缀 UK。

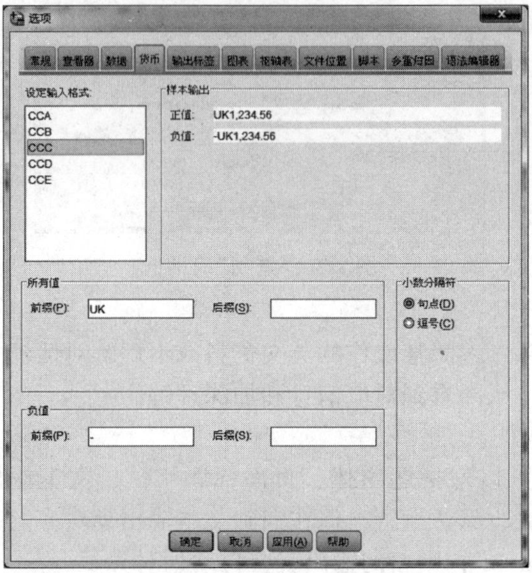

图 1-9 “选项/货币”对话框

5. 文件位置

如图 1-10 所示，“选项/文件位置”对话框。很清楚地看到，可以设置打开和保存对话框的启动文件夹、日志文件的存储位置、临时目录以及打开最近使用过的文件的设置。

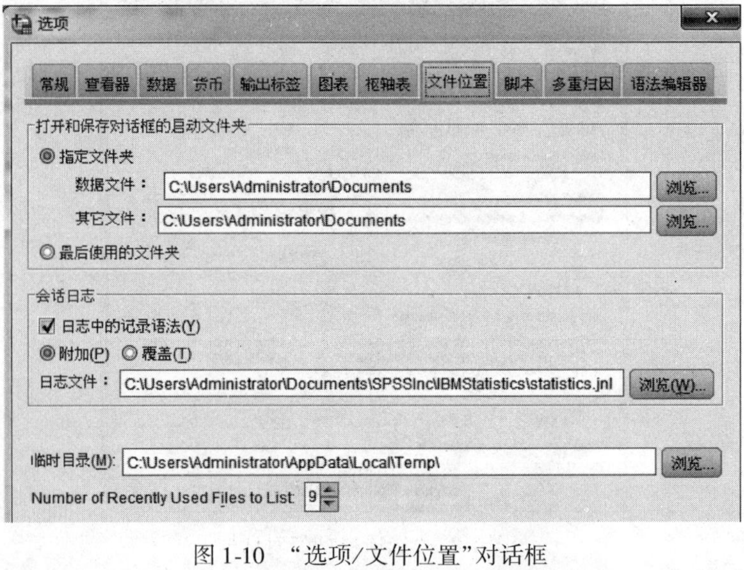

图 1-10 “选项/文件位置”对话框

6. 输出标签

“输出标签”下可以设置文本输出标签和枢纽表标签。二者的设置内容相同，均有三个选项：标签、名字、名字和标签。目的是在结果输出时显示标签可以方便地观察变量的实际意义。

7. 语法编辑器

如图 1-11 所示，“选项/语法编辑器”对话框。语法编辑器下的语法代码的不同成分可以设置不同的显示格式，也可以对缩进大小、装订线、窗格等作相应的设置。

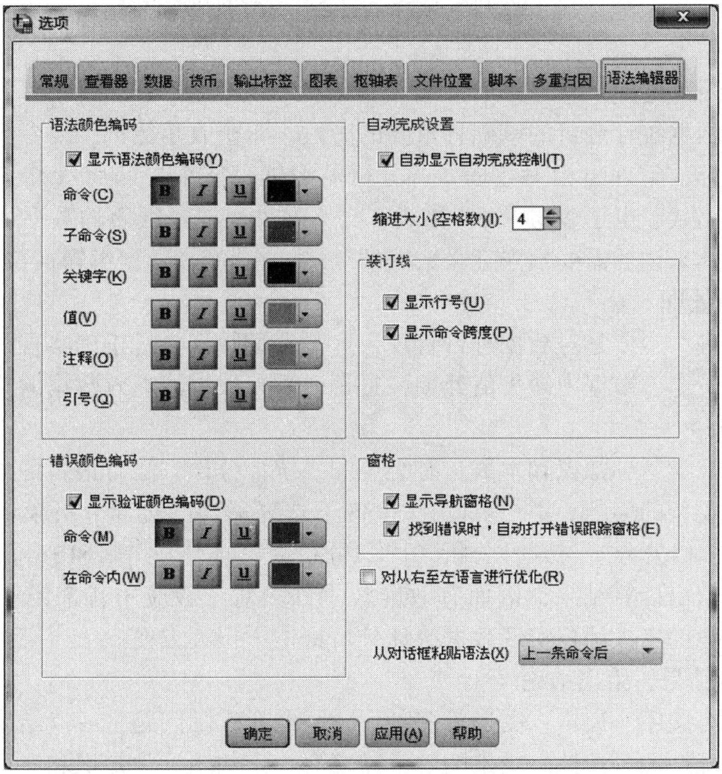

图 1-11 “选项/语法编辑器”对话框

在“选项”对话框中进行设置，更改参数后，单击“确定”或“应用”按钮后，参数保存，设置生效。重新启动 SPSS 后不需要再重新设置。

1.5 利用 SPSS 作统计分析的基本步骤

凡是有数据的地方，往往需要对数据作统计分析，从而探索出海量数据中的更多信息，也有利于指引下一步的决策。如何正确且高效地利用 SPSS 作数据统计分析？初学者有必要了解利用 SPSS 进行统计分析的基本步骤，如图 1-12 所示。

1. 明确需求与目标

明确需求与目标，就是明确数据分析要研究的主要问题以及研究的目的等。例如：对全国高等院校不同学科科研能力进行评价；研究不同消费群体的消费特征；研究治疗高血压的不同药物方案间是否存在显著差异；等等。只有明确了需求与目标，才能够正确地制定数据采集方案，有选择、有针对地准备数据。

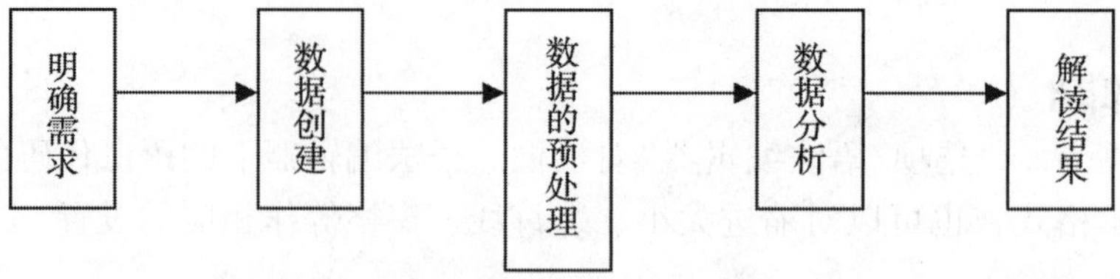

图 1-12　利用 SPSS 进行统计分析的基本步骤

2. 数据的收集与创建

收集数据是数据统计分析的基础且重要的阶段。正确收集数据，要参照问题的需求，迎合分析数据的目标，整理出相关数据。待分析的数据可能来自四面八方，可能数据形式多样，如有数据库格式、电子表格 Excel 格式、文本文件，或是纸质的数据……这些都需要整理并规格化。具体来说，需要预先定义数据的结构，在 SPSS 数据编辑窗口下创建数据文件。

3. 数据的预处理

数据的预处理，主要是对数据进行管理，这是保证数据分析正确实现的前提。例如：数据排序，数据的分组，数据中缺失值处理，是否有重复数据或无效数据的验证，等等。

4. 数据分析

掌握一些统计学基础知识和术语是有必要的。统计分析方法有很多种，不同的统计分析方法能解决不同类型的问题。用户可以在 SPSS 下选择适当的统计分析模块，如：描述性统计分析、T 检验、相关分析、方差分析、回归分析、聚类分析等。SPSS 能自动完成统计模型的自动计算并给出计算结果，因而有效屏蔽了许多对一般应用者来说非常晦涩的统计模型，给非统计专业的广大用户实现数据统计分析提供了很大方便。

5. 解读分析结果，给出结论

分析的结果有文字、表格、图形等多种形式。结合实际问题，解读结果内容，同时也证实分析结论的正确性和可信性。结果的解读需要有一定的统计学知识和专业知识，一定的应用背景和经验，才能正确解读，引导出正确的结论。

本章小结

本章主要概述了 SPSS 统计分析软件。介绍了 SPSS 的发展简史、该软件的主要特点，并简述了客户机/服务器结构和模块结构管理下的 16 个模块的主要功能。

针对初学者，给出了 SPSS 软件入门级的操作指导：SPSS 软件的安装、授权、启动和退出。介绍了 SPSS 的四种操作方式和四种常用的工作窗口。

应用软件的菜单项代表着该软件的绝大部分功能。文中以常用的数据编辑窗口为例，阐述了各菜单的主要功能。介绍了 SPSS 软件工作环境的常用参数的设置，为用户制定特定的 SPSS 工作环境提供帮助。

最后，给出了 SPSS 作统计分析的基本步骤，用于指导学习者后续的统计分析过程。

思考与练习

一、选择题

1. 最早的统计分析软件包 SPSS 诞生于(　　)年。
   A. 1975　　B. 1968　　C. 2000　　D. 2009
2. SPSS(Statistics Package for Social Science)是一种运行在(　　)系统下的社会科学统计软件包。
   A. DOS　　B. LUIX　　C. Windows　　D. 以上均不正确
3. 关于 SPSS 软件的工作特点，以下描述错误的是(　　)。
   A. 操作简单，容易上手
   B. 有良好的数据管理功能
   C. 能绘制任何图形
   D. 可以编程，也可以不编程完成数据统计分析任务
4. 以下哪个模块是 SPSS 最基本和必需的模块(　　)。
   A. SPSS Statistic Base　　B. SPSS Bootstrapping
   C. SPSS Categories　　D. SPSS Custom Tables
5. SPSS 提供了四种基本运行方式：菜单对话框方式、程序运行方式、混合运行方式以及(　　)。
   A. 生产作业方式　　B. 鼠标操作方式　　C. 编程方式　　D. 自动运行方式
6. 以下哪个不属于 SPSS 常用的工作窗口(　　)。
   A. 结果输出窗口　　B. 数据编辑窗口　　C. 日志窗口　　D. 语法编辑窗口
7. 关于 SPSS 系统选项，以下描述错误的是(　　)。
   A. 数据文件的存储位置是系统指定的，不能更改
   B. 货币数据可以设置为负数形式
   C. 日期的年份可以用两位数表示
   D. SPSS 软件正在工作时，可以更改用户界面的语言种类
8. 以下描述正确的是(　　)。
   A. 统计分析前要根据任务的需求和目标，有针对性地准备数据
   B. SPSS 下只能接受规范的 SPSS 格式的数据文件，不能读取 Excel 下的数据文件
   C. 用户必须精通统计学理论知识，才能正确使用 SPSS 软件作统计分析
   D. 利用 SPSS 作统计分析后，会有详细的输出结果和分析结论

二、简答题

1. 简述 SPSS 的主要特点。
2. SPSS 的基本操作方式有哪些?
3. SPSS 有哪些常用工作窗口? 各有什么主要功能?
4. 简述在 SPSS 软件下作统计分析的基本步骤。

第2章 SPSS数据文件的建立和管理

数据是统计分析的基础，没有数据，统计分析就无从谈起。本章将围绕SPSS数据文件，重点介绍SPSS数据文件格式及其创建、打开、编辑、保存等一系列常用的基本操作。

SPSS建立数据文件有两种情形：一种是根据需求和任务，将原始数据直接录入到SPSS环境下，创建SPSS格式的数据文件；另一种是从已有的非SPSS格式的数据读入到SPSS中。本章重点介绍数据文件的建立。

2.1 引例

SPSS处理数据都在数据编辑窗口下进行，SPSS的数据编辑窗口采用二维表格的形式，由行和列组成。一行代表一个观测个体(在SPSS中称为Case或个案)，一列代表一个属性(在SPSS中称为Variable或变量)。一个名为“教师基本情况.sav”的数据文件示例，如图2-1所示，数据文件有10个个案和7个变量，变量名分别为：code、sex、age、salary、level、education、safety。

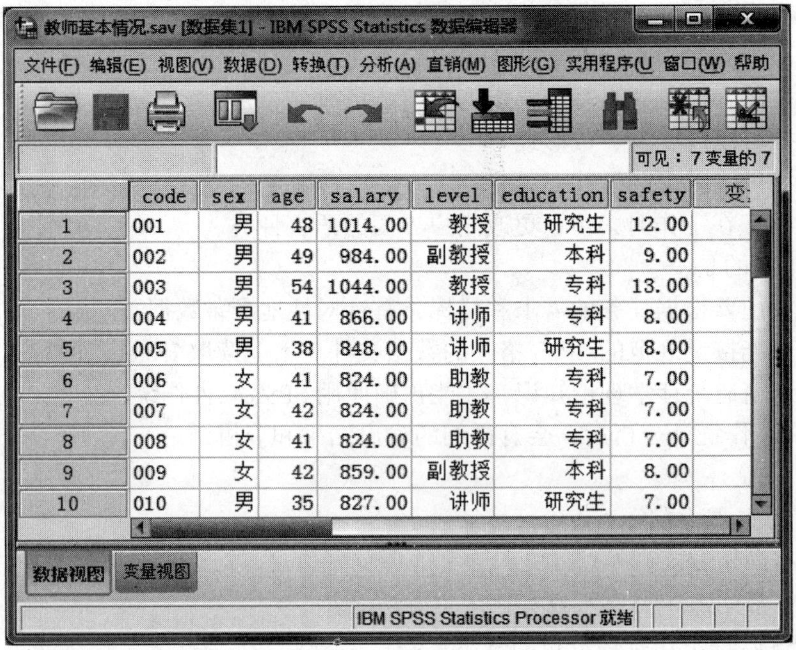

图2-1 数据文件示例

如何创建这样的数据文件呢？如何编辑修改呢？本章将围绕数据文件，介绍如下内容：

- SPSS 数据文件的结构
- 数据文件的新建、保存和打开
- 数据文件的编辑
- 数据文件的合并与拆分
- 外部数据的获取

2.2 SPSS 数据文件

SPSS 数据文件由数据结构和数据内容组成。数据结构规定了数据文件的基本构成属性，包括数据文件的所有变量以及变量的属性，其定义操作在数据编辑窗口的变量视图下完成。数据内容是每个个案的变量值的集合，其录入、编辑和显示则是在数据编辑窗口的数据视图下。

在 SPSS 中，可以同时打开多个数据文件，每个数据文件独占一个不同的数据编辑窗口，系统会对这个数据编辑窗口自动按照“数据集 0”、“数据集 1”……这样的工作名称来加以区分。如图 2-1 标题栏上的“教师基本情况 . sav”是该数据文件的存储名，当该文件被读入 SPSS 后，SPSS 用于识别该数据集的是其工作名称“数据集 1”，这一点在 SPSS 进行数据分析时尤为重要。

2.2.1 SPSS 数据结构

以图 2-1 的数据为例，在数据编辑窗口下单击左下方的“变量视图”标签，打开该数据文件的结构，如图 2-2 所示。其构成包括：变量名称、变量类型、宽度、小数位数、变量名标签、变量值标签、缺失值、列宽、对齐方式、度量标准以及角色。

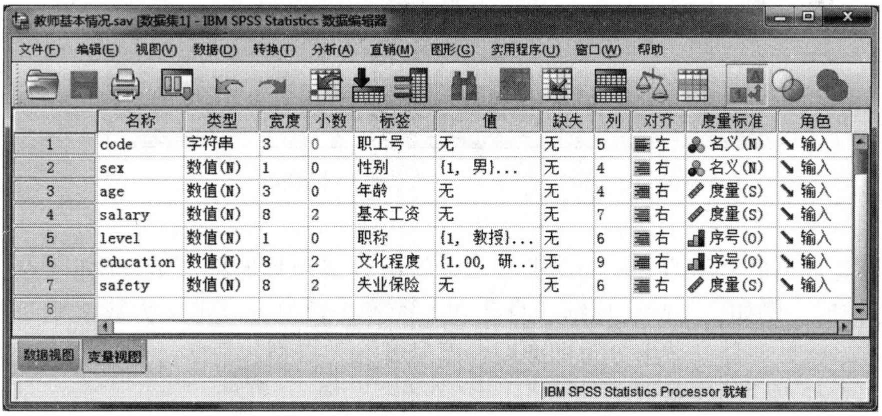

图 2-2 数据文件的结构

2.2.2 变量属性

1. 变量名

变量名是变量参与分析的唯一标志，定义变量结构时首先应给出每个变量的变量名。如果不指定变量名，则系统默认变量名以“VAR”开头，后面跟五个数字，如 VAR00001、

VAR00002 等。变量命名应遵循如下规则：

- 首字符必须是字母或汉字，后面可以是字母、数字和某些特殊符号（“@”、“#”、“.”、“_”和“$”）；
- 符号“!”、“?”、“*”、“'”和空格不能用在变量名中，且圆点不能作为变量名的最后一个字符；
- 变量名长度不能超过 64 个字符(32 个汉字)；
- 变量名必须是唯一的，并且不区分大小写；
- SPSS 的保留字不能作为变量名。SPSS 的保留字有 ALL，AND，BY，EQ，GE，GT，LE，LT，NE，NOT，OR，TO，WITH。

2. 变量类型

SPSS 中变量有三种基本类型，分别是数值型、字符型和日期型。变量类型的定义方法：在变量视图的相应变量名所在的行，单击“类型”单元格右侧的灰色小方块…，可打开变量类型的定义对话框，如图 2-3 所示。

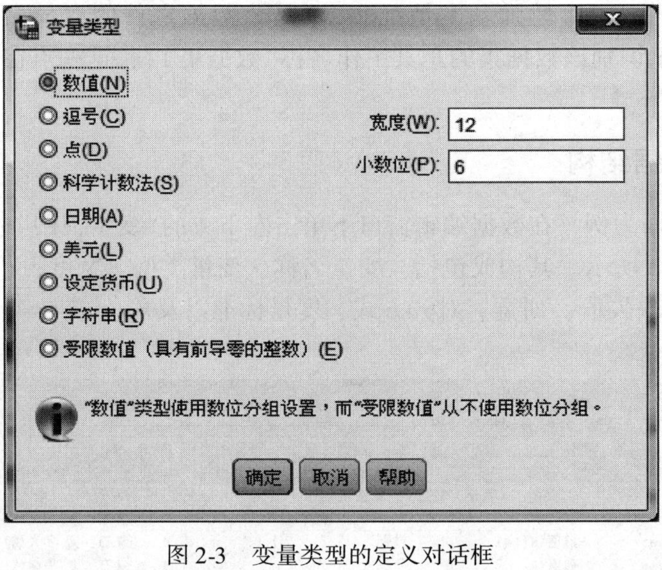

图 2-3　变量类型的定义对话框

数值型变量是最常用的一种变量类型，一般由数字和其他特殊字符（如圆点、逗号、美元符号）等构成。例如，年龄、成绩、身高、工资等变量都可以定义为数值型变量。根据不同的显示方式，数值型又被细分为标准型、逗号型、句点型、科学计数法型、美元型和自定义货币型共六种不同的表示方法。

(1)标准型(Numeric)：是 SPSS 默认的数值类型。系统默认宽度为 8 位，小数位数为 2 位，小数点用圆点。数据编辑窗口显示数值的标准形式或者科学计数法格式。

(2)逗号型(Comma)：逗号型数据以圆点作为小数点，整数部分从右到左每隔 3 个数字用逗号分隔，小数部分按从左到右的顺序分隔。输入数据时用户不需要输入逗号，只要变量定义了逗号型，SPSS 显示时自动在相应位置添加逗号。

(3)圆点型(Dot)：圆点型数据的显示方式和逗号型相反，以逗号作为整数和小数部分的分隔符，以圆点作为 3 位数间的分隔符。

(4)科学计数法型(Scientific Notation)：科学计数法适合于显示数值很大或很小的变量，变量值显示为指数形式。例如，-9.68×10^3用科学计数法表示为-9.68E+03，其中的E表示以10为底(也可以用"D"甚至不用字母表示)，+03表示正的3次方。用户在输入科学计数法数据时，可以按标准型方式输入，SPSS会自动进行转换。例如，数值123，可以用以下任何一种方式输入：123，1.23E2，1.23D2，1.23+2，1.23E+2等。科学计数法的默认最大宽度为8，包括正负符号。

(5)美元型(Dollar)：美元型变量是在逗号型变量前加上美元符号"$"的数值型变量。美元型数据的显示格式有很多，如$###、$###，###等，SPSS会以菜单方式将其显示出来供用户选择。用户在输入美元型数据时，可以不输入美元符号，SPSS将自动在相应位置上添加美元符号。

(6)用户自定义型(Custom Currency)：用户自定义型也是一种数值型数据的表示方式。如果用户认为上述五种数值型数据的表示方式不能满足需要，自己可以再定义不超过五种的表示方式，这五种表示方式系统分别命名为CCA、CCB、CCC、CCD、CCE。实际上，SPSS系统已经预先将这五种用户自定义型预先定义为逗号数值型，用户可以进行重定义。读者可参阅1.4节的介绍。

日期型变量(Date)是用于表示日期和时间的变量类型。在"变量类型"对话框中选择"日期"，右侧显示日期表示方式的下拉列表框，如图2-4所示，日期型变量的定义对话框。例如："dd-mmm-yyyy"指日月年分别用2位、3位(英文月份缩写形式的前3个字母)、4位表示，中间用"-"作为分隔符。

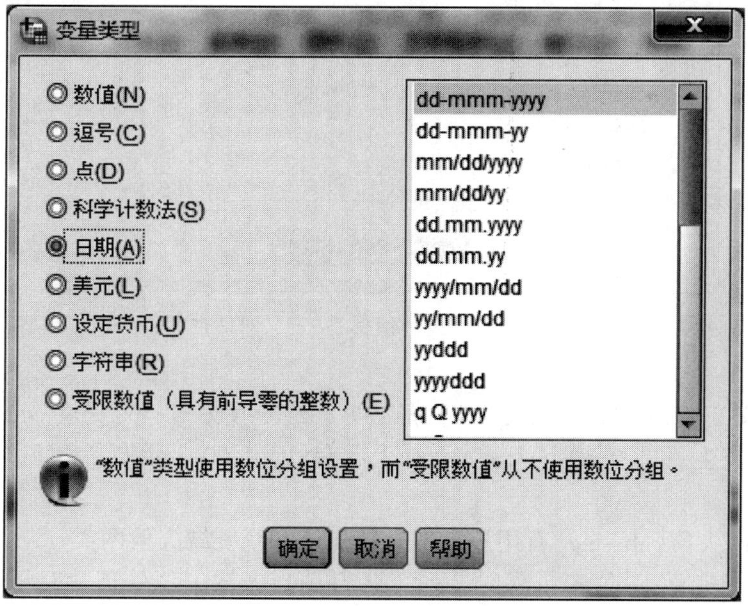

图2-4 日期型变量的定义对话框

字符型变量(String)的值是由字符串组成。字符型数据的默认显示宽度为8个字符，它区分大小写字母，并且不能进行数学运算。字符型数据在SPSS的数据处理过程(如在计算生成新变量时)中是用一对引号引起来的。要注意的是，在输入数据时不应输入引号，否则，双引号将会作为字符型数据的一部分。

3. 变量名标签

变量名标签(Label)是对变量名作进一步的解释和说明。参阅图2-2的“标签”列，相比变量名称，更清楚地说明了变量的含义。定义的标签将会在结果中输出以方便阅读，增加统计分析结果的可读性。

变量名标签的定义方法：在数据文件的变量视图的相应变量名所在的行，直接在“标签”列添加变量名标签的内容。变量名标签是一个可选择属性，用户可以对其不作定义。对于中文用户，习惯上用英文表示变量名称，并配以中文说明定义变量名标签。

4. 变量值标签

变量值标签(Values)是对变量取值作进一步的解释和说明。例如：数值型变量“level”，取值为1、2、3和4，分别代表：教授、副教授、讲师和助教。

定义变量值标签的方法：在数据文件的变量视图的相应变量名所在的行，单击“值”单元格右侧的小按钮，弹出变量“值标签”定义对话框，如图2-5所示。在对话框上部的两个文本框中输入变量值和变量值标签后，单击“添加”按钮，该变量值标签便会被加入到下方的标签框内。依次添加完成后，单击“确定”按钮，变量值标签设置完成。

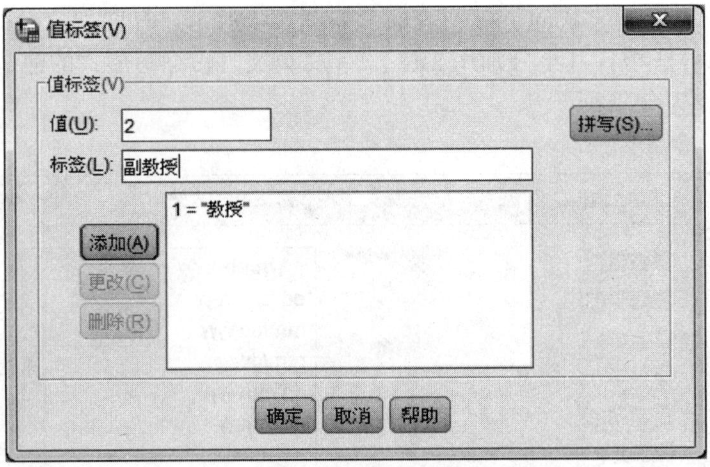

图2-5　变量“值标签”定义对话框

同样，定义变量sex的值标签，用1表示男、2表示女；定义变量education的值标签，用1.00表示研究生、2.00表示本科、3.00表示专科、4.00表示专科以下。

5. 缺失值

SPSS中的缺失值(Missing)有用户自定义缺失值和系统缺失值两类。

系统缺失值是当变量值未录入时，系统会自动当做缺失值处理。对于数值型变量的数据，系统缺失值用一个圆点(“.”)表示，而字符型变量的缺失值则用空字符串表示。

在数据创建阶段，有这样一种常见的情形：在一些设计严格的问卷调查中，有些题项会给出“拒绝回答”，如“您的月收入范围”，用户可以自定义“-1”表示拒答。显然，这里的-1不是一个真正的答案值，而是缺失代码。同时，需要告知SPSS这个特定的代码，以便在后续的统计分析中区别对待缺失值和正常的分析数据，就不会导致将“-1”作为收入纳入平均值的计算等。

定义缺失值的方法：在变量视图的相应变量名所在的行，单击“缺失”单元格右侧的小按钮，弹出“缺失值”定义对话框，如图 2-6 所示。有三个单选项，第一项为默认值“没有缺失值”，第二项“离散缺失值”可定义 1～3 个特定的离散值，第三项“范围加上一个可选离散缺失值”定义缺失值范围的同时可再定义一个离散值。

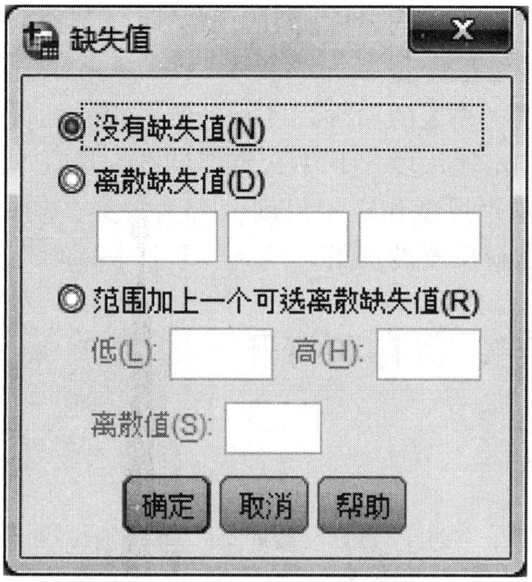

图 2-6　“缺失值”定义对话框

6. 宽度与列

宽度指的是变量宽度，是变量值可表示的最大位数。对于字符型变量，宽度决定了输入字符串的长度。

列指的是该变量在数据编辑窗口中的显示位数。

7. 度量标准

仅用变量类型，很多时候并不能准确地说明变量的含义和属性。例如：示例数据集中的三个变量：性别、年龄和职称，三者均是数值型。表示“性别”用 1 代表男，2 代表女。这里的 1 和 2 只是一个符号，没有任何数字意义，没有大于和小于的关系。表示“职称”时，用 1 代表教授，2 代表副教授，3 代表讲师，4 代表助教。这里的 1 和 2 也是符号，但有顺序之分或说大小之分，但大多少却无法衡量。表示“年龄”时的数值 19 和 18 则既有大小之分，又能作减法运算衡量两个年龄的差距。虽然三者都是数值型，但数值的具体含义不同，为此，变量有了度量标准这一属性。

SPSS 中变量的度量标准(Measure)有三种选择：名义、序号和度量。

名义型变量(Nominal)：名义型变量是一种分类变量，仅表示事物的某种属性或所属类别，类别之间没有大小、等级或顺序之分。选择名义度量标准的变量既可以是数值型变量，也可以是字符型变量。例如，通常将“性别”定义为名义型，可以用数值 1 代表男，数值 2 代表女；也可以用字符 M 代表男，字符 F 代表女。

序号型变量(Ordinal)：序号型变量是一种分类变量，表示事物间的等级或顺序，类别之间存在大小、等级或顺序之分。选择序号度量标准的变量既可以是数值型变量，也可以是字符型变量。典型的序号型变量有“职称”、“文化程度”等。序号型变量与名义型变量的共同点：可以计算每一类所占百分比；不同的是，序号型变量还能计算累积百分比，如计算讲师以上职称所占百分比。

度量型变量(Scale)：度量型变量是一种可以用来测量的数值型变量，其变量值之间的大小和距离等是可以计算的。例如：长度、温度、年龄等数值变量，也可以是日期型变量或货币型变量，但不能是字符型变量。

习惯上，对度量尺度有些通俗的名称。名义型、序号型和度量型也可以分别称：无序分类变量、有序分类变量和连续型变量。

在统计学中，按照对事物描述的精确程度，将所采用的度量尺度分为四个层次：定类尺度、定序尺度、定距尺度和定比尺度。其中，定类尺度变量在SPSS中用“名义”表示，定序尺度变量用“序号”表示，定距尺度和定比尺度则合为一类，均用“度量”表示。读者可以参阅有关统计学书籍加深对度量尺度的理解。

2.3 数据文件的新建、保存和打开

2.3.1 数据文件的新建

创建数据文件，选择菜单“文件/新建/数据”，将打开一个新的数据编辑窗口，其标题栏显示：“未标题1[$数据集]”。在数据编辑窗口的左下角有“变量视图”和“数据视图”两个标签。一般而言，先在变量视图下定义数据结构，再切换到数据视图下输入数据内容；也可以直接在数据视图下输入数据内容，系统会自动生成数据结构；还可以在这两个视图下随时选择切换，一边定义数据结构，一边输入数据内容。

前面以数据集“教师基本情况.sav”为例介绍了数据结构，在变量视图下可以逐行完成各个变量的属性定义。接下来，在数据视图下完成数据内容的录入，参见图2-1。

SPSS数据内容的录入操作方法与电子表格Excel的录入方式基本类似。单击鼠标左键定位在某个单元格上，录入完数据内容后，回车确认，或直接用鼠标点击下一个单元格继续录入数据。数据录入可以逐行进行，也可以逐列进行。在录入数据内容时，应该注意以下问题：

- 字符串型变量值自动左对齐，数值型变量值自动右对齐。
- 字符型数据值区分大小写。
- 如果数据缺失，SPSS对不同数据类型有不同的处理方式。对于数值型数据，缺失时默认为“.”；对于字符串型数据，缺失时默认为空。
- 录入带有变量值标签的数据可以通过下拉按钮完成。前提是，须打开变量值标签的显示开关，方法是：选择菜单“视图 | 值标签”。“值标签”是一个重复开关选项，如果它前面显示“√”，则表示变量值标签的显示开关已经被打开，变量值标签将显示在数据编辑窗口中；反之，则表示开关尚未被打开，不显示变量值标签，只显示变量值。

在创建数据文件时，也可以在数据视图下直接输入数据内容，系统会自动生成数据结构。如图2-7所示，直接输入数据内容。在新的数据编辑窗口的数据视图下，直接输入2行3列的数据内容，SPSS将会自动生成变量名VAR00001，VAR00002……并依据输入内容定

义变量的各个属性。此时，用户可以更改变量名称、类型、宽度、定义变量名标签、增添变量值标签等，从而完善数据文件。

	VAR00001	VAR00002	VAR00003
1	Susan	G	3.000000
2	Tom	B	4.000000
3			

名称	类型	宽度	小数	标签	值	缺失
VAR00001	字符串	5	0		无	无
VAR00002	字符串	1	0		无	无
VAR00003	数值(N)	12	6		无	无

图 2-7　直接输入数据内容

2.3.2　数据文件的保存

保存 SPSS 数据文件的操作和大多数软件界面下的文件保存操作基本相同。对于初次保存的数据文件，选择菜单"文件/保存"命令或"另存为"命令，打开"将数据保存为"对话框，如图 2-8 所示。选择存储文件的目录，输入文件名，在"保存类型"下拉列表框中选择要保存的文件类型，SPSS 数据文件的默认扩展名是 . sav。设置完毕后，单击"保存"按钮。

这时，新定义的数据文件名称出现在标题栏上。细心的读者可能已经发现，在保存文件之前，标题栏上文件名左边有一个" * "符号。这是一个标记，标记着该数据文件尚未保存，或是，曾经保存过的数据文件内容有更新，提示更新的内容未保存。

图 2-8　"将数据保存为"对话框

如果用户不希望保存全部变量，可以在"将数据保存为"对话框中单击"变量"按钮，弹出"数据保存为：变量"子对话框，如图 2-9 所示。每个变量的左侧都有一个复选框，对于不需要的变量，单击相应复选框去除选择，则该变量就不会出现在新保存的文件中。

SPSS 下编辑的数据不仅能以 SPSS 格式(. sav)保存，而且还允许将数据保存为很多种非 SPSS 格式。在"将数据保存为"对话框的"保存类型"下拉列表框中列举了 SPSS 能够保存的多种数据类型，有纯文本格式、Excel 电子表格格式、SAS 数据文件格式等，用户可以根据

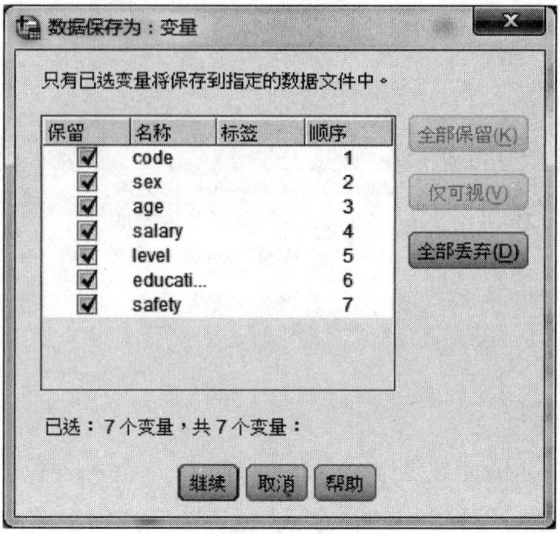

图 2-9 “数据保存为：变量”子对话框

需要选择合适的存储类型。不过，将数据存为 SPSS 以外的其他类型，有些设置可能会丢失，如标签、缺失值。因此除非确实需要和其他软件交换数据，否则在决定保存为其他类型的数据的时候，一定要慎重行事。

2.3.3 数据文件的打开

选择菜单“文件/打开/数据”命令，弹出“打开数据”对话框。在该对话框中选择文件位置、文件类型和文件名称，便可在一个新的数据编辑窗口下打开该数据文件。

在 SPSS 中，每个数据文件独占一个不同的数据编辑窗口。用户可以选择：一次只打开一个数据文件，或同时打开多个数据文件。其设置在菜单“编辑/选项/常规”选项卡中的“Windows”一栏下，有“一次只能打开一个数据集”复选项可供选择。

同样，在菜单“文件/打开”的级联子菜单中，选择“语法”命令，可以在语法编辑器中打开语法文件(.sps)；选择“输出”命令，可以在结果查看器中打开结果文档(.spv)；选择“脚本”命令，可以在脚本编辑器中打开脚本程序(.wwd；.sbs)。

2.4 数据文件的编辑

2.4.1 编辑数据结构

编辑数据结构的方法类同于定义数据结构的方法，数据结构的编辑主要包括修改变量名称、更改变量类型、补充变量名标签、添加变量值标签、更换度量标准、新增变量、删除变量等。下面介绍几种常用操作。

1. 新增变量

在变量视图下，选择左边变量序号，单击鼠标右键，在弹出的快捷菜单中选择“插入变量”，或选择菜单“编辑/插入变量”命令，将在当前变量之前插入一个新的变量。新变量名为 VAR0000n(n 为当前行号)。

2. 删除变量

在变量视图下，选择左边变量序号，单击鼠标右键，在弹出的快捷菜单中选择“清除”，或选择菜单“编辑/清除”命令，或按“Delete”键，均可删除当前所选的变量。删除变量后，该变量所有的变量值即被删除。

3. 改变变量的显示顺序

在变量视图下，选择左边变量序号，拖动该变量行到任意位置，即可改变变量的显示顺序。

以上编辑操作也可以在数据视图下完成，其操作方法很直观，不再赘述。在编辑数据结构时，尤其修改变量类型时，一定要当心，不要因变量属性的更改导致大量数据的丢失。

2.4.2 编辑数据内容

SPSS 数据内容的编辑主要包括对数据的插入、删除、修改、复制、移动、定位等操作。数据编辑操作在数据编辑窗口中的数据视图下完成。

1. 插入个案

插入一个个案是在数据编辑窗口的某个个案前插入一个新的个案。插入后，原来选定个案下移一行，新增个案的序号代替原来选定的个案的序号。

方法 1：将光标移动到某选定的个案序号上，也可以直接选定某个案所在行的任意数据单元，单击鼠标。再选择菜单“编辑/插入个案”命令，或单击工具栏上的插入个案按钮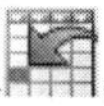。

方法 2：在某个案序号上，右击鼠标，弹出的快捷菜单中选择“插入个案”命令。

2. 删除个案

删除一个个案是在数据编辑窗口中删除某选定个案所在行及该个案的全部数据。操作完毕后，删除的个案所在行被删除，其下的个案依次上移一行。

方法 1：将光标移动到某个案所在的序号位置，单击该序号。此时，该个案所在行的全部数据单元反向显示。再选择菜单“编辑/清除”命令。

方法 2：将光标移动到某个案所在的序号位置，单击该序号，按“Delete”键。

方法 3：在某个案序号上，右击鼠标，弹出的快捷菜单中选择“清除”命令。

3. 数据的移动、复制和删除

在对数据进行编辑时，有时需要对某些区域的整块数据进行复制或移动到另一个相似区域，或者整块数据删除。基本的处理方法是，利用“编辑”菜单项的剪切、复制、粘贴和删除功能，或者选择快捷菜单中的相应选项。步骤如下：

(1)指定操作数据源。数据源指将要被移动、复制或删除的对象。操作方法是：将鼠标移动到数据源的左上角，单击并拖动鼠标至数据源的右下角。此时，被拖动的数据单元全部反向显示，表明数据源已经被成功选择。

(2)单击鼠标右键或选择“编辑”菜单(其菜单项和操作过程基本一致)。如果要删除数据源，则选择弹出菜单中的“清除”命令；如果要复制，则选择弹出菜单中的“复制”命令；如果要移动数据源内容，则选择弹出菜单中的“剪切”命令。

(3)指定目标单元。将鼠标移动到目标单元的左上角单元格，并指定它为当前单元。然后再右击鼠标或选择“编辑”菜单，从弹出的菜单中选择“粘贴”命令。于是，数据源内容被复制或移动到目标位置。

4. 快速定位

当在数据视图中查找某数据内容时，可以使用键盘上的方向键、PageUp、PageDown 键，或用鼠标定位查找，这种方式仅适用于数据量较少的情况。SPSS 的数据定位功能可以快速地在大量数据中查找指定的个案，将某个数据单元指定为当前数据单元，以便对其进行编辑等操作。SPSS 的数据定位有两种方式：按个案序号自动定位和按变量值自动定位。

按个案序号自动定位：通过指定个案序号，将当前数据单元定位到指定个案的相应单元格上。方法是：选择菜单“编辑/转至个案”命令，或单击工具栏上的转向个案命令按钮，弹出“转到”对话框，如图 2-10 所示。在“转向个案数”框内输入需要定位的个案序号，单击“转向”按钮，则快速定位到指定个案的所在行。

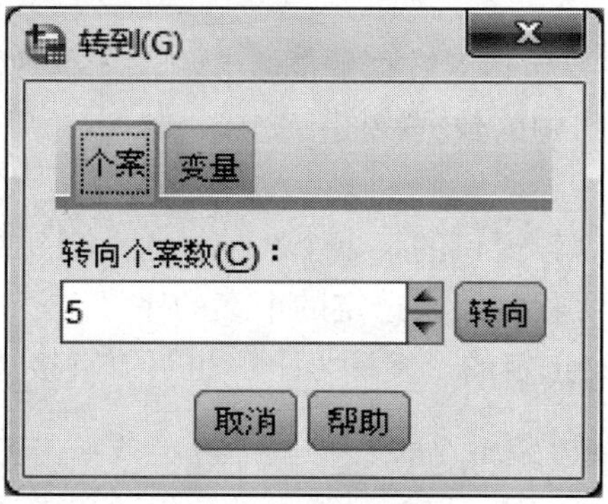

图 2-10　“转到”对话框

同样，选择“转到”对话框中的“变量”标签，则可以快速定位到指定变量的所在列。

5. 查找和替换

将光标定位在某变量列中，例如：某数据文件中的变量“department”列，选择菜单“编辑/查找”命令，或单击工具栏上的查找命令按钮，弹出“查找和替换”对话框，如图2-11

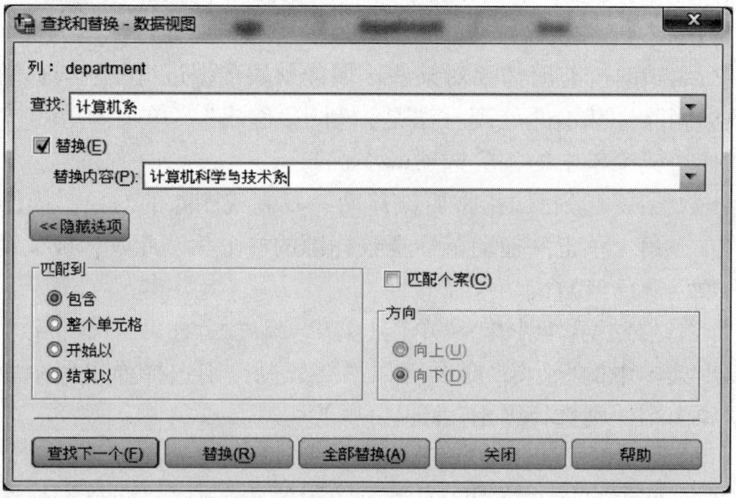

图 2-11　“查找和替换”对话框

所示。在“查找”文本框中输入需要搜索的变量值，如“计算机系”，单击“查找下一个”按钮后，系统将自动向下搜索并定位到符合条件的第 1 个单元格上。再次单击“查找下一个”按钮会继续搜索并定位到符合条件的第 2 个单元格上。

在“查找和替换”对话框中，勾选“替换”复选框，在“替换内容”框中输入欲替换的内容，如“计算机科学与技术系”，单击“替换”或“全部替换”按钮，完成单个或批量数据内容的替换操作。

2.4.3 编辑格式

1. 字体

数据编辑窗口中的数据格式可以编辑字体、大小和字体样式，选择菜单“视图/字体”命令，打开“字体”对话框，如图 2-12 所示。

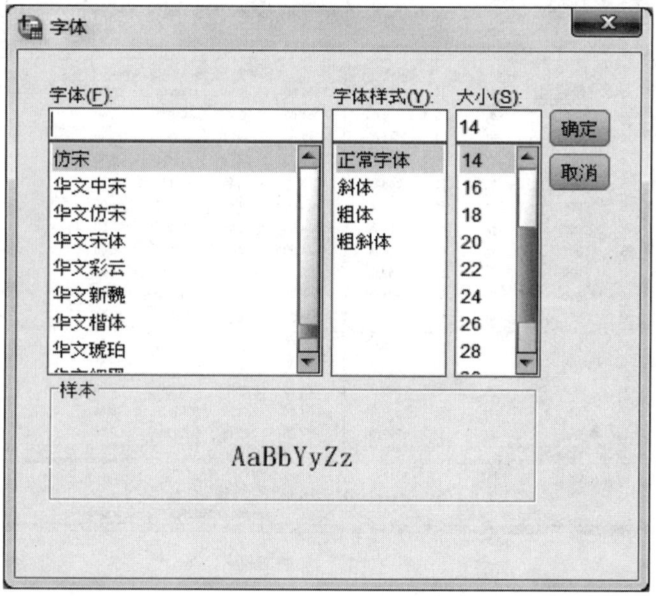

图 2-12 “字体”对话框

2. 网格线

一般而言，数据编辑窗口中的若干行和若干列之间是有网格线的。如果用户不需要用网格线间隔个案和变量，则可以选择菜单“视图/网格线”命令。该命令前有一个复选框，复选框中有钩号表明当前视图下将显示网格线；反之，不显示网格线。

3. 值标签

选择菜单“视图/值标签”命令，或者直接单击工具栏上的按钮，数据编辑窗口中所有曾经设定了值标签的变量值均会被切换成相应的值标签显示。同时，每个值标签所在的单元格都有下拉列表供用户选择或修改，这是一种直观的显示方式。

4. 拆分与冻结

在数据编辑窗口数据区域的垂直滚动条右侧中间有如的标记，水平滚动条下方中间有如的标记，均可用来拆分窗口。当鼠标移到右侧的标记处，鼠标会变成双向箭头，此时按下鼠标左键，向左拖动至合适的位置松开左键，会发现数据窗格被分成左右两个子窗口。同样，按下并拖动标记能将数据窗格分成上下子窗口，如图 2-13 所示的窗口拆分，数据编辑窗口被拆分成四个部分。对于大的数据文件，如此拆分，可以实现左边某些列冻结，右边若干列以滚动方式对照查看数据；上边某些行冻结，下边若干行以滚动方式对照查看数据。

同样，可以执行菜单“窗口/拆分”命令，直接将数据窗格分割成四个子窗口，用户再拖动分割线调整每个子窗口的大小。若要取消子窗口，则执行菜单“窗口/删除拆分”命令即可。

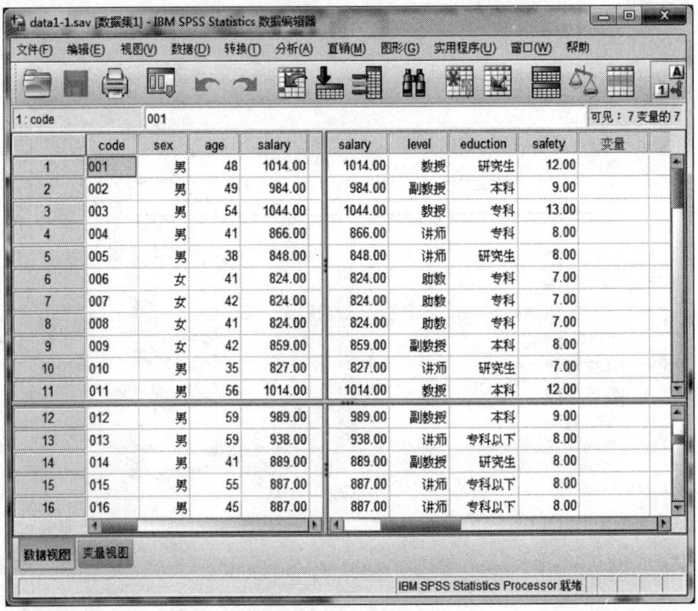

图 2-13　窗口拆分

2.5　数据文件的合并与拆分

一个新的数据文件，可能是几个已有数据文件的合并。要合并数据文件，就是将外部数据文件中的个案或者变量合并到当前的数据文件中来。SPSS 中，合并数据文件有两种方式：添加个案和添加变量。这两种合并可以通过菜单“数据/合并文件”下的命令得以实现。

2.5.1　添加个案

添加个案，也称纵向合并，是将几个数据集中的个案以纵向方式合并，组成一个新的数据集。新数据集的个案数是原几个数据集的个案总和。当然，各个数据集中的变量名及含义相匹配时，其纵向合并才是有意义的。例如：一个公司在全国有 30 个分公司，每个月公司总部需要把各个子公司销售员的销售情况合并到一个数据文件中。

1. 合并两个数据文件

【**例 2.1**】有某销售公司的子公司 1 的数据集（office1. sav）和子公司 2 的数据集（office2. sav），如图 2-14 所示。现在需要合并这两个数据集，生成新数据集 office12. sav 呈现给总公司。

销售ID	年龄	性别	销售额	职务
1	33	男	1100	销售员
2	36	女	1200	销售员
3	35	男	1300	销售经理

（a）子公司 1 的数据集

销售ID	性别	销售金额	年龄	投诉次数
4.00	男	2400.00	28.00	1
5.00	男	2500.00	32.00	2
6.00	女	2600.00	38.00	0
7.00	男	2700.00	37.00	2

（b）子公司 2 的数据集

图 2-14

显然，这两个数据集需要以纵向、串接的方式实现合并，生成一个含有 7 个个案的新数据集，才是完整地实现了各子公司数据的合并。可是，在现实环境中，不可能保证来源不同的数据集的格式、变量名、变量类型等属性高度一致，如“销售 ID”在两个数据集中小数位数不同。SPSS 能否有效地解决这种不一致性呢？

SPSS 下以添加个案的方式实现合并，步骤具体如下：

（1）打开数据文件 office1. sav 和 office2. sav，选择 office1. sav 为当前工作数据文件。

（2）选择菜单“数据/合并文件/添加个案”命令，弹出“将个案添加到”对话框，如图 2-15 所示，选择“打开的数据集”列表中的“office2. sav[数据集 2]”。

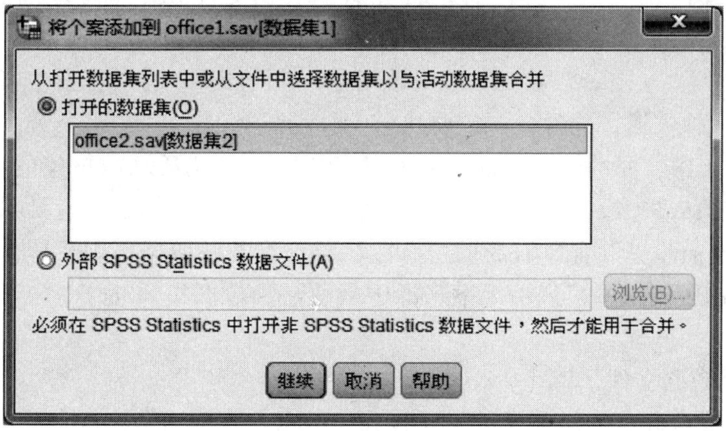

图 2-15　“将个案添加到”对话框

（3）单击“继续”按钮，弹出添加个案对话框，如图 2-16（a）所示：

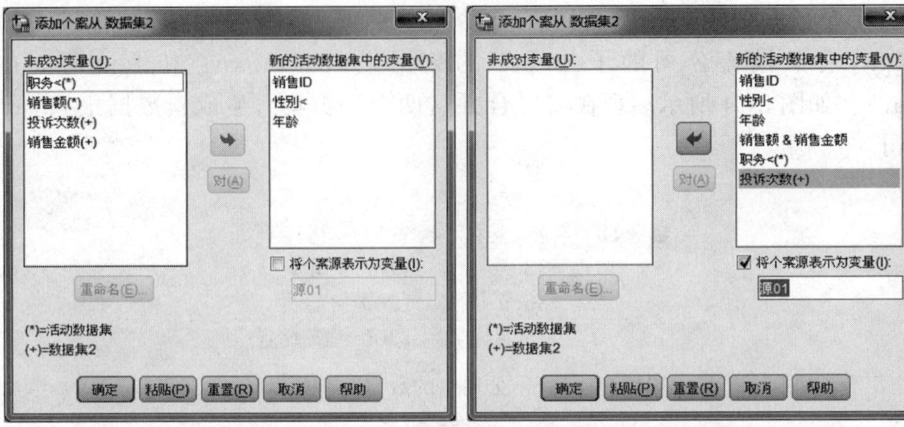

图 2-16　添加个案对话框

SPSS 用“(＊)”表示变量来自于当前活动数据集中的变量，用“(+)”表示将要和当前数据集进行合并的数据集中的变量。图中右边框表示两个数据文件中都有的变量，系统自动把它们作为新数据集中的变量。如果把其中的某个变量移到左边框，则该变量将不会在合并后的文件中出现。图中左边框表示两个数据集中不能匹配的变量。

此时，选中“销售额”，在按住“Ctrl”键的同时选中“销售金额”，单击“对”按钮，这两个变量将作为同一个变量，在合并后的新数据集中以变量名“销售额”出现；然后，在左边框中继续选择变量，这里选择变量“投诉次数”将其放入右边框；勾选“将个案源表示为变量”，则会在合并后的数据集中生成一个新变量“源 01”，用来标志个案是来自于哪个数据集。设置好后的对话框，如图 2-16(b)所示。

(4)单击“确定”按钮，得到合并的数据文件。

(5)选择菜单“文件/另存为”，在保存对话框中，给新数据集命名“office12. sav”后单击“保存”按钮。如图 2-17 所示，添加个案合并后的数据文件。

在执行合并操作后，SPSS 并没有将合并后的数据文件放在一个新的数据编辑窗口下，而是把 office2. sav 的个案纵向地添加到当前活动数据集 office1. sav 中，标题栏上“office1. sav”变成了“＊office1. sav”，表明数据集“office1. sav”的内容发生了更新，如果需要保留“office1. sav”原数据，此时，一定要执行“另存为”操作。

在新的数据集中，原“office2. sav”中的“销售 ID”值参照活动数据集的“销售 ID”格式作了调整；“office2. sav”中没有字符串变量“职务”，合并的数据集中相应处系统自动取值为空字符串；“office1. sav”中没有数值变量“投诉次数”，合并的数据集中相应处系统自动取值为“.”；新变量“源 01”中的“0”表示个案来源于当前活动数据集 office1，“1”则表示来源于 office2。

2. 合并多个数据文件

如果有三个或者以上的数据文件需要合并，可以先合并两个，再合并第三个……依次进行。如果要合并的文件个数很多，这种方式比较费时，则可以编写 SPSS 语法程序的方式来实现。假设需要合并四个数据文件：office1. sav、office2. sav、office3. sav 和 office4. sav，则可以先打开 office1. sav 作为当前活动数据集，然后在语法编辑器下输入如下代码并运行。

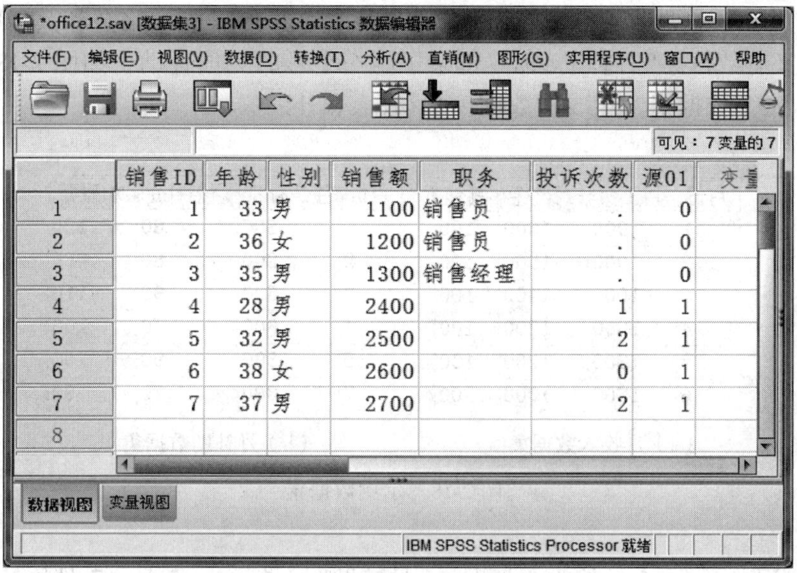

图 2-17　添加个案合并后的数据文件

```
ADD FILES /FILE = *
/FILE = 'E:\Data\ch2\ office2. sav'
/RENAME 销售金额 = 销售额
/FILE = 'E:\Data\ch2\ office3. sav'
/FILE = 'E:\Data\ch2\ office4. sav'.
EXECUTE.
```

这样，完成四个数据文件的纵向合并，在当前数据编辑窗口显示合并后的数据内容。

2.5.2　添加变量

添加变量，也称横向合并，是将几个数据集中的变量以横向方式合并，组成一个新的数据集。新数据集的变量数是原几个数据集中不重名变量的总和。当然，来自不同数据集的两个个案，它们的关键变量值相匹配后，其横向合并才是有意义的。所谓关键变量，是指在一个数据文件中能起到标志每一个个案的变量，如学生档案中的“学号”变量。

添加变量合并数据文件时，需要注意以下几点：

- 由于一个文件中的变量需要添加到另一个文件中，则两个文件中必须至少有一个变量名相同的关键变量；
- 合并数据文件之前，所有需要合并的数据文件必须事先按照关键变量进行升序排列；
- 与添加个案不同，这里所有需要合并的数据文件必须是 SPSS 定义的数据文件格式(. sav)或者已经在 SPSS 中打开的数据文件；
- 待合并的数据文件中，数据含义不同的变量，建议使用不同的变量名以示区分。

添加变量合并数据文件有两种情况：一对一合并和一对多合并。

1. 一对一合并

一对一合并，两个数据文件是对等的，两个文件中的个案之间是一一对应的，否则取系统缺失值。

【例 2.2】数据集“月收入.sav”记录了王小朵6个月的工资、奖金和其他收入，如图2-18(a)所示；又有数据集“月补助.sav”记录了她6个月的几项补助，如图2-18(b)所示；现在需要合并这两个数据集，生成新数据集“月收入和补助.sav”。

月份	月工资	月奖金	其他
1	1000	1600	100
2	1000	1500	100
3	1000	1400	100
4	1300	1800	100
5	1300	1200	100
6	1300	1300	200

(a) 月收入数据集

月份	住房补助	通信补助	加班费
1	300	80	120
2	300	86	86
3	300	90	110
4	300	70	100
5	300	90	100
7	300	70	90

(b) 月补助数据集

图 2-18　示例数据集

“月收入”记录了1~6月的收入情况，“月补助”记录了1~5月、7月的补助情况。对照这2个数据集，“月收入”中重复表示了3月，且6月在“月补助”中没有出现；而“月补助”中的7月在“月收入”中没有出现。

SPSS下以添加变量的方式实现合并，步骤具体如下：

(1)打开数据集“月收入”，选择菜单“数据/排序个案”命令，以“月份”为“排序依据”作升序排列；同样，打开数据集“月补助”，以“月份”为“排序依据”作升序排列(如果数据已经按照关键变量升序排列，该步骤可以省略)；

(2)返回“月收入”数据窗口，以其作为当前数据集，选择菜单“数据/合并文件/添加变量”命令；

(3)在打开的对话框“将变量添加到 月收入.sav”中，从“打开的数据集”框中选择“月补助.sav”数据集，单击“继续”按钮；

(4)弹出添加变量对话框，如图2-19(a)所示。

绝大多数情况下，两个待合并的数据文件并不仅仅按照个案序号一一对应地横向添加，而是按照关键变量进行匹配后合并的。这里，选择复选框“按照排序文件中的关键变量匹配个案”。

该复选框下的三个单选项决定着两数据文件以哪种方式提供数据给新的合并文件。

- “两个文件都提供个案”：表示合并数据由原来的两个数据文件共同提供以尽量完整地保留信息，一对一合并时需要选择此项。
- “非活动数据集为基于关键字的表”：这个翻译有点生涩难懂，表示合并时保留活动数据集中的所有数据，但丢弃只在非活动数据集中才有的个案。当非活动数据集根据关键变量是无重复数据，而活动数据集有重复数据时使用此项。
- “活动数据集为基于关键字的表”：表示合并时保留非活动数据集中的所有数据，但丢弃只在活动数据集中才有的个案。当活动数据集根据关键变量是无重复数据，而非活动数据集有重复数据时使用此项。

这里，选择“两个文件都提供个案”，并且从“已排除的变量”列表框中选择“月份”，放入“关键变量”列表框中，如图2-19(b)所示。

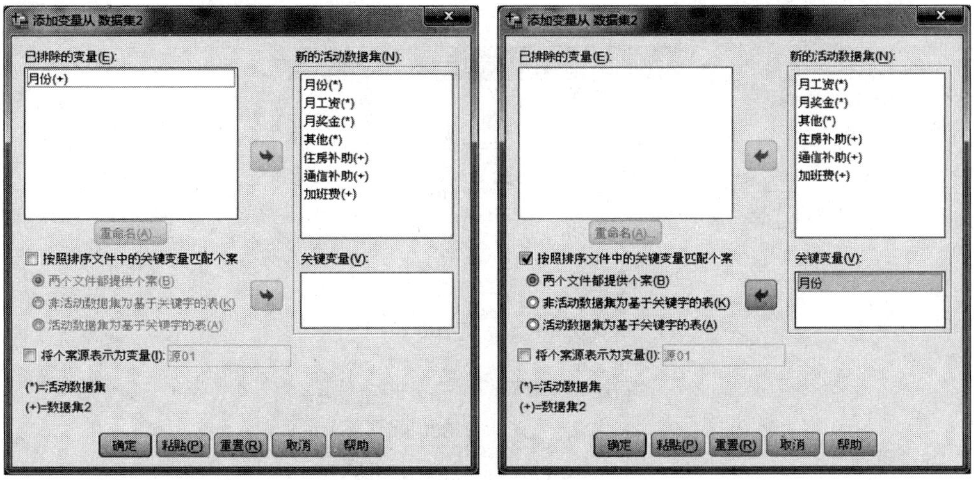

(a) (b)

图 2-19 一对一添加变量对话框

(5)单击“确定”按钮，生成新的合并文件。

(6)将该数据集另存命名为“月收入和补助 . sav”。

如图 2-20 所示，一对一添加变量合并后的数据文件，两数据文件相匹配地、完整地合并了原数据内容。

月份	月工资	月奖金	其他	住房补助	通信补助	加班费
1	1000	1600	100	300	80	120
2	1000	1500	100	300	86	86
3	1000	1400	100	300	90	110
4	1300	1800	100	300	70	100
5	1300	1200	100	300	90	100
6	1300	1300	200	.	.	.
7	.	.	.	300	70	90

图 2-20 一对一添加变量合并后的数据集(月收入和补助)

2. 一对多合并

一对多合并时，一个文件作为主文件，该文件中的一个个案可以和另一个文件中的多个个案相匹配。

【例 2.3】将数据集“月收入和补助 . sav”与数据集“月支出 . sav”(如图 2-21 所示)实现合并，生成新数据集“月收入和补助与支出 . sav”。

前面的步骤类似于上例的步骤(1) ~ (3)，不同的是，弹出的添加变量对话框，如图 2-22(a)所示。选择复选框“按照排序文件中的关键变量匹配个案”、选择单选项“活动数据集为基于关键字的表”、将“月份”选入“关键变量”列表框、将“已排除的变量”列表框中的“其他”(指非活动数据集中的“其他”变量)重命名为“备注”再将其放入“新的活动数据集”列表框，如图 2-22(b)所示。单击确定后，合并生成的数据集“月收入和补助与支出 . sav”，如图 2-23 所示。

月份	支出名目	支出金额	其他
1	生活	200	
1	娱乐	100	
2	生活	300	超预算
2	娱乐	300	
3	生活	200	
3	娱乐	200	
4	生活	200	
4	娱乐	100	
5	生活	220	
5	娱乐	200	生日party
6	生活	300	超预算

图 2-21　月支出数据集

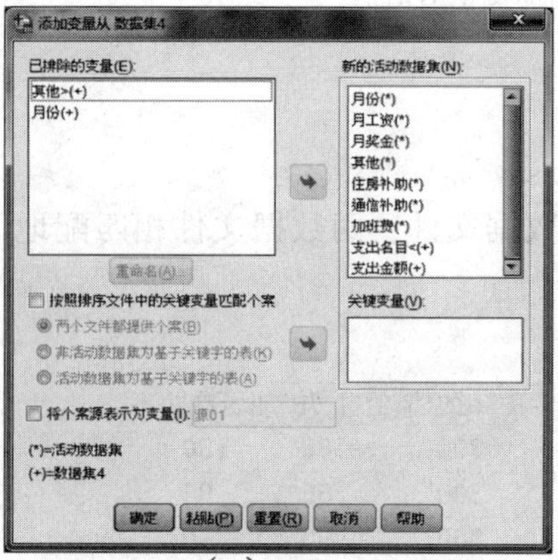

(a)

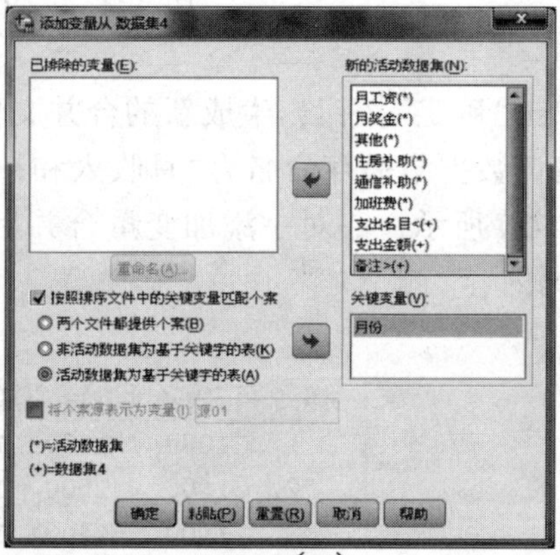

(b)

图 2-22　一对多添加变量对话框

月份	月工资	月奖金	其他	住房补助	通信补助	加班费	支出名目	支出金额	备注
1	1000	1600	100	300	80	120	生活	200	
1	1000	1600	100	300	80	120	娱乐	100	
2	1000	1500	100	300	86	86	生活	300	超预算
2	1000	1500	100	300	86	86	娱乐	300	
3	1000	1400	100	300	90	110	生活	200	
3	1000	1400	100	300	90	110	娱乐	200	
4	1300	1800	100	300	70	100	生活	200	
4	1300	1800	100	300	70	100	娱乐	100	
5	1300	1200	100	300	90	100	生活	220	
5	1300	1200	100	300	90	100	娱乐	200	生日party
6	1300	1300	200	.	.	.	生活	300	超预算

图 2-23　一对多添加变量合并后的数据集(月收入和补助与支出)

由于“月收入和补助”与“月支出”按照关键变量“月份”匹配时，前者中的“7 月”在后者中没有找到对应个案，因此，选择以“活动数据集为基于关键字的表”方式合并时，没有“7

月”数据。另外，待合并的两个数据集中如果出现了相同变量名，如“其他”，为了避免重复，系统会自动将非活动数据集中的该变量列入“已排除的变量”列表框，从而不将其放入合并数据集，反之，若希望将其纳入合并数据集，则如上步骤所述，需要执行重命名操作。

2.5.3 拆分数据文件

有数据文件的合并就有数据文件的拆分，然而，在 SPSS 中的拆分数据文件，不是合并的逆向操作，不是将一个大的数据文件分割成几个小的数据文件，而是将数据文件分割成组的形式。

以“教师基本情况.sav”为例，打开该数据集，执行菜单“数据/拆分文件”命令，弹出“分割文件”对话框，如图 2-24 所示。

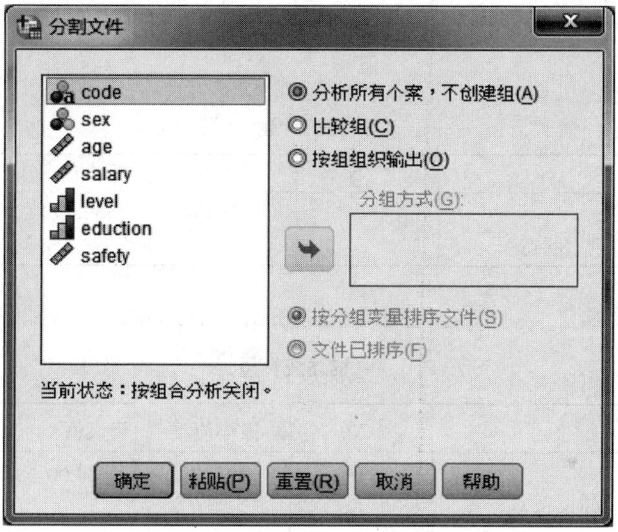

图 2-24 “分割文件”对话框

选择“sex”变量，选择“比较组”单选项，单击向右箭头按钮，将“sex”放入“分组方式”框，“确定”后，数据文件的变化：个案按性别分组(抑或说是排序)显示，同时状态栏右侧出现“拆分条件 sex”的提示。这就是拆分文件。显然，数据文件没有发生实质性的变化。

拆分文件就是按组显示，其真正的意义在于对某些后续操作的影响。

例如，对基本工资变量作描述性统计分析(详见第 4 章操作方法)，如果之前作了上述的拆分操作，则“比较组”分割后的描述结果，如图 2-25(a)所示。按性别值分别统计基本工资，且显示在一个表格内便于对照比较。

如果在“分割文件”对话框中，选择单选项“按组组织输出”，其他选择不变。对基本工资变量作描述性统计分析的结果则如图 2-25(b)所示，“按组组织输出”分割后的描述结果。

如果在“分割文件”对话框中，选择单选项“分析所有个案，不创建组”，则表示取消拆分。同时，状态栏右侧的“拆分条件 sex”的提示消失。比较一下，对基本工资变量作描述性统计分析，结果如图 2-25(c)所示，未拆分文件的描述结果。

要提醒的是，拆分文件的设定一旦完成，将在之后的分析中一直有效，而且会被存储在数据集中，直到再次进行设定为止。

描述统计量

性别		N	极小值	极大值	均值
男	基本工资	12	827.00	1044.00	932.2500
	有效的N（列表状态）	12			
女	基本工资	4	824.00	859.00	832.7500
	有效的N（列表状态）	4			

(a)“比较组”分割后的描述结果

性别=男

描述统计量[a]

	N	极小值	极大值	均值
基本工资	12	827.00	1044.00	932.2500
有效的N（列表状态）	12			

a. 性别=男

性别=女

描述统计量[a]

	N	极小值	极大值	均值
基本工资	4	824.00	859.00	8327.7500
有效的N（列表状态）	4			

a. 性别=女

(b)“按组组织输出”分割后的描述结果

描述统计量

	N	极小值	极大值	均值
基本工资	16	824.00	1044.00	907.3750
有效的N（列表状态）	16			

(c)未拆分文件的描述结果

图 2-25

2.6 外部数据的获取

打开 SPSS 格式的数据文件时，选择菜单“文件/打开/数据”命令，弹出“打开数据”对话框。在该对话框中选择文件位置和文件名称，便可以打开 SPSS 格式的数据文件。要说明的是“打开数据”对话框的“文件类型”下拉列表框中，罗列了许多文件类型及其扩展名。由此可见，如果数据不是 SPSS 格式，也可以在 SPSS 下直接打开和读取，再将其保存为 .sav 数据文件，这是一种建立 SPSS 数据文件的简便方法，也为非 SPSS 格式的数据用 SPSS 作统计分析打开了方便之门。

下面以常用的 Excel 电子表格数据、文本数据和 Access 数据库为例，介绍 SPSS 获取这些数据的能力。

2.6.1 读取 Excel 数据文件

下面以 SPSS 自带的文件 demo. xls 为例，来学习 SPSS 如何读取 Excel 电子表格数据。这个文件位于 SPSS 安装目录下的 Samples 子目录中。首先在 Excel 中打开 demo. xls，了解到：该电子表格文件内仅有一个名为 demo 的工作表；该文件的第一行是标题行，如，Age、Marital、Address、Income 等标题信息。显然，这些标题相当于 SPSS 数据文件中的变量名。要注意的是，在 SPSS 下读取 Excel 文件之前，确保其处于关闭状态。在 SPSS 下读取 demo. xls 的具体步骤如下：

(1)在 SPSS 工作窗口下，选择菜单"文件/打开/数据"命令，弹出"打开数据"对话框。

(2)在对话框下方的"文件类型"下拉列表中选择 Excel(*. xls)，在 SPSS 安装目录下的 Sample \ English 子目录中选择文件 demo. xls，单击"打开"按钮。弹出"打开 Excel 数据源"对话框，如图 2-26 所示。

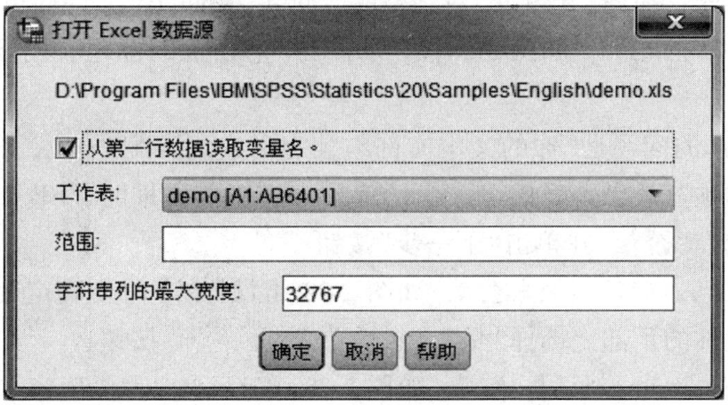

图 2-26 "打开 Excel 数据源"对话框

(3)"工作表"框中指定哪一张工作表。SPSS 默认打开的工作表是 Excel 文件中的第一张工作表，这里"demo"也是该 Excel 唯一的工作表；"范围"框中指定读取的数据具体位置区域，此处可以输入"A1：F5"，表示读入 Excel 中从 A1 单元格～F5 单元格覆盖的矩形区域；复选框"从第一行数据读取变量名"是将"范围"中指定的单元格区域的第一行作为 SPSS 数据文件的变量名，这里保留其选中状态。

(4)单击"确定"按钮，电子表格 demo. xls 中的数据在 SPSS 数据编辑窗口中被打开。

如图 2-27 所示，Excel 文件的读取示例。指定的范围"A1：F5"读入到 SPSS，生成 6 个变量，4 个个案的数据文件。在"变量视图"下，可见其自定义的数据结构，不仅合理地定义

Age	Maritalstatus	Address	Income	IncomeCategory	Carprice
55	1	12	72.00	3.00	37.00
56	0	29	153.00	4.00	76.00
28	1	9	28.00	2.00	13.90
24	1	4	26.00	2.00	13.00

图 2-27 Excel 文件的读取示例

了变量名、变量类型、宽度等，而且“智能”地定义婚姻状况的度量标准为名义型。

这样一种直接读取Excel文件的方法，就如读取SPSS自己的数据文件一样便捷。除此之外，也可以在Excel文件中“复制”，再到SPSS中“粘贴”，如此方式来读取Excel数据，读者可以自行比较这两种方式的异同，此处不再赘述。

2.6.2 读取文本文件

下面以SPSS自带的文件demo. txt为例，来学习SPSS如何读取纯文本文件。这个文件位于SPSS安装目录下的Samples \ English子目录中。同样，有必要先打开该文本文件了解一下数据的基本结构、数据的间隔符等。然后关掉该文本文件，打开SPSS软件。

SPSS提供了两种菜单操作方式读取文本文件，其一是，菜单“文件/打开文本数据”命令；其二是，菜单“文件/打开/数据”命令，这两种方式系统都会弹出“打开数据”对话框，只是前者文件类型自动跳到了文本格式(*. txt，*. dat，*. csv)，后者需要在文件类型下拉菜单中作选择。首先，在“打开数据”对话框中，选定demo. txt文件后单击“打开”，系统启动文本导入向导对话框之一，如图2-28(a)所示。从对话框的标题看到该向导共分六步，具体步骤如下：

(1)对话框中部的问题是“你的文本文件与预定义格式匹配吗?”，下方为按预定义格式读入的数据文件的预览效果。显然，在未给定预定义格式文件时，SPSS基本不可能正确识别该文件。因此选择“否”，并单击“下一步”按钮；

(2)弹出文本导入向导对话框之二，如图2-28(b)所示。需要确定变量排列方式和变量名称是否在文本文件的顶部，选择“是”，然后单击“下一步”按钮；

(3)弹出文本导入向导对话框之三，如图2-28(c)所示。需要确定数据开始行、每个个案所占的行数、希望导入的个案数量，这里选择默认设置，然后单击“下一步”按钮；

(4)弹出文本导入向导对话框之四，如图2-28(d)所示。需要确定变量间的分隔符和文本限定符，本例采用的分隔符是已经识别出的制表符(Tab键)，下方的数据预览窗口也显示出了正确的数据读取情况。本例没有使用文本限定符，选择默认“无”。然后单击“下一步”按钮；

(5)弹出文本导入向导对话框之五，如图2-28(e)所示。需要对各变量的属性作进一步设置，包括更改变量名和类型。用户可以在数据预览窗口中选择某一列变量，再作更改，这里不需要更改，单击“下一步”按钮；

(6)弹出文本导入向导对话框之六，如图2-28(f)所示。需要确定是否希望重复利用本次操作的选择，可以考虑将这次的文件设置保存为预定义格式文件，或者将本次操作粘贴为SPSS语句，这里使用默认选项，单击“完成”按钮，结束向导。文本文件demo. txt中的数据在SPSS数据编辑窗口中被成功读取并打开。

2.6.3 读取数据库文件

下面以SPSS自带的文件demo. mdb为例，来学习SPSS如何读取Access数据库文件。这个文件位于SPSS安装目录下的Sample \ English子目录中。在SPSS下读取Access数据库文件demo. mdb的具体步骤如下：

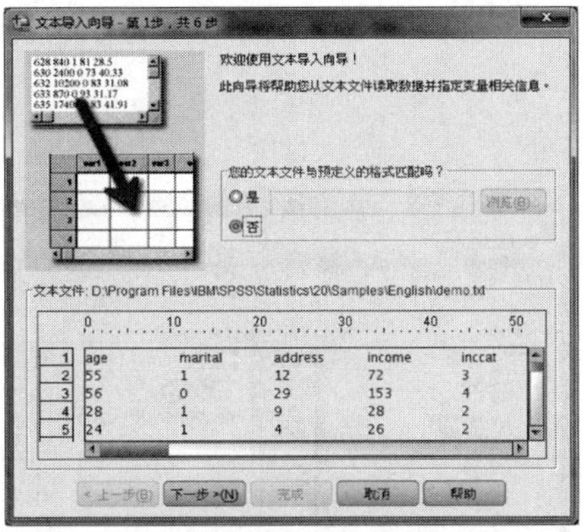

(a) 文本导入向导对话框之一

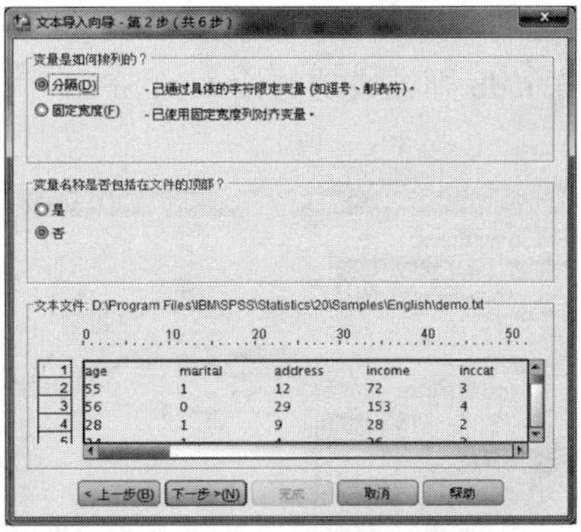

(b) 文本导入向导对话框之二

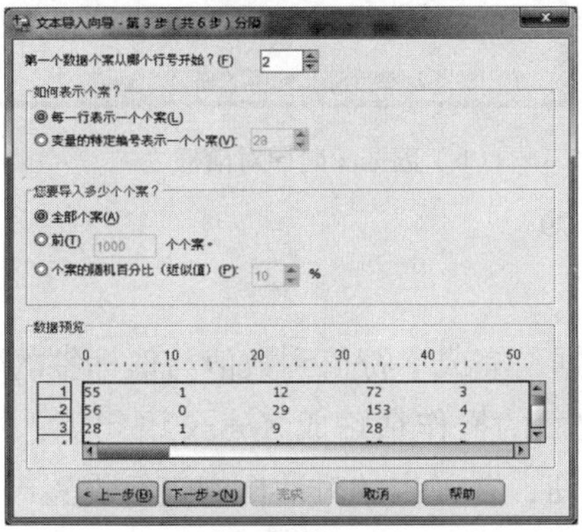

(c) 文本导入向导对话框之三

(d) 文本导入向导对话框之四

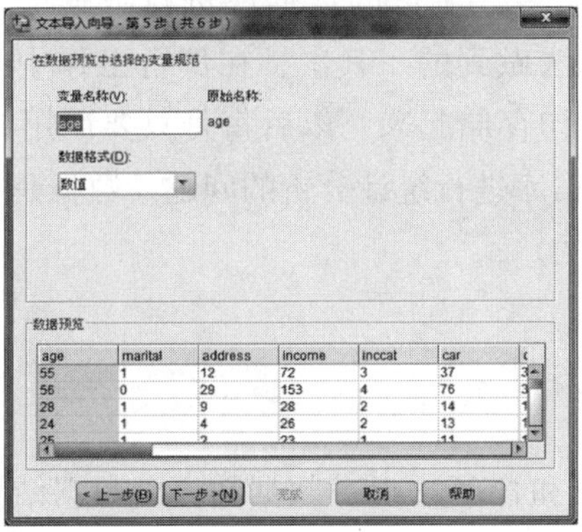

(e) 文本导入向导对话框之五

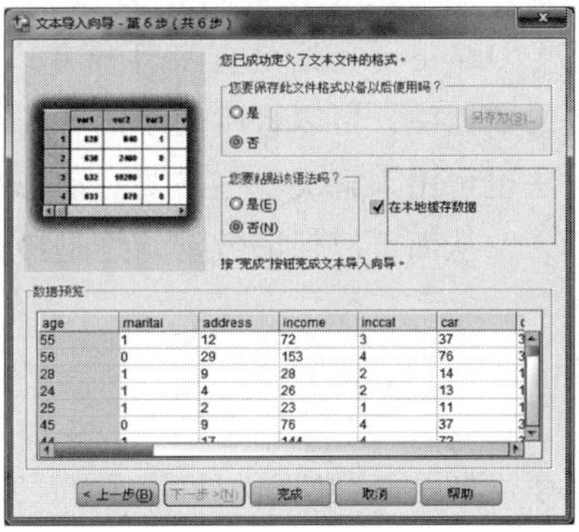

(f) 文本导入向导对话框之六

图 2-28

(1)选择菜单“文件/打开数据库/新建查询”命令，系统弹出数据库向导对话框之一，其中列出本机上已安装的所有数据源，如图 2-29(a)所示。

(2)选择“MS Access Database”后，单击“下一步”按钮；

(3)打开“ODBC 驱动程序登录”对话框，要求选择数据库文件，这里找到 SPSS 安装目录下的 Sample \ English 子目录，选择文件 demo. mdb，单击“确定”按钮；

(4)弹出数据库向导对话框之二，如图2-29(b)所示。单击demo表名左边的十字按钮，表中的全部变量即显示出来。采用拖放式操作将所需变量引入右侧框中，单击“完成”按钮。数据库demo.mdb则被成功的读入到SPSS中。

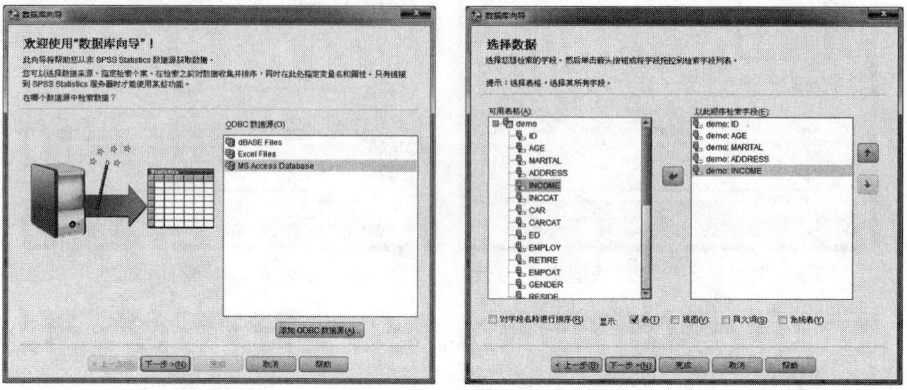

(a)数据库向导对话框之一　　(b)数据库向导对话框之二

图2-29

如果用户想选择性读入数据库中的部分数据、完成字符值到数值与值标签的转换、将生成的SQL语句保存为文件以供再次使用，将前面的操作粘贴成Syntax语句等，可以在数据库向导的第二个对话框后接着执行“下一步”按钮，在弹出的对话框中进行设置即可。

由于SPSS现在可以直接打开许多常用格式的数据文件，因此数据库查询接口的用处不是很大。但是使用ODBC接口可以直接和绝大多数流行的数据库进行数据交换，如SQL Server、DB2、Oracle等，这是直接打开方式无法做到的。其次，在例行工作中，如每月需要读入相同的数据库，可以将所使用的SQL语句存储起来，以后每月只要调用SQL语句即可。这一方法也可用来解决一些需要对动态数据库进行统计分析的问题。数据是在需要分析时才临时读入，从而可以保证数据始终是最新的。

本章小结

本章主要讲解SPSS数据文件的创建、编辑和管理。SPSS数据文件由数据结构和数据内容组成。首先，介绍了数据结构的组成、变量的各种属性以及在变量视图下的定义；紧接着在数据视图下完善数据文件的创建，以及数据文件的保存和打开操作。

详细介绍了编辑数据结构、数据内容、数据格式的操作方法。

数据文件的合并，是一种常用的创建数据文件的操作方法。合并数据文件的两种方式：添加个案和添加变量。结合案例，详细介绍了不同情形下的数据合并的操作方法与步骤。同时也介绍了数据文件拆分的结果和意义。

最后，详细介绍了在SPSS下如何读取Excel文件、如何读取纯文本文件，如何读取数据库文件的步骤方法，体现了SPSS软件对其他格式的数据文件，具有良好的兼容能力。

思考与练习

一、选择题

1. 下列可以作为 SPSS 变量名的是(　　)。

   A. 22year　　B. M123　　C. first name　　D. and

2. 关于变量名的命名规则，以下描述错误的是(　　)。

   A. 必须以英文字母或汉字开头。

   B. 变量名最长为 64 个英文字符，或者 32 个中文字符。

   C. 变量名尽量避免和 SPSS 已有的关键字重复。

   D. SPSS 变量名区分大小写字母 。

3. SPSS 中可以设置工作目录，具体设置可以按照以下菜单(　　)。

   A. 选项/设置　　B. 编辑/选项/设置

   C. 编辑/选项/文件位置　　D. 文件/选项/设置

4. 当变量值未录入时，系统用缺失值圆点(“. ”)表示，则该变量的数据类型是(　　)。

   A. 字符串　　B. 数值　　C. 点　　D. 日期

5. SPSS 中，变量的度量标准(Measure)有(　　)。

   A. 名义、序号和定类　　B. 名义、序号和度量

   C. 定序、定距和定比　　D. 有序、无序和连续

6. SPSS 数据文件的默认扩展名是(　　)。

   A. . SPS　　B. . SPSS　　C. . MDB　　D. . SAV

7. SPSS 下编辑的数据不仅能以 SPSS 格式保存，还能存储为很多种非 SPSS 格式，以下哪一种是 SPSS 不能存储的类型(　　)。

   A. . XLS　　B. . CSV　　C. . MDB　　D. . SAS7BDAT

8. 在合并两个 SPSS 文件时，正确的说法是(　　)。

   A. 如果是添加变量，SPSS 可以显示变量是来源于哪个数据文件

   B. 如果是添加个案，SPSS 可以显示变量是来源于哪个数据文件

   C. 合并两个 SPSS 文件后，将无法辨别个案来自于哪个文件

   D. 以上都不正确

9. 关于添加变量合并数据文件，以下叙述错误的是(　　)。

   A. 合并数据文件之前，所有需要合并的数据文件必须事先按照关键变量进行升序排列

   B. 待合并的两数据文件包含有相同的变量名时，系统会自动加以区分并显示在合并的数据文件中

   C. 添加变量合并数据文件时，是按照关键变量的匹配来完成的横向合并

   D. 待合并的数据文件必须是 SPSS 格式的数据文件

10. 关于读取外部数据文件，以下叙述错误的是(　　)。

    A. 读取电子表格时，要确定变量名是否在第一行

    B. 读取文本文件时，SPSS 一定能识别变量间的分隔符

    C. 读取文本文件时，只能用菜单“文件/打开文本数据”命令打开相应对话框

    D. SPSS 读取外部数据文件后，都可以将其存储为 SPSS 数据文件格式

二、简答与操作题

1. SPSS 中变量的度量标准有哪几种？请举例说明。
2. 简述合并数据文件的几种不同方式。
3. 针对 SPSS 自带文件 demo. xls，进行以下练习：
   (1)将该文件读入 SPSS 中，仅包含以下变量：age，marital，address，income，并给出中文变量标签；
   (2)对 marital 变量设置值标签：1 代表已婚，0 代表未婚。
4. 有两个数据集：Student_info. sav 和 Student_score. sav，如下所示。其记录了学生的基本信息和成绩，现希望合并这两个数据集，生成新数据集 info_score. sav，使信息尽可能完整。

Student_info.sav

学生ID	性别	年龄	班级
1	Female	14	A
2	Male	15	A
3	Male	15	A
4	Female	16	B
5	Female	15	B
6	Male	15	B

Student_score.sav

学生ID	科目	成绩
1	语文	89
1	数学	79
2	语文	67
2	数学	84
3	语文	78
3	数学	83
4	语文	69
4	数学	85
5	语文	79
5	数学	69

第 3 章　SPSS 数据的预处理

面对纷繁复杂的信息，要充分利用数据以反映更多的信息量，这样，高质量数据成为数据分析的前提和分析结论可靠性的保障。通常情况下，对刚建立的原始数据并不能立即进行统计分析，而需要对原始数据进行进一步的加工、整理，使之更加科学、合理。这就是数据预处理的一个过程，是在数据分析、挖掘开始前对原始数据的审核与判断，是数据分析必不可少的一个环节。换言之，在数据文件建立后，还需要对将要分析的数据进行必要的预处理，例如，数据抽样、异常数据的处理、数据的变换处理等，再进行后续的统计分析应用。

3.1　数据预处理的常用操作

在实际应用中，一个数据文件由几十或几百个变量、几万个个案构成是常见的情形。面对大规模的数据，如何正确操作和处理数据是一个尤为重要的问题。在 SPSS 中，数据预处理的功能主要集中在“数据”和“转换”两个主菜单下。

3.1.1　引例

前面学习并创建了数据文件“教师基本情况 . sav”，如图 3-1 所示，其中记录了某单位教工的基本情况和工资水平等。

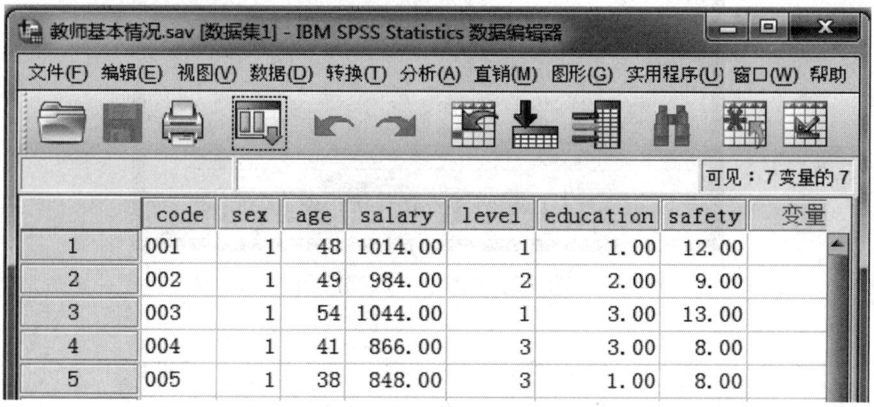

图 3-1　教师基本情况数据图

以该数据为例，本节将在 SPSS 中进行如下操作：

- 数据排序，从而能快速定位、查找数据
- 个案选择，能批量选择并查找符合要求的个案
- 变量计算，能重新计算变量值

- 分类汇总，依据变量分组进行汇总

3.1.2 数据排序

SPSS 中数据排序是将数据编辑窗口中的数据按照某一个或多个变量的值进行升序或降序的重新排列，有利于对数据的总体浏览。这里的变量也称为排序变量。排序变量只有一个时，排序称为单值排序。排序变量有多个时，排序称为多重排序。多重排序中，可以在按某个变量值升序(或降序)排序的同时再按其他变量值升序(或降序)排序，其中，先指定变量的排序方式优先于后指定的变量。

【例 3.1】在数据文件“教师基本情况.sav”中，要求通过数据排序分别找到不同性别职工工资的最大值及最小值。

经分析可知，需同时按照性别 age 和工资 salary 两个变量进行排序，其中性别作为主排序变量，工资为第二排序变量。在数据编辑窗口下，打开“教师基本情况.sav”数据文件。具体操作如下：

(1)选择菜单“数据/排序个案”，打开“排序个案”对话框。首先选择变量 sex 为排序依据，并且排列顺序选择“升序”；接着选择变量 salary，排列顺序依然选择“升序”。如图3-2所示。

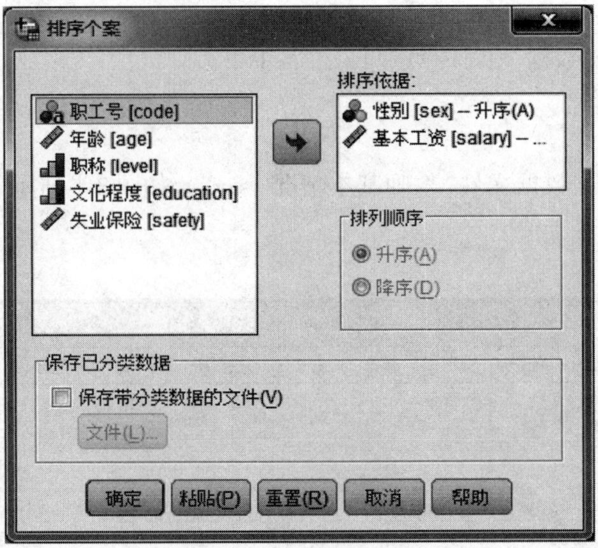

图 3-2 “排序个案”对话框

(2)单击【确定】按钮后，在数据视图中效果如图 3-3 所示，可见职工工资按照不同性别进行升序排列，这样就能快速得出不同性别教工的工资最大值和最小值。

3.1.3 个案选择

个案选择就是从已收集到的大量数据(总体)中按照一定的规则抽取部分数据(样本)的过程，通常也称为抽样。

SPSS 可根据指定的抽样方法从数据编辑窗口中选出部分样本以实现数据选取，这样后

	code	sex	age	salary	level	education	safety
1	010	1	35	827.00	3	1.00	7.00
2	005	1	38	848.00	3	1.00	8.00
3	004	1	41	866.00	3	3.00	8.00
4	015	1	55	887.00	3	4.00	8.00
5	016	1	45	887.00	3	4.00	8.00
6	014	1	41	889.00	2	1.00	8.00
7	013	1	59	938.00	3	4.00	8.00
8	002	1	49	984.00	2	2.00	9.00
9	012	1	59	989.00	2	2.00	9.00
10	001	1	48	1014.00	1	1.00	12.00
11	011	1	56	1014.00	1	2.00	12.00
12	003	1	54	1044.00	1	3.00	13.00
13	006	2	41	824.00	4	3.00	7.00
14	007	2	42	824.00	4	3.00	7.00
15	008	2	41	824.00	4	3.00	7.00
16	009	2	42	859.00	2	2.00	8.00

图 3-3　排序个案的效果视图

面的分析操作就只针对选出的数据，直到用户取消这种选择为止。

【例 3.2】从数据文件“教师基本情况 . sav”中查找出基本工资高于 1000 的男性教工，即要找出那些同时满足 sex 为男、salary 大于 1000 这两个条件的个案。具体操作如下：

(1)选择菜单“数据/选择个案”，打开如图 3-4 所示的“选择个案”对话框。

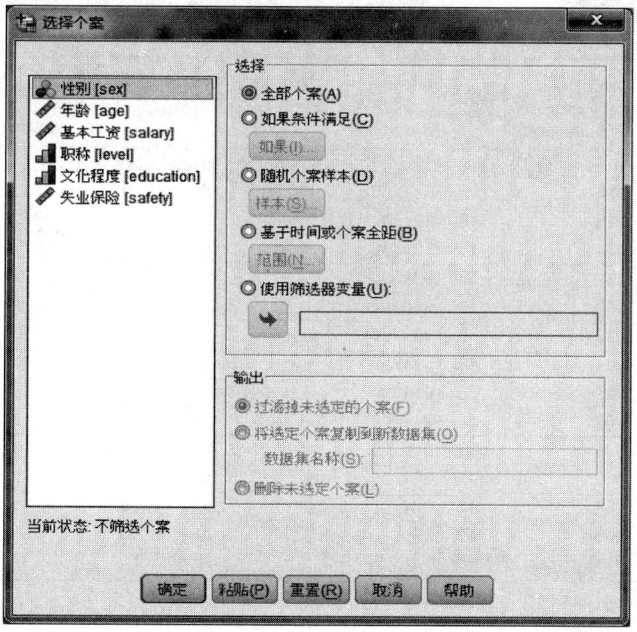

图 3-4　“选择个案”对话框

(2)单击"如果条件满足"下方的【如果】按钮，并在如图3-5所示的"选择个案 If"对话框的"文本输入框"中根据筛选条件输入表达式"sex = 1 & salary > 1000"。

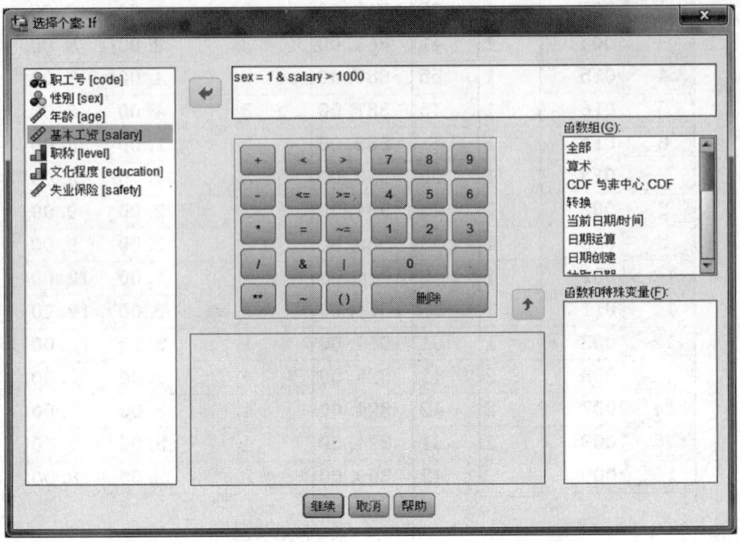

图3-5　"选择个案：If"对话框

(3)单击【继续】按钮返回上级对话框，再单击【确定】按钮，即将满足条件的个案筛选出来，那么之后所有的分析将仅仅基于符合选择条件的记录。

选择个案后的数据视图如图3-6所示，不满足选择条件的个案其编号被打上了反斜杠

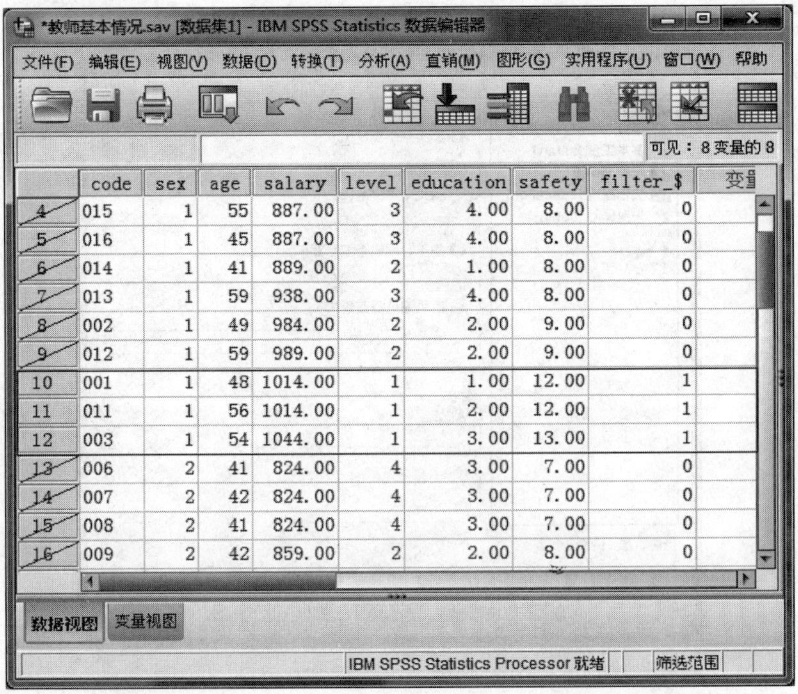

图3-6　选择个案后数据视图

(如个案"4"、"5"、"6")，表示这些个案被过滤掉，将不被应用于分析；而满足筛选条件的个案，其编号没有任何标记(如个案"10"、"11"、"12")。同时，SPSS 根据选择条件在数据文件的最右边添加了一个"filter_ $"筛选器变量，如果其值为 1 表示，则该个案被选中；如果其值为 0，则表示该个案未被选中。此外，在 SPSS 右下角的"筛选范围"表示该数据文件已被成功执行过"选择个案"的操作。

个案选择除了以上根据特定的条件进行选择外，还有其他三种选择方法。

1. 随机选择个案

在"大约"后的框中输入所选个案的百分比，将实现随机抽取该百分比的个案数。

"精确"选项可指定在具体的某一范围内随机选择若干个个案。比如：在两个文本框中分别输入 2 和 10(如图 3-7 所示)，表示在第 1 至第 10 个个案中，随机选择 2 个个案。

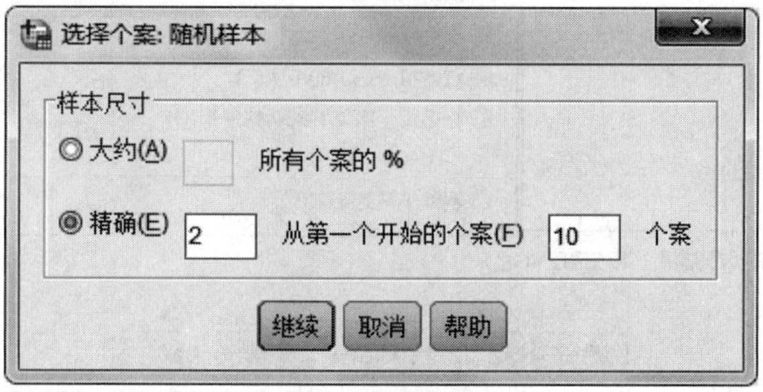

图 3-7　随机选择个案

2. 基于记录号选择个案

在"观测值"后的文本框中输入个案的范围，比如：输入 5 和 10(如图 3-8 所示)，表示选择了第 5 至第 10 个个案，总共 6 个个案。

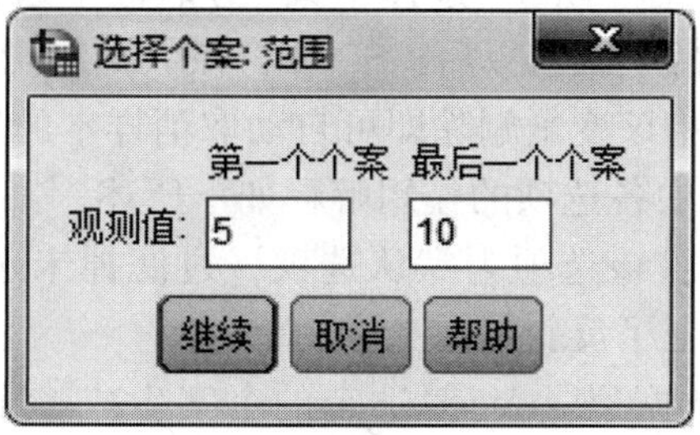

图 3-8　基于记录号选择个案

3. 使用筛选器变量选择个案

依据过滤变量的取值进行样本选取。要求指定一个变量作为过滤变量，变量值为非 0 或非系统缺失值的个案将被选中。这种方法通常用于排除包含系统缺失值的个案。

例如：在之前指定条件选择个案时自动添加变量 filter_ $，其中取值为 1 表示该个案被选中，0 表示未选中。若将该变量作为筛选器变量(如图 3-9 所示)，同样能够将基本工资高于 1000 的男性员工记录筛选出来。

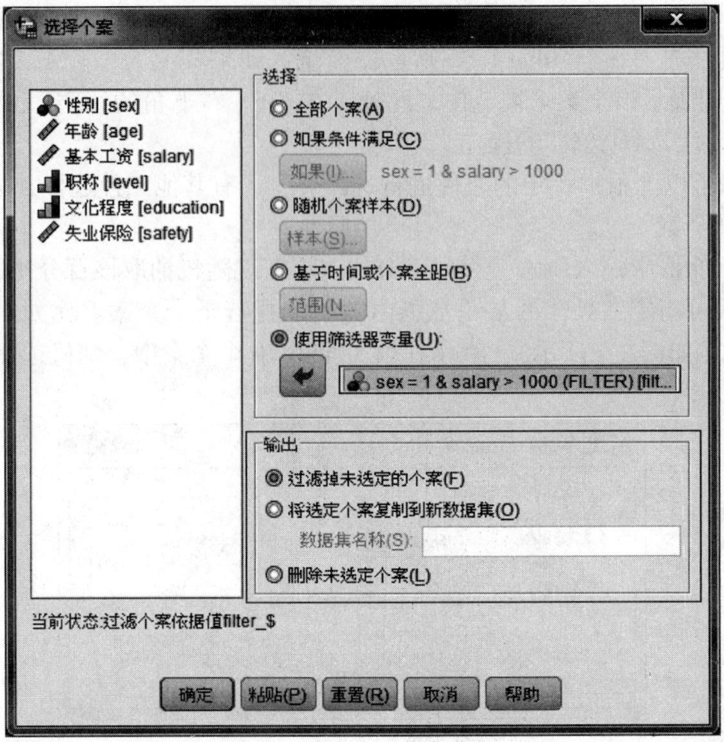

图 3-9　使用筛选器变量选择个案

说明：

- 完成个案选择后，以后的 SPSS 分析操作仅针对那些被选中的个案直到用户取消该选择为止。
- 若要取消选择个案，则可以在“选择个案”对话框中选择“全部个案”选项（如图 3-4 所示）。另外，在进行个案选择后，SPSS 将在数据编辑窗口中自动生成一个名为 filter_ $的新变量，若将该变量删除即可自动取消样本的选择。
- 在图 3-9“输出”部分中各选项的作用解释如下所述。

“过滤掉未选定的个案”：该选项为默认选项，过滤掉未选定的个案，未选定个案仍在数据集中，只是其编号被打上了反斜杠。

“将选定个案复制到新数据集”：将对选定的个案生成一个新的数据集，数据集的名称由用户自己命名。

“删除未选定个案”：在当前数据集中删除未选定个案而只留下选定个案，该选项不推荐使用，除非使用者非常确信以后不再需要分析未选定个案。

3.1.4　变量计算

SPSS 变量计算是在原有数据的基础上，根据用户给出的 SPSS 算术表达式以及函数，对所有个案或满足条件的部分个案，计算产生一系列新变量。

【例 3.3】将数据文件“教师基本情况 . sav”中所有教工的基本工资增加 300 元。具体步骤如下：

(1)选择菜单“转换/计算变量”，打开“计算变量”对话框。在目标变量文本框中输入一个新的变量名称“salary2”；再在数字表达式文本框中输入表达式“salary+300”，如图3-10所示。

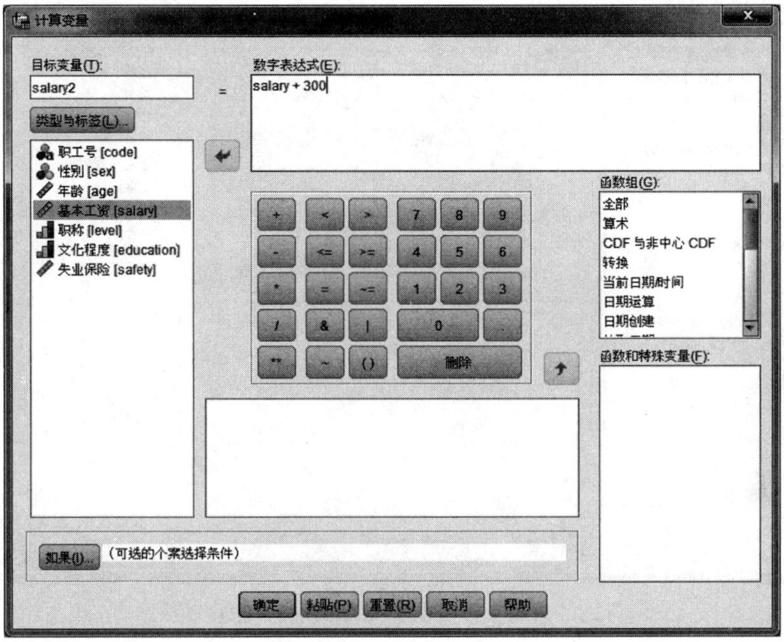

图 3-10　计算变量

(2)单击【确定】按钮后，在数据视图中最右边一列新添加名为“salary2”的变量，并将所有个案的计算结果存储在该变量下。

以上是将数据统一进行计算的方法。而在现实生活中常常会碰到要对不同条件下的数据进行不同的计算，这就需要在以上方法的基础上进行进一步的处理。

【例 3.4】将数据文件“教师基本情况 . sav”中所有教工依据职称级别计算实发工资，假设职称 1 至 4 级对应的工资分别上调 50%、30%、20%、10%。具体步骤如下：

(1)选择菜单“转换/计算变量”，打开“计算变量”对话框，输入目标变量名称“salary3”，输入表达式“salary * 1. 5”，但注意此表达式是在职称为 1 的情况下成立，因此需要选择下方的“如果”按钮(如图 3-11 所示)。

(2)打开“计算变量：If 个案”对话框，选择选项“如果个案满足条件则包括(F)”，在文本框中输入计算的前提条件“level=1”，如图 3-12 所示。再单击【继续】按钮，将返回到上级对话框(见图 3-11)。若接着单击【确定】按钮，将只计算职称为 1 的教工工资。接下来同样方法分别计算职称为 2、3、4 时教工工资，目标变量名称依然为“salary3”，从而得到最后的结果。另外，也可以返回到图 3-11 后，单击【粘贴】按钮，打开语法编辑器，只需将代码复制粘贴并修改即可，效果如图 3-13 所示。

(3)在图 3-13 语法编辑器中，选择菜单“运行/全部”，再回到数据视图中可见计算结果统一保存至新添加的变量“salary3”下。最终效果如图 3-14 所示。

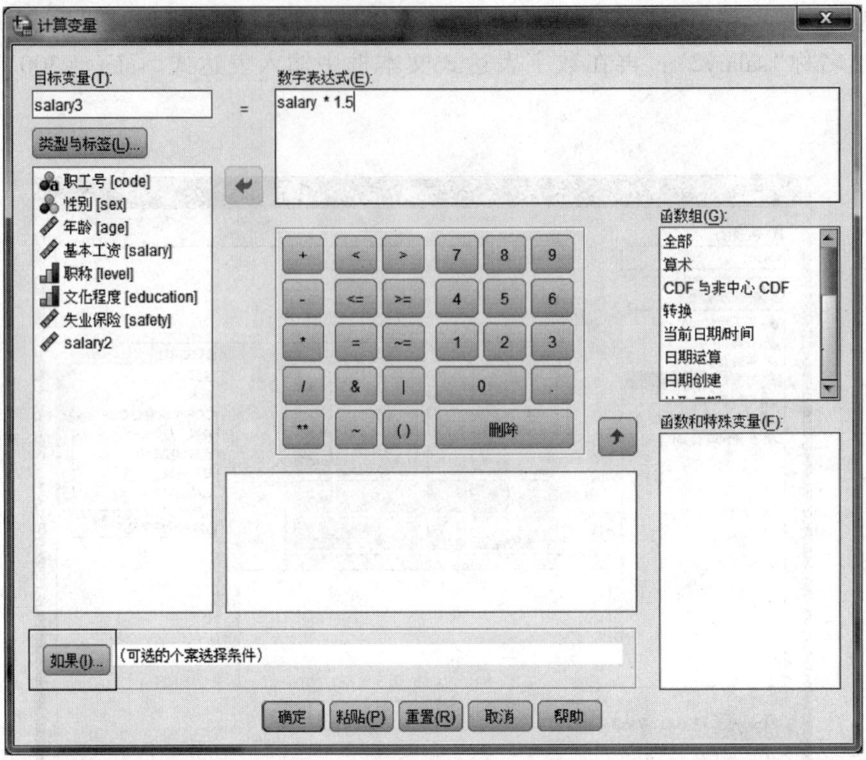

图 3-11　计算变量中的条件选择

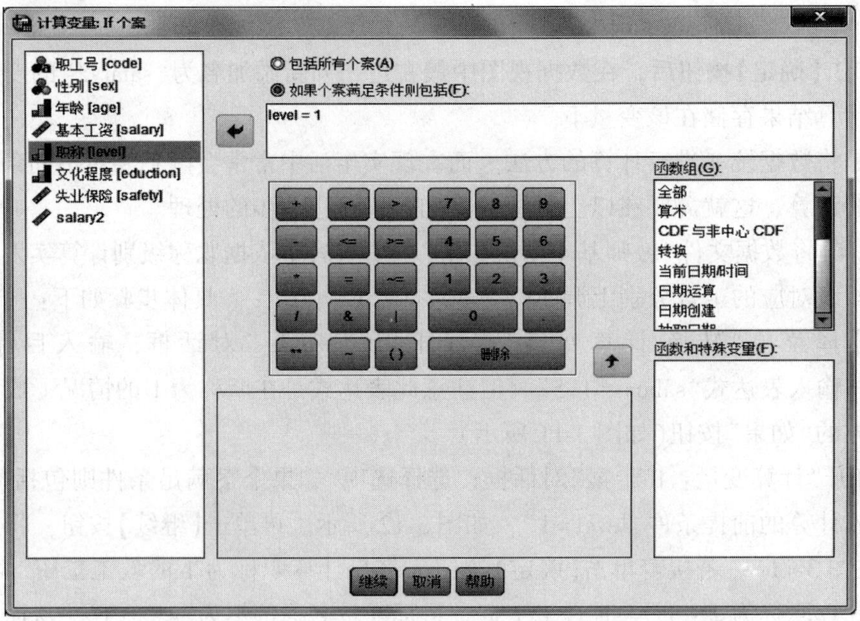

图 3-12　变量的条件计算

注意：变量计算针对所有个案，每条个案都有自己的计算结果。变量计算的结果应保存到一个指定变量中，该变量的数据类型与计算结果的数据类型要一致。

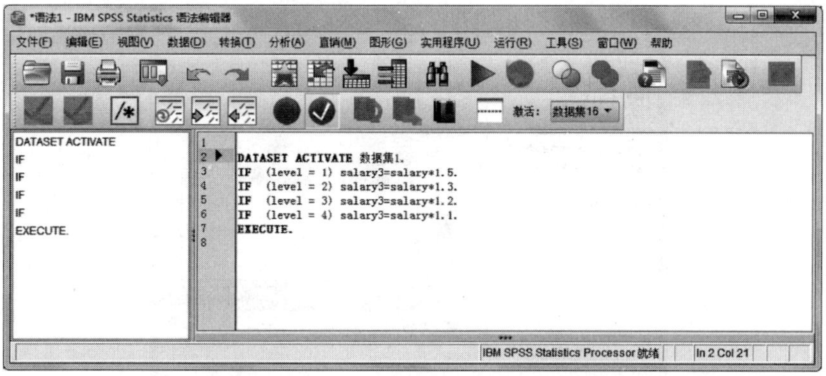

图 3-13　运用语法编辑器进行条件计算

	code	sex	age	salary	level	education	safety	salary2	salary3
1	001	1	48	1014.00	1	1.00	12.00	1314.00	1521.00
2	002	1	49	984.00	2	2.00	9.00	1284.00	1279.20
3	003	1	54	1044.00	1	3.00	13.00	1344.00	1566.00
4	004	1	41	866.00	3	3.00	8.00	1166.00	1039.20
5	005	1	38	848.00	3	1.00	8.00	1148.00	1017.60
6	006	2	41	824.00	4	3.00	7.00	1124.00	906.400
7	007	2	42	824.00	4	3.00	7.00	1124.00	906.400
8	008	2	41	824.00	4	3.00	7.00	1124.00	906.400
9	009	2	42	859.00	2	2.00	8.00	1159.00	1116.70
10	010	1	35	827.00	3	1.00	7.00	1127.00	992.400

图 3-14　条件计算的结果视图

3.1.5　分类汇总

分类汇总是按照指定的分类变量的变量值对个案进行分组，并计算每组个案的汇总变量的基本统计量。

在进行分类汇总时，最重要的是要正确地找出分类变量和汇总变量，另外根据实际需求选择合适的统计量。如某企业希望了解本企业不同学历职工的基本工资是否存在较大差距。最简单的做法就是分类汇总，其中分类变量为学历，汇总变量则为基本工资，而统计量为均值，最后通过比较不同学历职工的平均工资而得到最终结论。

【例 3.5】在数据文件“教师基本情况.sav”中，通过分类汇总了解不同职称的教工实发工资情况。具体步骤如下：

(1)选择菜单“数据/分类汇总”，打开“汇总数据”对话框，将变量职称“level”作为分组变量，实发工资“salary3”为汇总变量，默认统计量为均值，如图 3-15 所示。

其中，可通过点击【函数】按钮来改变统计量，单击【变量名与标签】按钮可用来改变新添加变量的名称及标签。

(2)勾选“个案数”复选框，将新添加一个变量来储存每组的个案数，新变量的名称可自行定义。

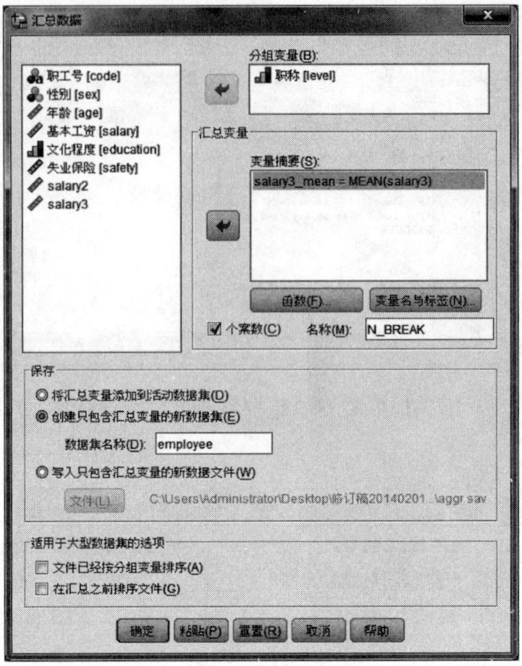

图 3-15　分类汇总

(3)在“保存”选项中，第一项是将汇总结果添加到原数据文件中，而后两项可将汇总结果单独保存到新的数据文件中。现选择第二项并将新的数据集命名为“employee”，最后效果如图 3-16 所示。

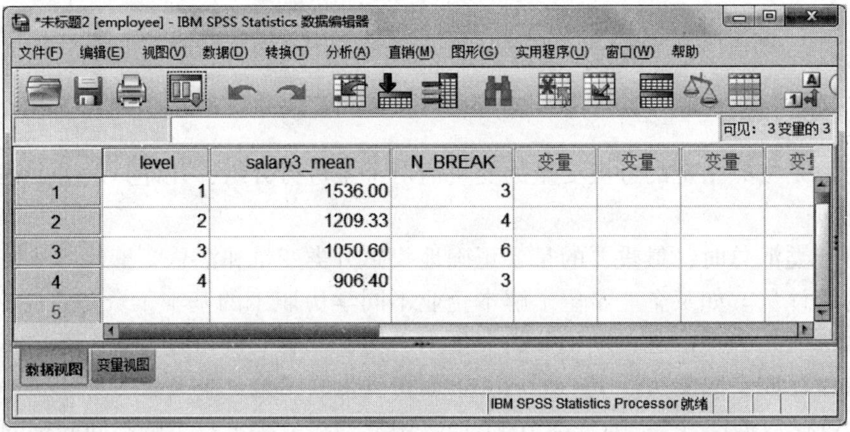

图 3-16　分类汇总结果

3.2　数据校验

在数据预处理过程中还有一个非常重要的环节即数据校验。在前期的数据搜集与录入过程中，数据的错漏现象往往难以避免，为了确保分析的正确性，就需要事先找出错误数据并查找错误出现的原因。我们就将查找错误数据或者不一致数据的过程称为数据校验。

3.2.1　引例

数据文件“学生选课.sav”记录了某高校部分学生的选课情况，如图3-17所示。其中“学号”和“课程”两个变量同时作为标志变量，“开课时间”取值的有效范围为2012/02/20到2013/07/15，另外“是否通过”的取值为0和1。根据以上条件进行数据校验：

(1)查找无效或错误的记录，并进行剔除

(2)查找开课时间相同的记录

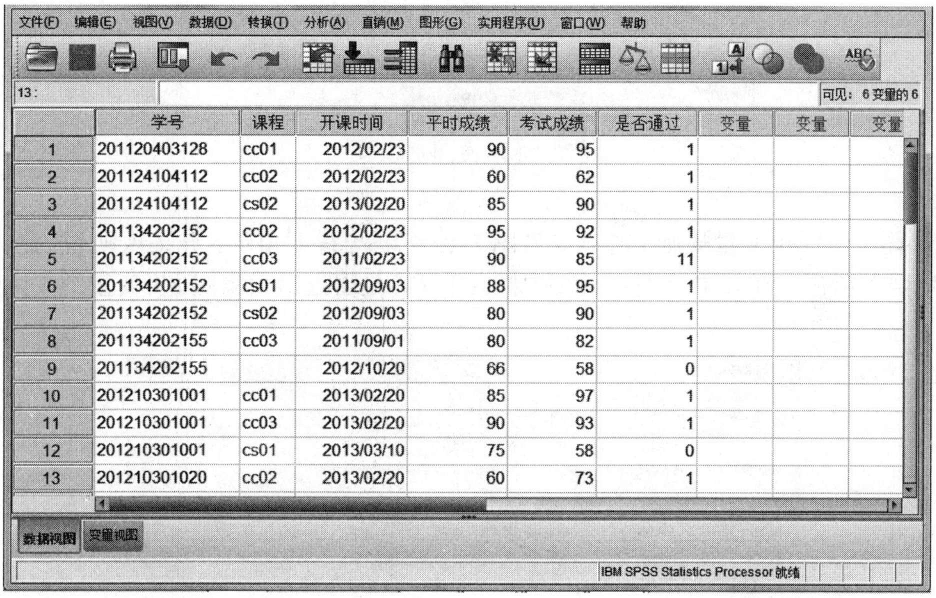

	学号	课程	开课时间	平时成绩	考试成绩	是否通过	变量	变量	变量
1	201120403128	cc01	2012/02/23	90	95	1			
2	201124104112	cc02	2012/02/23	60	62	1			
3	201124104112	cs02	2013/02/20	85	90	1			
4	201134202152	cc02	2012/02/23	95	92	1			
5	201134202152	cc03	2011/02/23	90	85	11			
6	201134202152	cs01	2012/09/03	88	95	1			
7	201134202152	cs02	2012/09/03	80	90	1			
8	201134202155	cc03	2011/09/01	80	82	1			
9	201134202155		2012/10/20	66	58	0			
10	201210301001	cc01	2013/02/20	85	97	1			
11	201210301001	cc03	2013/02/20	90	93	1			
12	201210301001	cs01	2013/03/10	75	58	0			
13	201210301020	cc02	2013/02/20	60	73	1			

图3-17　学生选课数据图

本节介绍SPSS的数据校验功能，主要包括：

- 数据验证(其中包含加载预定义规则、定义规则、验证数据三项)
- 标识重复个案
- 标识异常个案

3.2.2　数据验证

在前期的数据录入过程中，面对原始数据往往采用手动录入的方式，就很有可能造成数据文件中出现数据的重复或错漏，导致数据偏倚，以至于影响到后续数据分析的结果。这样就需要利用验证模块来对活动的数据集中可疑或无效的个案、变量或数据值加以识别，并予以剔除。

【例3.6】在数据文件“学生选课.sav”中查找出其中存在的无效或错误记录，操作如下：

(1)选择菜单“数据/验证/验证数据”，打开“验证数据”对话框，从变量列表中选择分析变量和标志变量。其中的“学号”、“课程”同时作为标志变量，而“开课时间”与“是否通过”两个变量的取值均有条件限制，应作为分析变量来进行数据验证。在【变量】选项卡中设置见图3-18。

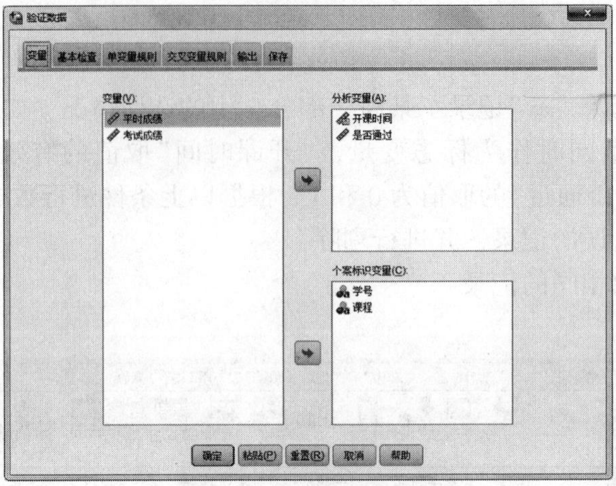

图 3-18　变量选项卡

(2)单击打开【单变量规则】选项卡见图 3-19。单击右下角的【定义规则】按钮，打开定义验证规则对话框，在其中分别定义“开课时间”和“是否通过”两个分析变量的规则。

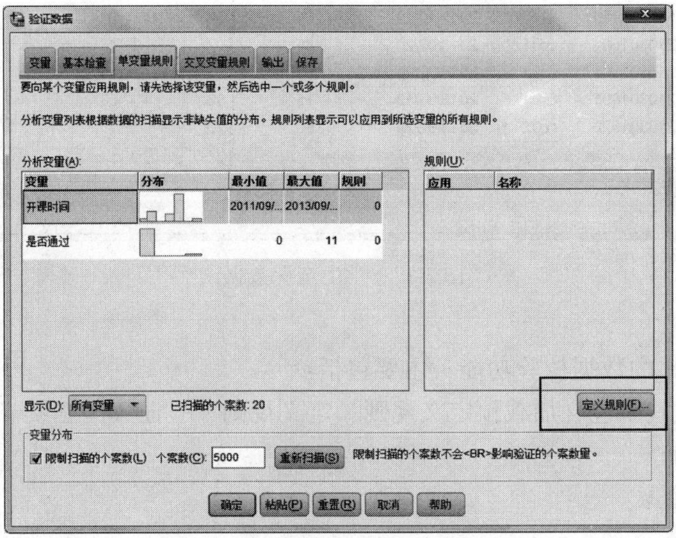

图 3-19　“单变量规则”选项卡

- 定义变量“开课时间”的规则(见图 3-20)

在“规则定义”部分：

“名称”后的文本框中输入规则名称：开课时间 rule，类型为日期，格式为 yyyy/mm/dd。

在“有效值”部分：

在下拉列表中选择 “在范围内”，最小值为 2012/02/20、最大值为 2013/07/15。

“开课时间”规则定义完成，继续对变量“是否通过”进行规则定义，在图 3-20 的定义验证规则中，单击左下角【新建】按钮。

- 定义变量“是否通过”的规则(见图 3-21)

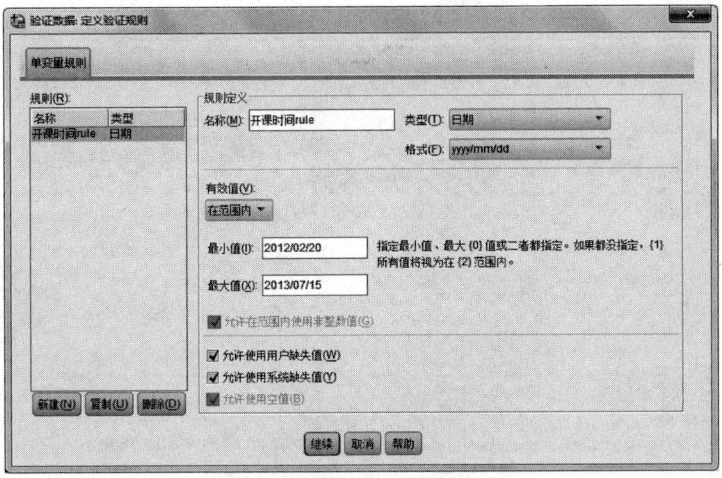

图 3-20 对变量“开课时间”定义规则

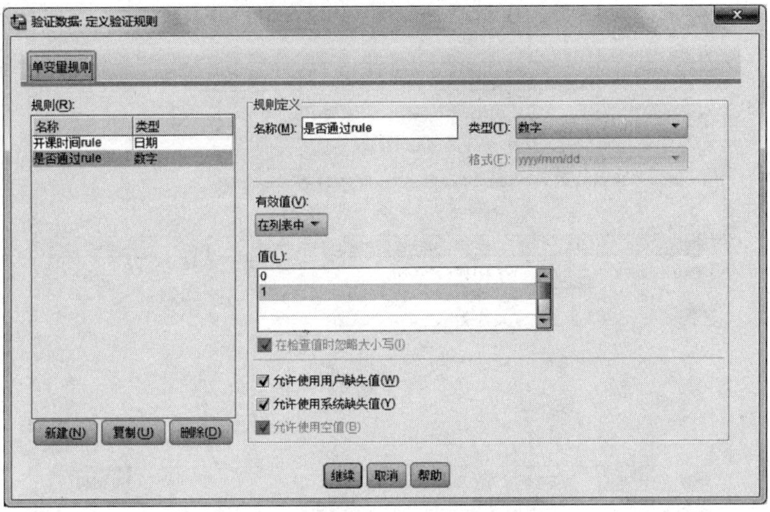

图 3-21 对变量“是否通过”定义规则

在“规则定义”部分：

“名称”后的文本框中输入规则名称：是否通过 rule，类型为数字。

在“有效值”部分：

在下拉列表中选择“在列表中”；在“值”表格中输入“0”和“1”，即有效的值只能是“0”(未通过)或者“1”(通过)。

(3)单击【继续】按钮，返回到如图 3-19 所示的单变量规则对话框。此时，新定义的两个规则出现在右端的“规则”框中。先选中“分析变量”框中的“开课时间”，对该变量应用刚才定义的规则，即在“规则”框中的“开课时间 rule”前打钩，如图 3-22 所示。

接着，选中“分析变量”框中的“是否通过”变量，在“规则”框中“是否通过 rule”前打钩，如图 3-23 所示。

(4)单击【确定】按钮，在结果管理窗口中显示下列结果。

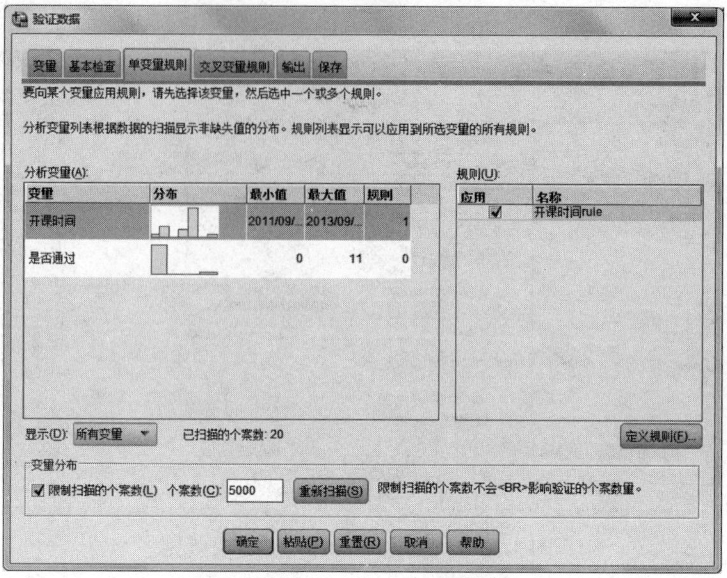

图 3-22　应用开课时间规则

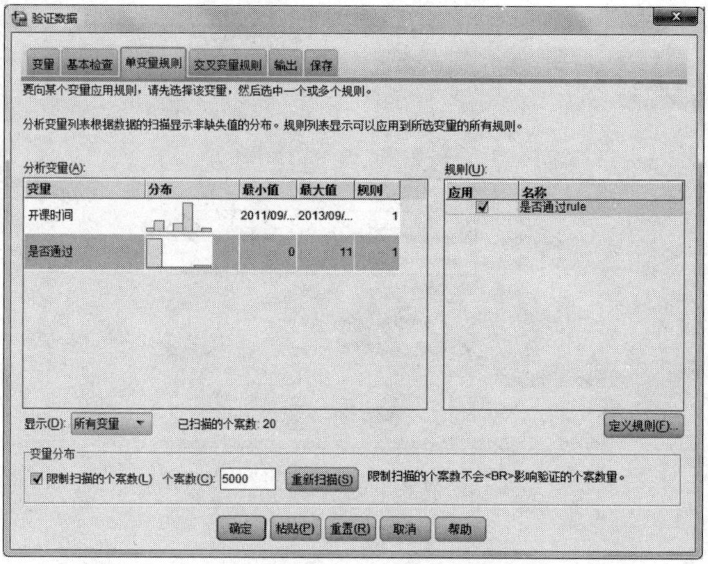

图 3-23　应用是否通过规则

- 标志变量检查结果(见表 3-1、表 3-2)

表 3-1　　**不完全的标志符**

案　例	标　志　符	
	学号	课程
9	201134202155	

这一部分结果是用来检查标志变量完整性的。因变量“学号”和“课程”同时为标志变量，只有当二者的值同时存在时才能说明标志变量完全。

表3-1说明了个案9的标志变量不完全。因该个案中“课程”的值为空而被显示为不完全标志符个案（见表3-2）。

表3-2　**重复的标志符**

重复的标志符组	重复数	具有重复标志符的个案	标志符	
			学号	课程
1	2	15，16	201210401081	cc02

这一部分结果是用来检查标志变量是否重复。它显示有1组个案的标志符重复了2次，重复的个案为个案15和16。

- 分析变量检查结果（见表3-3、表3-4、表3-5）

表3-3　**规则描述**

规　　则	描　　述
开课时间 rule	类型：日期 域：范围 标记用户缺失值：否 标记系统缺失值：否 极小值：2012/02/20 极大值：2013/07/15 标记范围内未标记的值：否 $ VD. SRule[1]：规则
是否通过 rule	类型：数字 域：列表 标记用户缺失值：否 标记系统缺失值：否 列表：0，1 $ VD. SRule[2]：规则
显示至少违反一次的规则	

表3-3是对单变量规则的总结，显示数据校验所应用的规则的情况。该表对开课时间rule和是否通过rule进行了详细描述。

表3-4总结数据中违反开课时间rule的个案数目为3，违反是否通过rule的个案有2个。

表 3-4 **变量摘要**

	规 则	违规数
开课时间	开课时间 rule	3
	总计	3
是否通过	是否通过 rule	2
	总计	2

表 3-5 给出详细的个案报告。其中，个案 5 同时违反了两个规则，个案 8 和 16 违反了开课时间 rule，个案 20 违反了是否通过 rule。

表 3-5 **个案报告**

案例	确认违反规则	标 志 符	
	单变量[a]	学 号	课 程
5	开课时间 rule（1） 是否通过 rule（1）	201134202152	cc03
8	开课时间 rule（1）	201134202155	cc03
16	开课时间 rule（1）	201210401081	cc02
20	是否通过 rule（1）	201234202123	cs02

a. 违反规则的变量数遵循每个规则。

3.2.3 标志重复个案

在进行大量的调研工作中，面对大量数据，可能会出现意外地重复访问某个被访对象或重复录入个案，造成数据文件中包含重复个案，导致分析结果的偏离。当然在实际情况中，有时候也需要用户查找具有相同数据的个案，如查找班级中同年同月同日出生的学生信息。

SPSS 中标志重复个案模块主要是用于对重复个案进行定义，并在一定程度上控制对主个案和重复个案的自动确定。这样可以找出输入数据的“意外错误”并予以剔除，同时也可以找出那些符合给定“重复条件”的个案。

【例 3.7】从数据文件“学生选课 . sav”中查找出开课时间相同的个案。具体操作如下：

（1）选择菜单“数据/标志重复个案”，打开“标志重复个案”对话框，将变量“开课时间”选入“定义匹配个案的依据”框中，对于开课时间重复的个案可按照“学号”进行升序排列，如图 3-24 所示。

（2）单击【确定】按钮，在结果管理窗口中查看输出结果如表 3-6 所示。

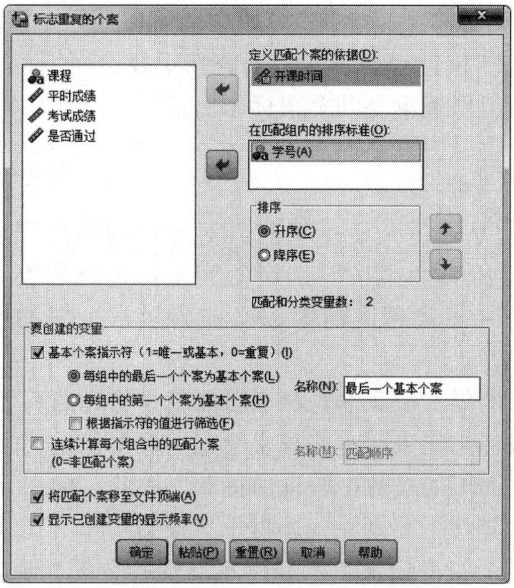

图 3-24　“标志重复的个案”对话框

表 3-6　**重复个案报告**

		频率	百分比	有效百分比	累积百分比
有效	重复个案	12	60.0	60.0	60.0
	主个案	8	40.0	40.0	100.0
	合计	20	100.0	100.0	

从表 3-6 可知，数据文件中共有 20 个个案，其中有 12 个个案和其他个案重复，重复个案占总个案的 60%。回到数据视图中，如图 3-25 所示，在数据文件中新添加一个变量“最后一个基本个案”，它标志个案 1、2 和 3 的开课时间重复，其中，个案 3 被标志为主个案。

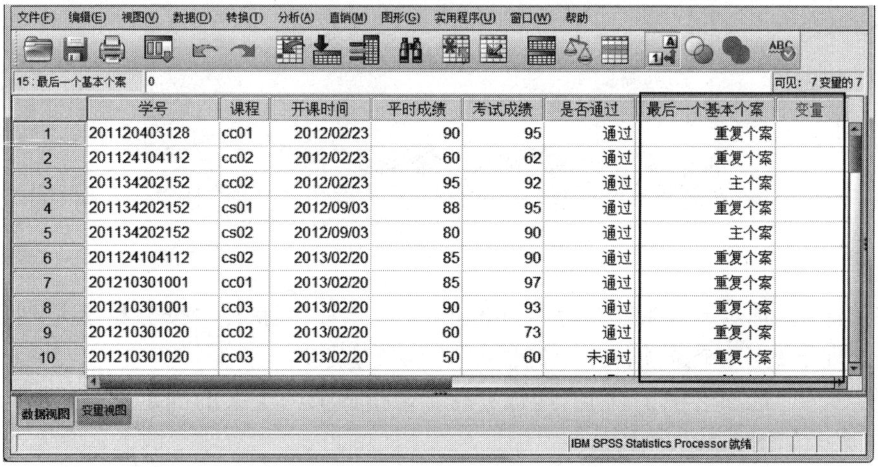

图 3-25　标志重复个案后的数据视图

注：在“数据验证”和“标志重复个案”模块中均可以用来查找重复个案，但二者的适用情况有所不同。“数据验证”仅针对标志变量来查找重复，而“标志重复个案”只需根据要求指定变量，即可将该变量值出现重复的个案标志出来。

3.2.4　标志异常个案

“标志异常个案”过程是通过基于个案与其对等组的偏离程度来判断异常个案。异常个案的探测过程是首先将所有个案按照选定的变量值进行聚类分组，计算每个个案与相应组中心的偏离程度，其中偏离程度越大那么成为异常个案的可能性就越大，从而被标志出来。

需注意的是所标志出的异常个案的观测值可能就是实际的有效个案，只是其值不同于大部分其他个案的取值而被标志出来。有些异常个案的观察值是实际是输入错误的，但值在技术上可能被判定为正确，而不能被数据验证所捕获。因此，标志异常个案是为用户提供参考依据，是否要将查找出的异常个案剔除，还需用户根据实际情况进行主观判断。

【**例3.8**】数据文件“car. sav”记录了不同汽车属性的数据，现要依据汽车的“重量”标志出5个异常个案。

(1)选择菜单“数据/标志异常个案”，打开“标志异常个案”对话框，从变量列表中将变量“重量”选入分析变量框中，如图3-26所示。

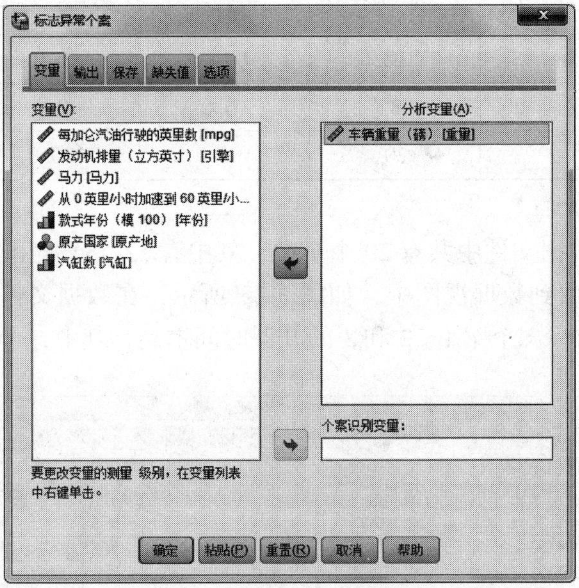

图3-26　“标志异常个案”对话框

(2)在“输出”选项卡中将“对等组标准值”、“异常指标”、“按分析变量列出出现的原因”、“已处理个案”几个选项都打上钩，如图3-27所示。

(3)在“选项”选项卡中，设定“具有最高异常指标值的个案的固定数量”为5，即标志出5个异常个案，如图3-28所示。

(4)单击【确定】按钮，在结果管理窗口中查看输出结果如表3-7至表3-10所示。

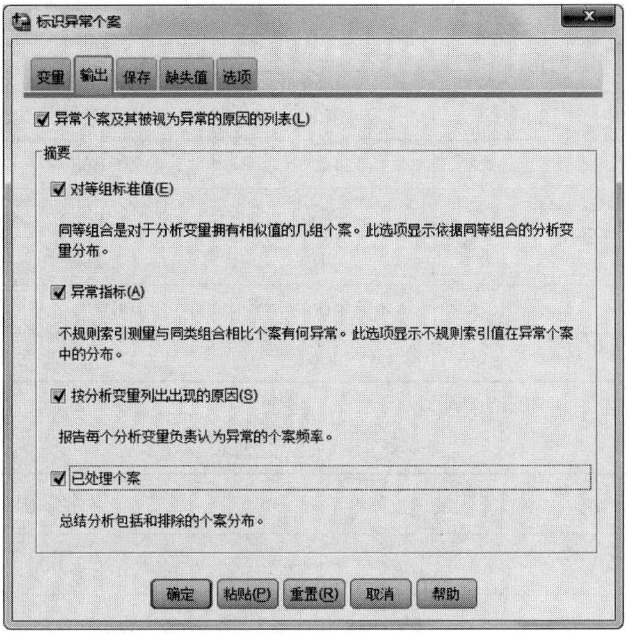

图 3-27 标志异常个案——输出对话框

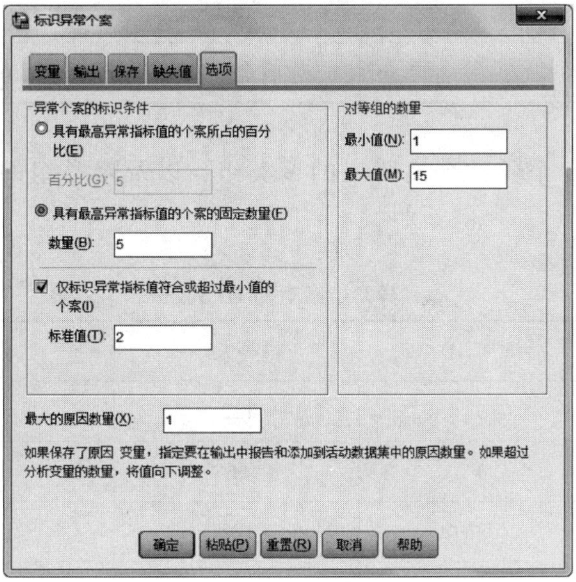

图 3-28 标志异常个案——选项对话框

表 3-7 中说明将 406 个个案共分成 5 个组，并将每组个案数占总个案数的百分比显示出来。

表 3-8 中异常索引是计算每个个案与其所在组中心的距离，该值越大，说明该个案越异常，同时还列出了每个异常个案的个案编号，以便于用户查阅异常个案。

表 3-7　　个案处理摘要

		N	组合百分比	总计百分比
对等 ID	1	72	17.7%	17.7%
	2	76	18.7%	18.7%
	3	122	30.0%	30.0%
	4	66	16.3%	16.3%
	5	70	17.2%	17.2%
已组合		406	100.0%	100.0%
总计		406		100.0%

表 3-8　　异常个案索引列表

案　例	异常索引
35	38.600
52	6.426
62	4.558
111	4.334
152	3.865

表 3-9 中列出了 5 个异常个案所属的聚类组，以及聚类组的个案数和占总体的百分比。

表 3-9　　异常个案对等 ID 列表

案例	对等 ID	对等大小	对等大小百分比
35	3	122	30.0%
52	4	66	16.3%
62	3	122	30.0%
111	4	66	16.3%
152	3	122	30.0%

表 3-10 中列出了导致异常个案的最主要原因变量及其影响系数、该个案在变量的值以及该变量的正常值。例如第 35 个个案的重量值为 732，而该个案所在组中重量的正常值为 2052.70，二者之间相差比较大，因此该个案被判定为异常个案。

表 3-10 **异常个案原因列表**

案例	原因变量	变量影响	变量值	变量范数
35	重量	1.000	732	2052.70
52	重量	1.000	5140	4380.61
62	重量	1.000	1613	2052.70
111	重量	1.000	4997	4380.61
152	重量	1.000	1649	2052.70

3.3 可视离散化

可视离散化是对连续型数据进行分组，创建一个新的分类变量，以实现连续变量的离散化。

在统计分析中，用户有时需要了解数据总体的大致分布状况，而不需要了解属性的具体信息。例如：通过调查问卷了解当地居民的收入水平。在问卷中往往问及居民收入的具体金额。对于研究者而言，需要从总体出发了解该地低收入、中等收入和高收入人群各占的比例。这样就需要对连续变量"年收入"进行可视离散化创建新的分类变量，将年收入的值划分成三类。

可视离散化还可用于将多个有序的分类合并成少数的分类变量。例如，调查居民的受教育水平，在原始调查数据中有 9 年、12 年、15 年等几种有限选项，可以通过可视离散化将其划分为初等教育、中等教育和高等教育三类。

【例 3.9】某班级学生经济学期末成绩保存在数据文件"学生成绩.sav"中，现将学生成绩分成不及格、及格、良好、优秀四个等级。步骤如下：

(1)选择菜单"转换/可视离散化"，可视离散化界面如图 3-29 所示，将成绩变量 score 选入"要离散的变量"框中。

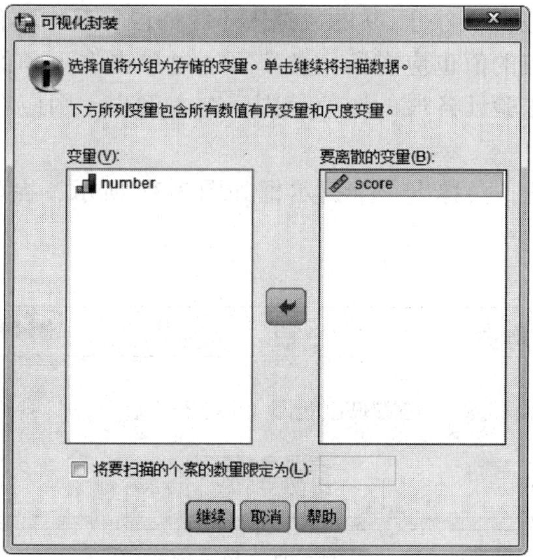

图 3-29 "可视化封装"对话框

(2)单击【继续】按钮后进行可视化分段设置，图 3-30 所示，在离散的变量框中输入“level”，即新创建一个名为“level”的分类变量。

若成绩在 60 分以下为不及格，60 到 75 分为及格，76 分到 85 分为良好，85 分以上为优秀。要将成绩划分成以上四个等级，可在“网格”下面的表格中的“值”所在的列分别输入三个分割点的值，即 59、75 和 85。在输入分割点的值之后，即可在直方图上看到相应的分割线，并由分割线及直方图可大致看出对连续变量的分段情况。

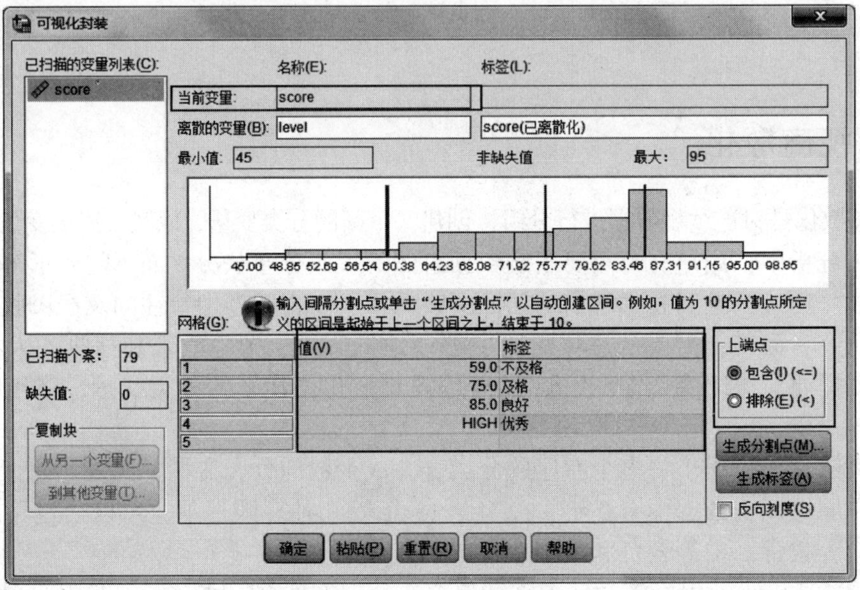

图 3-30　可视化分段设置

注意：要正确输入分割点的值，图 3-30 中“上端点”所包含的选项不能忽视。若选择第一项“包含”，当第一个分割点值为 59 时，表示第一段数据在小于等于 59 的范围内；反之，若选择第二项“排除”，意味着小于 59 的数据属于第一段，其中不包含 59。因此对“上端点”的选择不同，输入分割点的值也应有所调整。可通过单击右下角的【生成标签】按钮，自动生成各个分段的标签，来验证各段的取值范围。在本例中，则应在“标签”列中输入各个成绩段所对应的标签。

(3)单击【确定】按钮，会弹出一个提示框如图 3-31 所示，提醒将新建一个变量来存储分类结果。

图 3-31　提示框

(4)点击图 3-31 中的【确定】按钮，即可在数据文件中生成新变量 level，效果如图 3-32 所示。

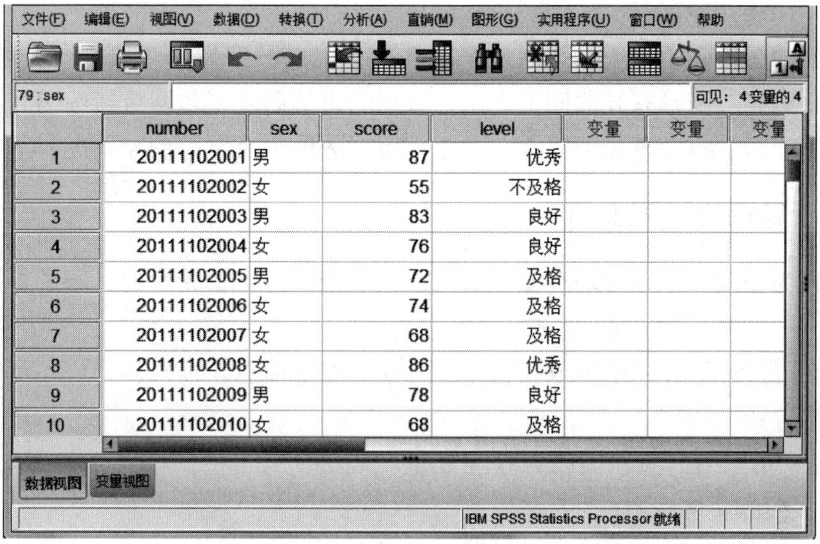

图 3-32　可视离散化后的数据视图

在以上实例中，用户是通过手动输入分割点进行分段，除此之外，还可以输入分隔的一些条件，自动化分段将根据这些条件实现自动智能化分段。

在图 3-30 中，如果单击右下角的【生成分割点】按钮，出现“生成分割点”对话框，如图 3-33 所示，在其中可输入生成分割点的条件。

- 等宽度间隔：输入第一个分割点位置和分割点数量，可视化分段将会自动进行等间距分段。
- 基于已扫描个案的等百分位：输入分割点数量或宽度，即可实现对连续变量等百分位分段。在此只需在一个框中输入值，另外一个框中即会根据输入的值自动生成。

例如，将成绩 score 分成四段，只需在“分隔点数量”后的文本框中输入“3”，那么“宽度”后的文本框中会自动生成 25，即每个分段大约含有 25% 的个案。或者在“宽度”中输入 25，则分隔点数量自动变为 3。

- 基于已扫描个案的平均和选定标准差处的分割点：可实现根据均值和所选定标准差进行分段。如果选择“+/−1 标准差”，意味着取均值减去 1 倍标准差、均值、均值加 1 倍标准差三个位置作为分割点。

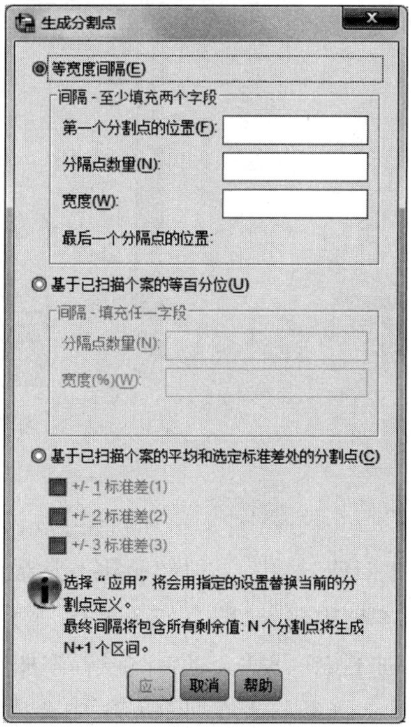

图 3-33　“生成分割点”对话框

接着，单击【应…】按钮返回上级对话框即图 3-30 可视化分段设置窗口，可见在“网格”

栏中已经自动生成分割点，再手动输入标签或点击【生成标签】按钮自动生成标签即可。

3.4 数据的重编码

根据实际的分析需求，用户可通过可视离散化实现数据的分组或合并分组。SPSS 还提供了数据的重编码功能具有异曲同工之用。数据的重编码主要包括重新编码为相同变量、重新编码为不同变量、自动重新编码几个方面，可对数值型及字符型变量进行重新编码。

3.4.1 重新编码为相同变量

重新编码为相同变量是对现存变量的值或数值范围进行重新赋值，即可直接更改原变量的值。

【例 3.10】将数据文件“学生成绩.sav”中 score 变量值重新编码，分成不及格、及格、良好、优秀四个等级。

(1)选择菜单“转换/重新编码为相同变量”，在图 3-34 中，将需分组的变量 score 选入“数字变量”下面的文本框中。

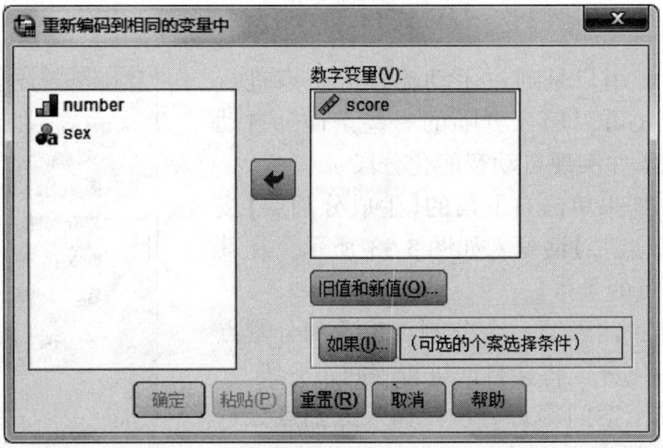

图 3-34 “重新编码到相同的变量中”对话框

(2)单击【旧值和新值】按钮，在打开的对话框中分别对旧值和新值进行设置。在左边“旧值”栏中，选择“范围，从最低到值”，在文本框中输入“59”，再在右边“新值”栏的值文本框中输入“1”，如图 3-35 所示，表示将成绩中所有小于等于 59 的值替换成 1。再点击【添加】按钮，就会将更改设置添加到“旧→新”的列表框中。

(3)接着在“旧值”栏中选择“范围”，在第一个文本框中输入“59”，第二个中输入“75”；再在“新值”栏中输入“2”。点击【添加】按钮，即将成绩大于 59 且小于等于 75 的值全部替换成 2。同理设置另外两组的旧值和新值，效果如图 3-36 所示。

(4)单击按钮【继续】返回如图 3-34 所示的上级对话框，再点击【确定】按钮，回到数据视图如图 3-37 所示，成绩变量 score 的值已被替换成 1 ~ 4 这四个值。

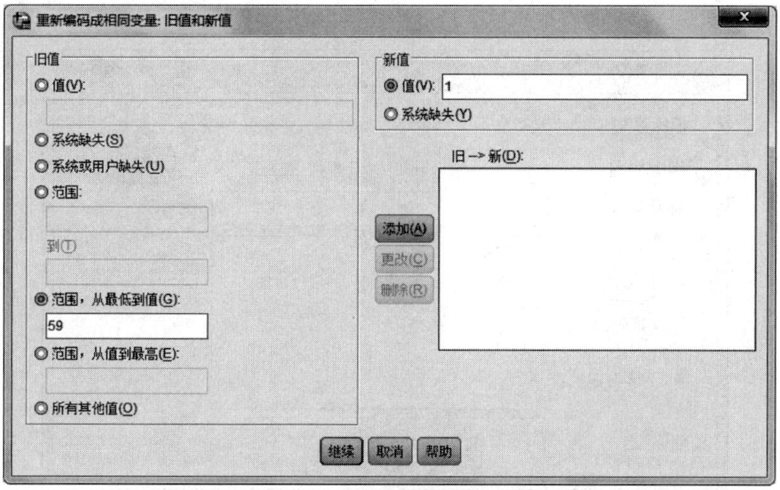

图 3-35 旧值和新值的设置

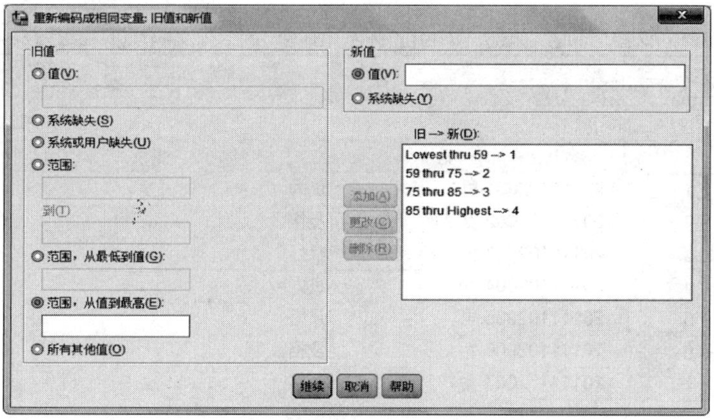

图 3-36 旧值和新值的设置结果

图 3-37 重新编码为相同变量后的数据视图

(5)切换到变量视图中，对变量 score 进行值标签设置，如图 3-38 所示。

(6)选择菜单“视图/值标签”，最终效果如图 3-39 所示。

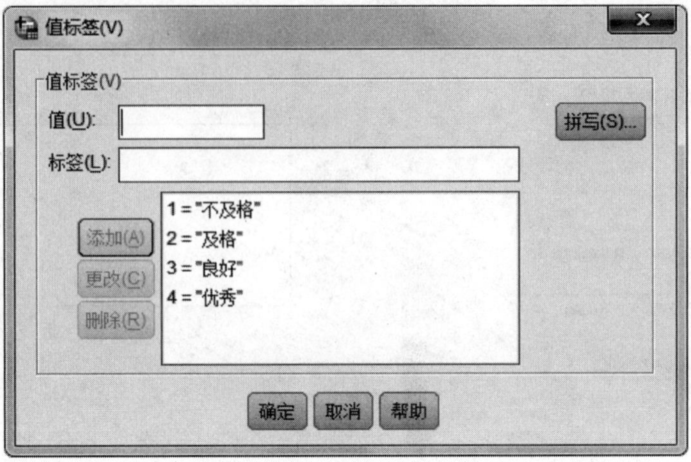

图 3-38　值标签设置

图 3-39　重新编码为相同变量的最终效果

注：重新编码为相同变量是将原变量的值直接替换，因此旧值和新值应该属于同一变量类型。如上例中成绩为数值型，所设置的新值只能为数值型，而不能直接输入“不及格”、“及格”等字符串类型数据。

3.4.2　重新编码为不同变量

重新编码为不同变量可将现存变量的数值与数值范围转换为新变量的新值，即创建一个新变量来存储转换后的值。新旧变量的数据类型可以相同也可不同。换言之，重新编码为不同变量可将数值型变量转换成字符型变量，也可将字符型变量转换成数值型变量。

【例 3.11】通过重新编码为不同变量将数据文件“学生成绩.sav”中 score 变量值分成不及格、及格、良好、优秀四个等级，将等级存储在新变量“level”中。步骤如下：

(1)选择菜单“转换/重新编码为不同变量”，在图 3-40 中，将 score 选入“数字变量→输出变量”下的文本框中，接着在“输出变量”栏中，输入将要新创建的变量名称“level”、标签“成绩等级”，再单击【更改】按钮。

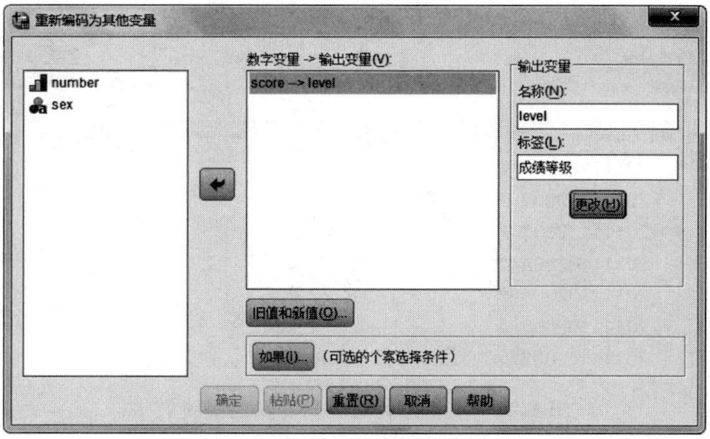

图 3-40 “重新编码为不同变量”对话框

(2)点击【旧值和新值】按钮，若新变量依然为数值型，设置方法与前面介绍的“重新编码为相同变量”中新旧值设置方法一致。若新变量为字符串型，勾选“输出变量为字符串”并设置字符串宽度，设置如图 3-41 所示，再单击【添加】按钮，将设置内容添加到列表框中。

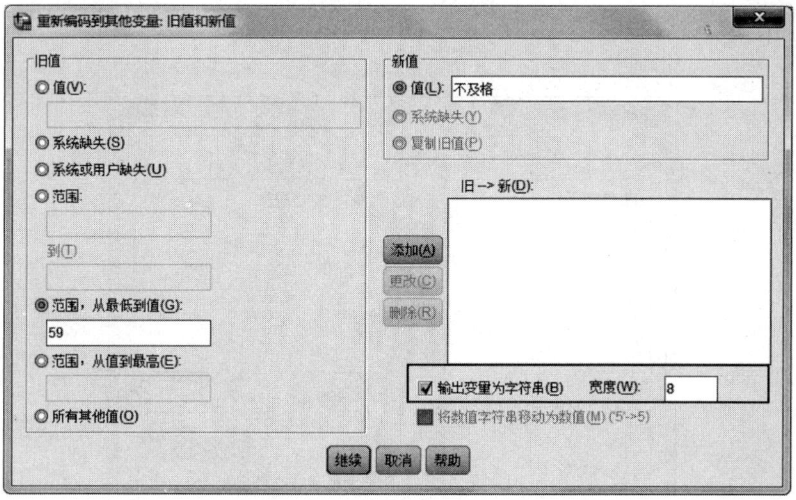

图 3-41 旧值和新值的设置

(3)新旧值设置完成后，单击【继续】按钮，返回图 3-40，再单击【确定】按钮，回到数据视图中查看最终效果，如图 3-42 所示。

3.4.3 自动重新编码

在一些调查问卷中常常会有开放式问题出现，这些问题的答案在 SPSS 中往往存储在字符串变量中。若要对这些问题进行更为明了简洁的统计整理，就需通过重新编码将字符型变量转换为数值型变量。

图 3-42　重新编码为不同变量的最终效果

在 SPSS 中可以使用自动重新编码过程自动按原变量值的大小或者字母排序(其中大写字母比其小写字母优先)生成一个新变量。该新变量的值为连续的整数，另外系统还会自动保留该变量的定义与值标签。

【例 3.12】对数据文件“学生成绩 . sav”中性别 sex 进行自动重新编码。

(1)选择菜单“转换/自动重新编码”，在如图 3-43 所示“自动重新编码”对话框中，将变量 sex 选入“变量→新名称”下的文本框中，在“新名称”后的文本框中输入“sex2”，再单击【添加新名称】按钮。

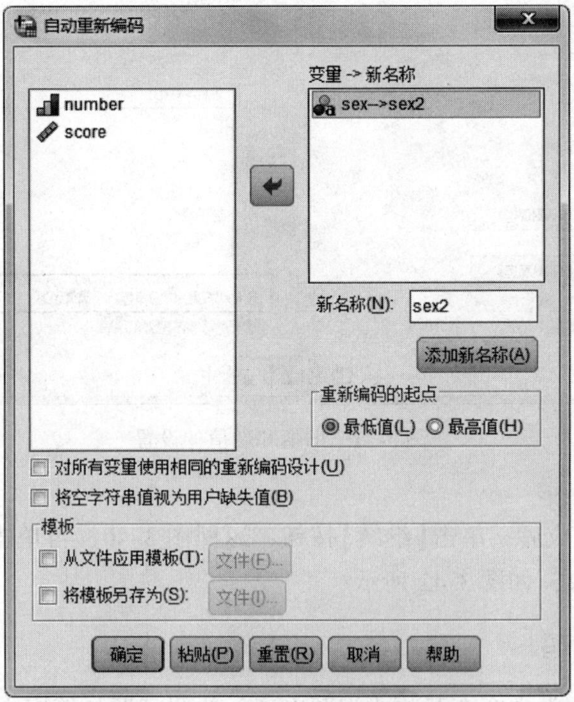

图 3-43　“自动重新编码”对话框

(2)单击【确定】按钮，在数据视图中查看自动重新编码后的效果，如图3-44所示。另外，在变量视图中可见新添加的变量“sex2”自动保留了值标签，即1—男，2—女。

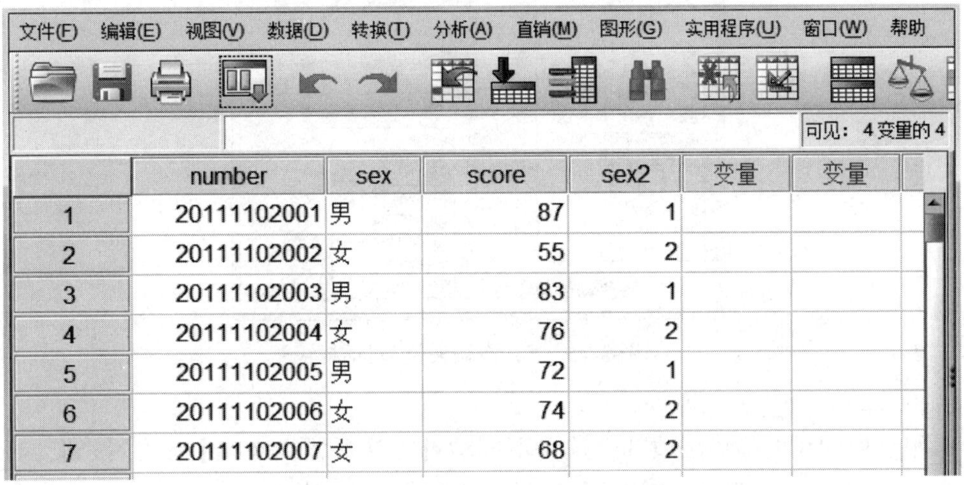

图3-44　自动重新编码后的数据视图

3.5 缺失值

缺失值是在数据采集过程中经常会出现而又很难避免的问题，会给数据分析结果带来极大的影响。缺失值出现的主要原因有：在数据收集阶段，收集者没有收集到相应数据；应答者拒绝回答该问题，如该问题涉及个人隐私；该问题对该应答者不适用，如该问题是针对女性的，而应答者为男性；从多个变量不尽相同的数据源中合并数据等。

在面向大量数据时，系统要对缺失值进行快速检测，SPSS中缺失值就应该有其特定的说明方法。SPSS中默认的缺失值即系统缺失值，数值型变量用圆点表示，字符型用空格表示。另外，SPSS还通过指定用户缺失值将这些缺失值与正常的数据区分开来。

在分析数据缺失的具体问题上，要从数据的实际出发。应结合数据的数量来进行实际处理。如果调查得到的数据量非常大，而出现的缺失值较少时可直接采用剔除缺失值的方法。但如果缺失的数据量较大，就需采取适当方法来填补缺失值，以减少信息的损失。SPSS提供了五种缺失值的填补方法即序列均值、临近点均值、临近点的中位数、线性插值法和点处的线性趋势。

【例3.13】将数据文件“car. sav”中第一列变量mpg中出现的缺失值进行填补。

(1)选择菜单“转换/替换缺失值”，打开图3-45的“替换缺失值”对话框。在左侧变量列表中，双击需要填补缺失值的变量“mpg”，其作为所选定填补方法函数的参数进入右侧框中，新变量名“mpg_1”将赋给填补后的变量。在“名称和方法”栏中，可输入“名称”框中的内容以定义新变量的名称；在“方法”框中列出了五种缺失值的填补方法。

(2)重复选择mpg进入“新变量”框中，每次采用不同的缺失值填补方法：mpg_2采用2个临近点的均值填补；mpg_3采用4个临近点的中位数；mpg_4采用线性插值法填补；

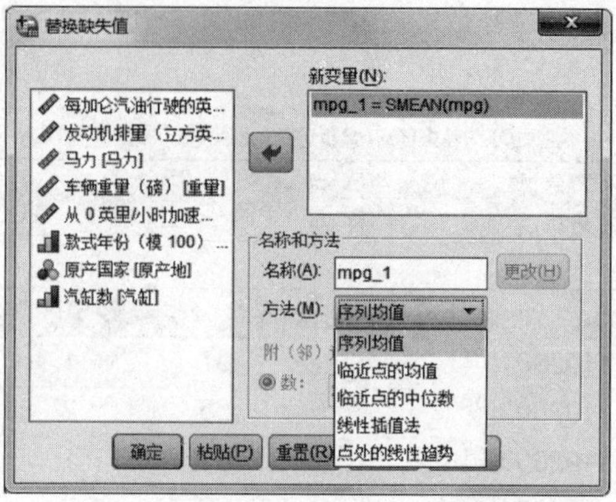

图 3-45　“替换缺失值”对话框

mpg_5 采用点处的线性趋势法填补。选择不同填补方法后需要单击【更改】按钮，否则选定的填补方法不能生效。设置完成之后的对话框，如图 3-46 所示。

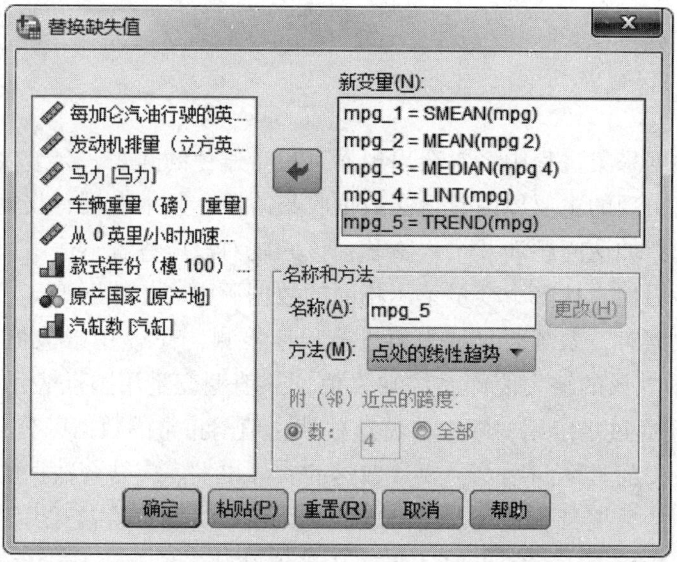

图 3-46　多种缺失值替换方法选择

(3) 单击【确定】按钮，回到数据视图，在当前活动数据集中生成了 5 个新的经过填补的 mpg 变量：mpg_1、mpg_2、mpg_3、mpg_4、mpg_5。将 mpg 和新生成的 5 个变量对比，如图 3-47 所示。

由上图可见，不同的替换缺失值方法经替换后的结果是不一样的。

- 序列均值为取整列数据的均值。
- 临近点的均值为取该缺失值临近的几个点的均值，具体几个点由附近点的跨度来设定。

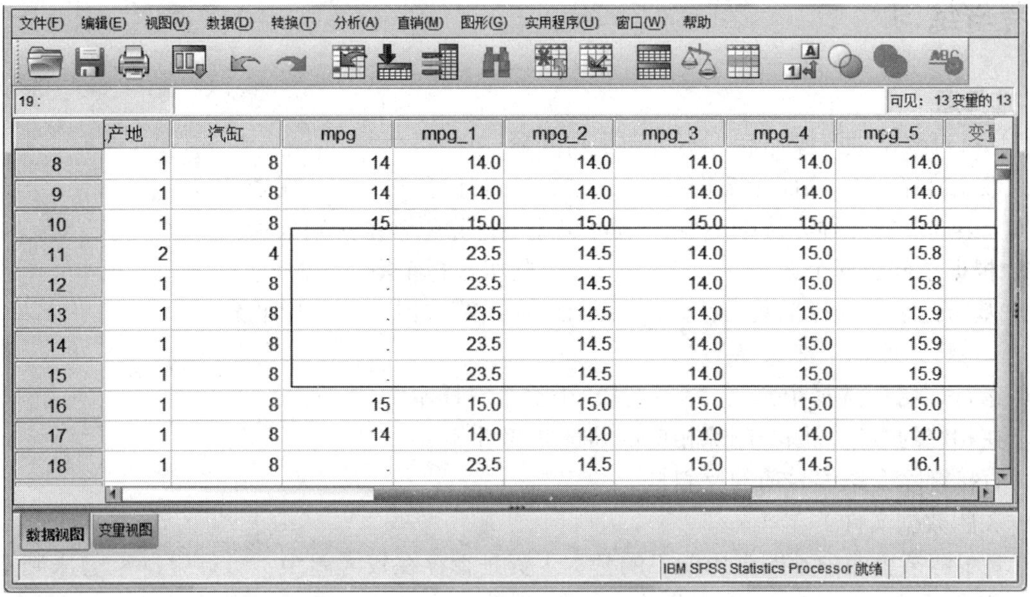

图 3-47　替换缺失值后的数据视图

- 临近点的中位数为取该缺失值临近的几个点的中位数，具体几个点由附近点的跨度来设定。
- 线性插值法应用线性插值法填补缺失值。用该列数据缺失值前一个数据和后一个数据建立插值直线，然后用缺失点在线性插值函数的函数值填充该缺失值。
- 缺失点处的线性趋势法应用缺失值所在的整个序列建立线性回归方程，然后用该回归方程在缺失点的预测值填充缺失值。

本章小结

本章主要介绍了在 SPSS 中进行数据预处理的常用操作及方法，为后续的数据分析与建模打下基础。

首先，数据排序、个案选择、变量计算以及分类汇总都是数据预处理的常用操作，有助于用户对数据的快速浏览与充分运用。

其次，数据校验可以方便地让分析者找到现有数据中不一致或者录入数据中存在的错误，为数据分析提供了很大的便利。其中验证模块可用于对活动的数据集中可疑或无效的个案、变量或数据值加以识别，并予以剔除；标志重复个案可降低数据的冗余；标志异常个案可以快速侦测数据中潜在的错误，找出数据录入中的错漏或不合常规的异常个案。

可视离散化是对连续型数据进行分组，把变量取值的细节进行简化、分类，是对总体进行把握的一种十分有用的方法。而数据的重编码具有异曲同工之用，另外，还能够根据实际需求实现数值型变量与字符型变量间的相互转换。

最后，还提到了在数据录入阶段中较为常见又对分析结果造成麻烦的缺失值问题，可通过 SPSS 提供的几种缺失值的填补方法为后续的数据分析打开通道。

思考与练习

一、选择题

1. (　　)对数据进行操作后，不会产生新变量。
   A. 数据排序　　B. 个案选择　　C. 变量计算　　D. 分类汇总
2. 在个案选择的几种方法中，(　　)可快速地排除包含系统缺失值的个案。
   A. 根据条件选择个案　　B. 随机选择个案
   C. 基于记录号选择个案　　D. 使用筛选器变量选择个案
3. (　　)可以取消个案选择。
   A. 运行“数据/选择个案”，然后选择“随机个案样本”
   B. 在相应的数据视图中删除相应的筛选器变量
   C. 直接删除个案编号前的反斜杠
   D. 关闭数据文件
4. 若要了解某企业中不同学历职工的基本工资是否存在较大差距，可通过(　　)来判定。
   A. 数据排序　　B. 个案选择　　C. 计数　　D. 分类汇总
5. 有关 SPSS 的数据校验过程，正确的是(　　)。
   A. 不用任何指导，SPSS 软件可以对数据进行校验，找出出错的数据
   B. 用户必须首先定义数据规则，然后才能应用 SPSS 数据校验过程
   C. 数据校验过程可以找出数据集中的所有错误
   D. 数据校验过程必须对所有变量逐个进行
6. 在异常个案分析中，对于 SPSS 报告的异常个案，正确的处理方式是(　　)。
   A. 在进行数据分析前，应该首先删除 SPSS 探测出的异常个案
   B. 异常个案探测是在数据分析完成之后，进入结果验证阶段所做的分析
   C. 即使合理地设置了异常探测的选项，对于 SPSS 给出的异常个案也应该根据数据的具体含义和特点有区别的对待，不能全部从数据集中删除
   D. 在进行异常个案分析前，应该先对缺失值进行填补
7. 下面操作中，不可以实现数据分组的是(　　)。
   A. 排序个案　　B. 可视离散化
   C. 重新编码为相同变量　　D. 重新编码为不同变量
8. 下列对于可视离散化的说法错误的是(　　)。
   A. 可视离散化可将尺度变量转换为分类变量
   B. 可视离散化可对现存变量的值或数值范围进行重新赋值
   C. 可视离散化可帮助用户了解总体的大致分布状况
   D. 可视离散化中可以根据条件自动生成分割点
9. 数据中明显错误或明显不合理的数据以及漏填的数据都可看做(　　)。
   A. 误差　　B. 偏差　　C. 缺失值　　D. 变异
10. (　　)不是 SPSS 中缺失值的替换方法。
    A. 序列均值　　B. 临近点的均值
    C. 临近点的众数　　D. 线性插值法

二、简答与操作题

针对数据文件“test3-1. sav”进行以下练习：

1. 试根据变量“出生日期”生成一个新变量“年龄”（提示：可以使用函数 XDATE. YEAR( )）。
2. 试根据雇员的性别变量对当前薪金的平均值进行汇总。
3. 找出同年同月同日出生的个案。
4. 创建一个新变量“薪金分段”，若当前薪金小于 20000 时取值为 d，大于等于 20000 且小于 50000 为 c，大于等于 50000 且小于 100000 为 b，大于等于 100000 为 a。

第4章 描述性统计分析与统计图表

在前面做的一系列数据搜集与整理都是为统计分析做准备。统计分析旨在研究观察对象总体的特征。在现实情况中，研究者往往是通过进行调查从总体中随机抽取一部分观测对象而形成样本，再通过对样本的研究与分析而对总体情况作出大致的判断。

描述性统计分析是 SPSS 统计分析的第一步，是针对统计学的另一大类——推断性统计分析而言的，后者指从样本数据得到的结论推广到总体特征。描述性统计分析是应用分类、制表、图形以及概括性数据指标来概括大量原始数据的统计方法。通过描述性统计分析可以大体把握数据的分布类型与特点，大致了解数据分布的集中趋势与离散程度，对后续深入地统计推断与数据建模起到重要的指导与参考作用。

在一般情况下，我们可将所研究的变量划分为连续变量和分类变量。在描述性统计分析中，针对不同类型的变量，所运用的描述性统计量、统计分析方法以及统计图形亦有所不同。本章将针对这两类变量从描述性统计分析的各方面进行逐一阐述。

4.1 引例

数据文件“职员基本情况 . sav”记录了某公司职员的性别、出生日期、教育水平、雇佣类别、工资水平等基本信息，如图 4-1 所示。本节将通过描述性统计分析，达到以下目的：

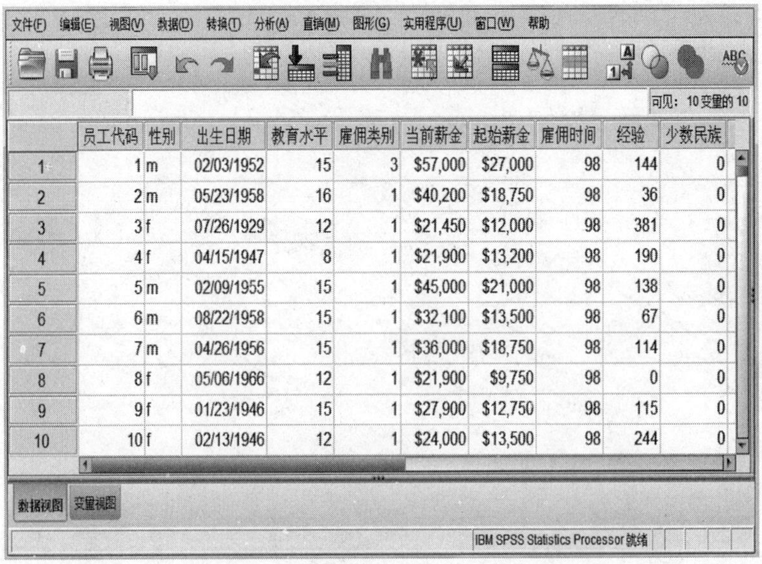

	员工代码	性别	出生日期	教育水平	雇佣类别	当前薪金	起始薪金	雇佣时间	经验	少数民族
1	1	m	02/03/1952	15	3	$57,000	$27,000	98	144	0
2	2	m	05/23/1958	16	1	$40,200	$18,750	98	36	0
3	3	f	07/26/1929	12	1	$21,450	$12,000	98	381	0
4	4	f	04/15/1947	8	1	$21,900	$13,200	98	190	0
5	5	m	02/09/1955	15	1	$45,000	$21,000	98	138	0
6	6	m	08/22/1958	15	1	$32,100	$13,500	98	67	0
7	7	m	04/26/1956	15	1	$36,000	$18,750	98	114	0
8	8	f	05/06/1966	12	1	$21,900	$9,750	98	0	0
9	9	f	01/23/1946	15	1	$27,900	$12,750	98	115	0
10	10	f	02/13/1946	12	1	$24,000	$13,500	98	244	0

图 4-1 职员基本情况数据图

- 了解公司职员的职务分布情况；
- 了解公司职员的当前薪金情况；
- 了解公司不同职务的当前薪金差异；
- 了解公司中不同性别员工的薪金变化情况；
- 了解不同性别的职务分布情况；
- 分别针对起始薪金、雇佣类别绘制合适的图形。

4.2 频率分析

频率分析(Frequencies)是描述性统计分析的常用方法之一，通过频率分析能够了解变量的取值状况，有利于把握数据的分布特征。例如，要了解某地区居民的教育水平、职业特征、收入情况等，就可以借助于频率分析来实现。

SPSS 的频率分析过程不仅能够输出详细的频率表格，还能够根据用户的要求对分析变量进行各种统计量的计算，并且输出几种常用的统计图形。

【例 4.1】打开数据文件“职员基本情况.sav”，了解公司职员的职务分布情况。

要了解职务分布情况，就需要对变量“雇佣类别”进行分析。从数据集中可见，该变量只有三种取值，属于分类变量，可通过频率分析来掌握公司中各职务的人数及所占的百分比，从而达到分析目的。操作如下：

(1)选择菜单“分析/描述统计/频率”，打开“频率”对话框。双击分析变量“雇佣类别”，将其选入“变量”框中，如图 4-2 所示。

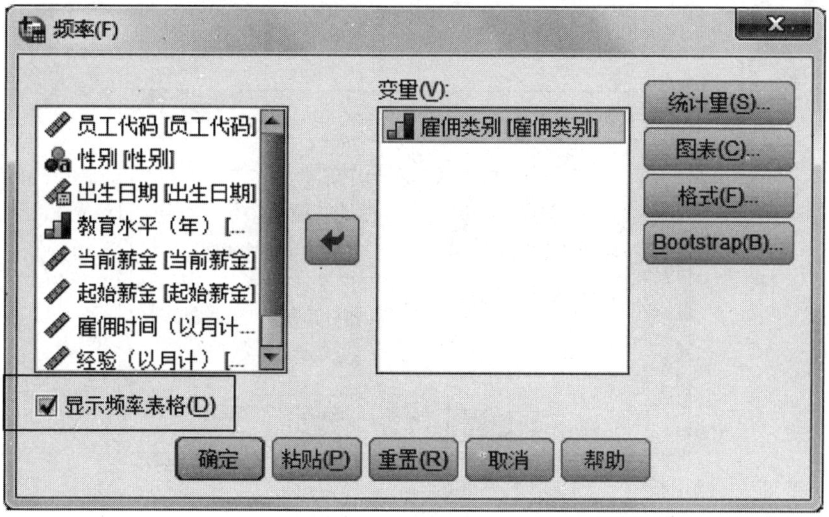

图 4-2 “频率”对话框

注意：只有在对分类变量进行分析时，才需要勾选“显示频率表格”复选框。

(2)单击图 4-2 右侧的【统计量】按钮，可对分析变量进行如图 4-3 所示的各种统计量的计算。根据分析需求和变量类型，用户可选择合适的统计量，计算结果将会在输出的统计量表中显示出来。

(3)单击图4-2右侧的【图标】按钮，在如图4-4所示的“频率：图表”对话框中列出了三种可输出的统计图形，现选择“条形图”。

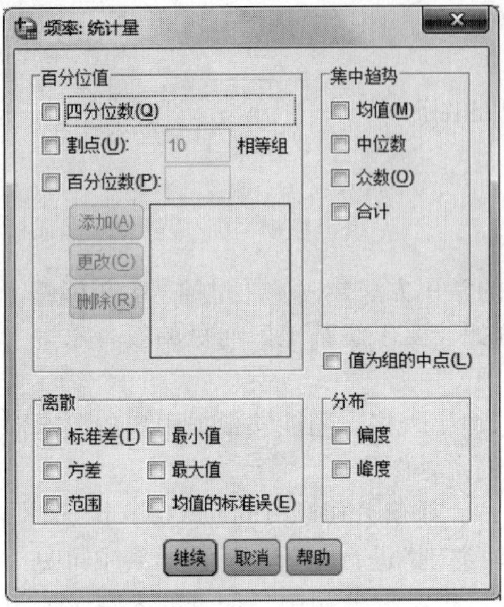

图4-3 “频率：统计量”对话框

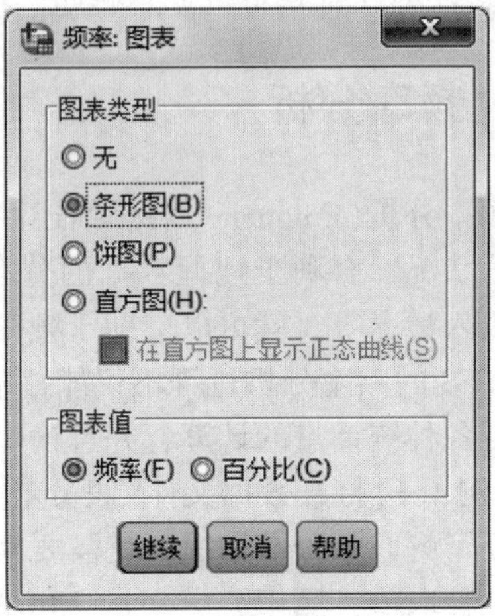

图4-4 “频率：图表”对话框

(4)单击图4-2右侧的【格式】按钮，打开如图4-5所示的“频率：格式”对话框，用来设置频率表格中数据的排序方式，可以按值进行升或降序排列，也可以按计数进行升或降序排列。

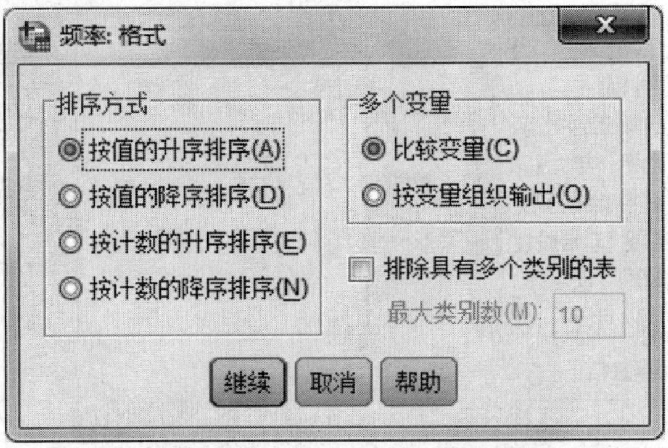

图4-5 “频率：格式”对话框

(5)单击图4-2中的【确定】按钮，在结果管理窗口中显示如表4-1和表4-2所示的分析结果。

- 统计量

由表4-1可见数据文件中变量“雇佣类别”的有效值共有100个，无缺失值。若在图4-2中选择了统计量，则相应的统计量计算结果也将在此表中列出。

表 4-1　　　　　　　　　　　　统　计　量

雇佣类别

N	有效	100
	缺失	0

- 频率表格

表 4-2　　　　　　　　　　“雇佣类别”频率表格

		频率	百分比	有效百分比	累积百分比
有效	职员	76	76.0	76.0	76.0
	保管员	4	4.0	4.0	80.0
	经理	20	20.0	20.0	100.0
	合计	100	100.0	100.0	

表 4-2 为频率表格，列出了数据文件中各雇佣类别所出现的频率、百分比、有效百分比和累积百分比。

频率：变量值落在某个区间(或某个类别)中的次数。

百分比：变量值出现的次数占总样本数的百分比

有效百分比：变量值出现的次数占总有效样本数的百分比。这里，有效样本数=总样本数-缺失样本数。如果所分析的数据在频率分析变量上有缺失值，那么有效百分比能更加准确地反映变量的取值分布情况。

累积百分比：各百分比逐渐累加起来的结果。最终取值为 100。

从表 4-2 中即可看出在该公司职员最多，占了总人数的 76 %，其次是经理，而人数最少的是保管员。

- 统计图

如图 4-6 所示的条形图，直观地显示出了该公司各种职务的分布情况。

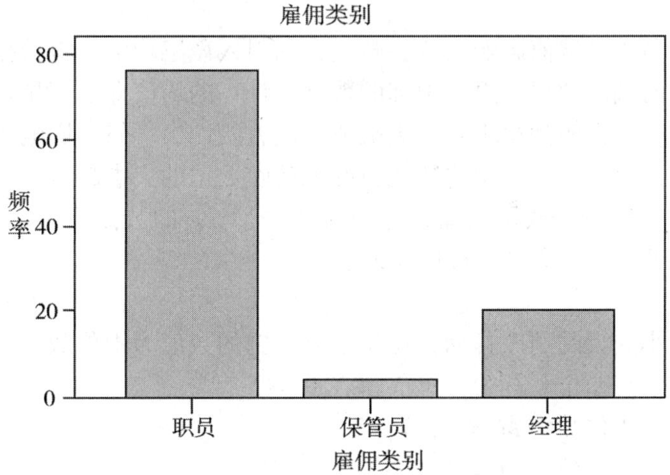

图 4-6　频率分析——条形图

4.3 连续变量的描述性统计分析

在统计学中，变量按变量值是否连续可分为连续变量与离散变量两种。连续变量是指在一定区间内可以任意取值的变量，其数值是连续不断的，相邻两个数值可作无限分割，即可取无限个数值。例如：人体的身高、职员的当前薪金等。连续变量的数值只能用测量或计量的方法取得；反之，取值范围有限或者是一个数列构成的变量称为离散变量。我们往往将表示分类情况的离散变量称为分类变量。例如：性别、民族等。

在本章中接下来两节，将分别针对连续变量和分类变量，在描述性统计量的选择以及描述性统计分析方法的应用这两方面做详细介绍。

4.3.1 连续变量的描述性统计量

统计上，需要把样本数据所含信息进行概括、融合和抽象，从而得到反映样本数据的综合指标，这些指标称为统计量。常见的描述性统计量大致可以分为刻画集中趋势、离散程度和分布形态的描述统计量。

1. 刻画集中趋势的描述统计量

集中趋势是指一组数据向某个中心值靠拢的倾向。计算集中趋势的描述统计量正是要寻找到能够反映数据一般水平的“代表值”或“中心值”。其中常用的统计量主要有均值、截尾均值、中位数和众数等。

(1)均值

均值即数据的算术平均值，用以反映数据的集中趋势或平均水平，是最常用的描述数据分布的集中趋势的统计量。

设观测变量的值有 n 个，记为 X_1，X_2，…，X_n，则算术均值为：

$$\overline{X} = \frac{X_1 + X_2 + \cdots + X_n}{n} = \frac{\sum X_i}{n}$$

均值在高度概括观测数据的同时，却丢失了某些有用的信息，把各个观测数据之间的差异性掩盖了起来，另外，均值的大小易受到数据中极端值的影响。

(2)截尾均值

为了弥补均值易受极端值影响的这一缺点，而引入截尾均值。将数据进行排序后，按照一定比例去掉首尾两端的数据，再对中部的数据所计算的均值即为截尾均值。如果截尾均值和原均值相差不大，则说明数据不存在极端值，或者两端极端值的影响正好抵消；反之，则说明数据中有极端值，此时，截尾均数能更好地反映数据的集中趋势。

常用的截尾均值有5% 截尾均值，即两端各去掉5%的数据后再求得的均值。在SPSS的【探索】过程中可以自动计算5%截尾均值。

(3)中位数

将观测值按从小到大的顺序排列，位于中间位置的数值为中位数。

设观测变量的值有 n 个，其中 $X_1 \leqslant X_2 \leqslant X_3 \cdots \leqslant X_n$

当 n 为奇数时，中位数为 $M = X_{(n+1)/2}$

当 n 为偶数时，中位数为 $M = (X_{n/2} + X_{n/2+1})/2$

中位数作为分布数列中处于中等水平的代表值，不受极端值的影响。在具有极端值的数据中，中位数比均值更能代表数据的集中趋势。然而，中位数无法反映出与其他变量值间的差距，使得在描述连续变量时会损失很多信息。当样本量较小时，中位数就不太稳定。因此，对于对称分布的数据，应该优先考虑均值，只有当均值无法使用的情况下才用中位数加以描述。

(4)众数

众数是指观测值中出现次数最多的数值，不受极端值的影响。众数对于描述任何类型的变量均适用，是比较两个样本数据的分布是否相近的首选统计量。同样，众数对数据的使用并不完全，提供的信息有限，用它来反映连续变量会损失很多信息。

对于定序变量，众数和中位数两种统计量均可适用。然而，由于众数不考虑变量的次序关系，使得信息损失，而中位数能反映出更多、更准确的信息。

2. 刻画离散程度的描述统计量

离散程度是指一组数据远离其中心值的程度。在统计分析中，不仅要考虑数据的集中趋势，还应考查数据的离散程度，即数据相对于中心值分布的疏密程度，使得对数据特征的描述更加全面。刻画离散程度的统计量主要有极差、标准差和方差、分位数、均值的标准误等。

(1)极差

极差又称为全距或范围，是一组数据中最大值与最小值之差。极差反映的是变量分布的变异范围或离散程度，在总体中，任何两个观测值之差都不可能超过极差。极差的计算比较简单、意义直观，然而其仅仅由两个极端值确定，不能反映其间的变量分布情况，提供的信息太少，且易受极端值的影响。

在一般情况下，极差只用于预备性检查，大体上了解数据的分布范围，以便确定随后分析的方法。

(2)标准差和方差

标准差是表示变量取值距离均值的平均离散程度的统计量。方差是标准差的平方。在刻画数据的离散程度时往往首先考虑的就是标准差和方差。对于同性质的数据来说，标准差越小，则数据的变异程度越小，即数据越整齐，分布范围越集中；反之，标准差越大，则数据的变异程度越大，即数据越参差不齐，分布越分散。

标准差和方差的计算涉及每一个变量值，使得它们还是容易受到极端值的影响。另外，它们在计算中实际上都使用了均值，因此实际上只有均值能反映集中趋势时才能使用方差和标准差来反映离散程度。可见，当数据符合正态分布时比较适合使用方差和标准差来刻画离散程度。

众所周知，样本数据是来自总体的，样本的描述统计量可以反映总体数据的特征。因此，针对样本数据来刻画离散程度时常采用的是样本标准差和样本方差。

样本标准差的计算方法与标准差有所不同，计算公式为：

$$S = \sqrt{\frac{1}{n-1}\sum_{i=1}^{n}(x_i - \bar{x})^2}$$

其中的 $n-1$ 被称为自由度，它描述了一组数据中可以自由取值的数据的个数。样本量为 n 的样本实际上只有 $n-1$ 个可以自由取值，最后一个数值可以通过均值算出来。

(3)分位数

分位数是一种位置指标。将百分位数记为 P_x，可将一组观测值分为两部分，理论上有 $x\%$ 的观测值比它小，$(100-x)\%$ 的观测值比它大。例如：中位数就可被看做一个 P_{50} 的百分位数。除了百分位数外，常用的还有四分位数，是通过三个点(以百分位记为 P_{25}、P_{50}、P_{75})将数据四等分后各分位点上的值，直观地表示如图 4-7 所示。

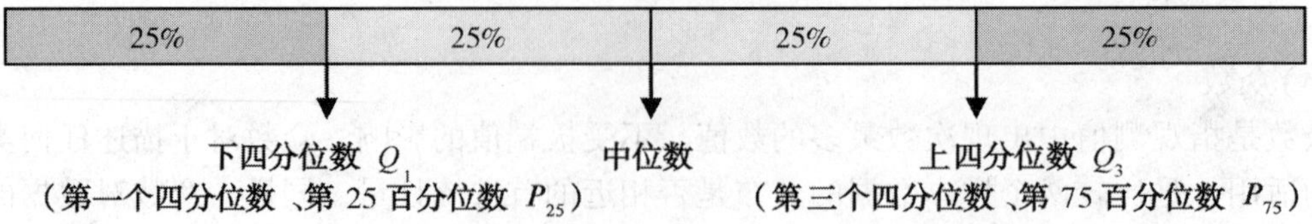

图 4-7　四分位数表示图

其中，第一个四分位数 P_{25} 称为下四分位数，第三个四分位数 P_{75} 称为上四分位数。上、下四分位数的差值被称为四分位距。可见，四分位距反映了中间 50% 数据的离散程度，从而不易受极端值的影响，是极差的一种改进。

(4)均值的标准误

均值的标准误就是样本均值的标准差，是描述样本均值和总体均值平均偏差程度的统计量。由于抽样误差的存在，使得样本数据不一定能够完全准确地反映总体，它与总体的真实值之间存在一定的差异。样本均值作为抽样样本的平均数也与总体均值之间存在差异。运用均值的标准误可以判断样本均值是否对总体具有代表性。

3. 刻画分布形态的描述统计量

要全面了解数据分布的特点，除了解集中趋势和离散程度外，还应掌握数据的分布情况，如了解数据的分布是否对称、分布图形的偏斜程度及扁平程度等。往往使用偏度和峰度这两个统计量来刻画数据的分布形态。

(1)偏度

偏度是用来描述变量取值分布的偏斜方向，用以衡量分布对称与否、分布不对称的方向和程度。偏度指标 α 的计算公式为：

$$\alpha = \frac{1}{ns^3}\sum_{i=1}^{n}(x_i - \bar{x})^3$$

当 $\alpha > 0$ 时，分布为正偏或右偏，即长尾巴在右边，峰尖偏左；当 $\alpha < 0$ 时，分布为负偏或左偏，即长尾巴在左边，峰尖偏右；当 $\alpha = 0$ 时，分布对称。如图 4-8 所示。

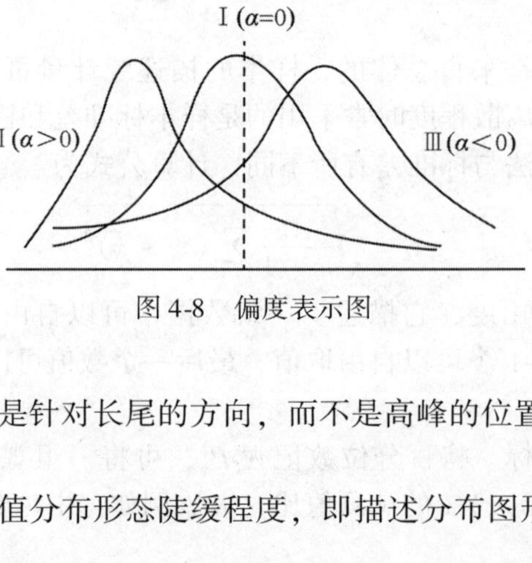

图 4-8　偏度表示图

注意：左偏或右偏主要是针对长尾的方向，而不是高峰的位置。

(2)峰度

峰度是用来描述变量取值分布形态陡缓程度，即描述分布图形的尖峭程度或峰凸程度。

峰度指标 β 的计算公式为：

$$\beta = \frac{1}{ns^4}\sum_{i=1}^{n}(x_i - \bar{x})^4 - 3$$

当 $\beta > 0$ 时，分布为高峰度，即比正态分布的峰要陡峭，峰的形状比较尖；当 $\beta < 0$ 时，分布为低峰度，即比正态分布的峰要平坦；当 $\beta = 0$ 时，分布为正态峰。如图 4-9 所示。

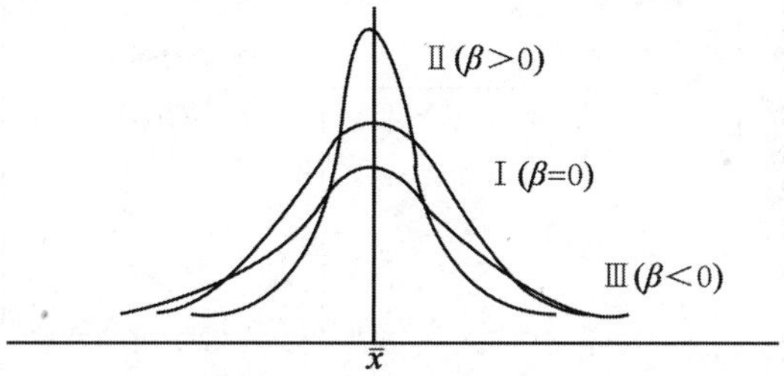

图 4-9　峰度表示图

4.3.2　连续变量的描述性统计分析

SPSS 用于连续变量统计描述的过程均集中在“分析/描述统计”菜单中，主要包括频率、描述、探索和比率等。

1. 频率

对连续变量进行频率分析，可以计算分位数、集中趋势、离散程度和分布形态的各种统计量，并绘制直方图。若要输出频率表格，就需要先将连续变量离散化，对离散化后的变量进行频率分析。

【例 4.2】打开数据文件“职员基本情况 . sav”，了解公司职员的当前薪金情况。

分析变量“当前薪金”为连续变量，可在频率分析中计算各种统计量以了解员工的当前薪金情况。具体操作如下：

(1)选择菜单“分析/描述统计/频率”，将变量“当前薪金”双击选入“变量”框中，并将“显示频率表格”的复选框去掉，如图 4-10 所示。

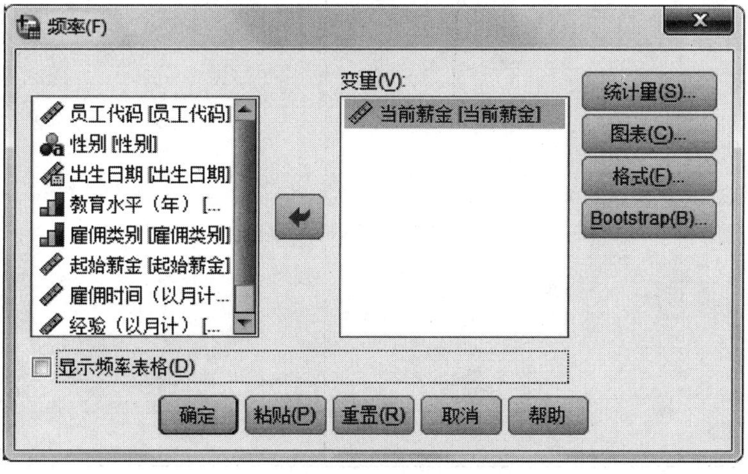

图 4-10　“频率分析”对话框

（2）单击按钮【统计量】，打开“统计量”对话框，勾选图 4-11 中的统计量。

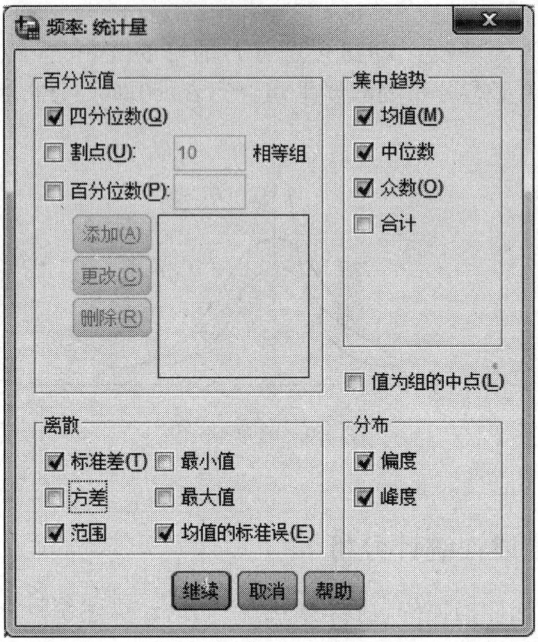

图 4-11 “频率：统计量”对话框

（3）单击【继续】按钮，返回到图 4-10 中，再单击【确定】按钮，输出的统计量计算结果如表 4-3 所示。

表 4-3　　　　　　　　　　统　计　量

当前薪金

N	有效	100
	缺失	0
均值		$ 38,444.00
均值的标准误		$ 2,127.085
中值		$ 30,825.00
众数		$ 21,900[a]
标准差		$ 21,270.850
偏度		2.155
偏度的标准误		.241
峰度		5.271
峰度的标准误		.478
全距		$ 118,800
百分位数	25	$ 24,825.00
	50	$ 30,825.00
	75	$ 44,325.00

2. 描述

描述分析(Descriptives)是在对连续变量进行统计描述时最常用的一个过程，可对变量进行描述性统计分析，计算并列出一系列相应的统计指标。还可将原始数据转换成标准正态评分值并以变量的形式存入活动数据集中供以后分析。

【例 4.3】对数据文件“职员基本情况 . sav”中“当前薪金”变量进行描述。

要对连续变量“当前薪金”计算各种统计量，除了运用频率分析实现外，还能应用描述分析来完成。具体步骤如下：

(1)选择菜单“分析/描述统计/描述”，将变量“当前薪金”双击进入“变量”框中，设置如图 4-12 所示。

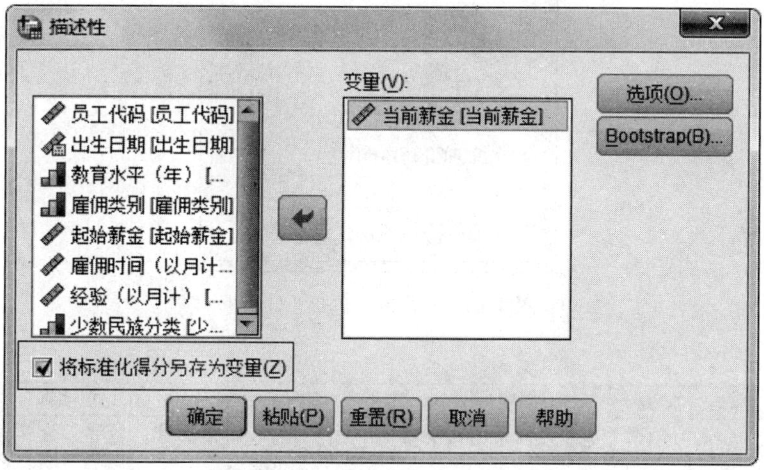

图 4-12 “描述分析”对话框

注：若勾选“将标准化得分另存为变量”复选框，则会将分析变量的数据转换成标准正态评分值，并存储到一个新变量中。

(2)单击【选项】按钮，选择图 4-13 中的统计量。

(3)单击【继续】按钮，返回到图 4-12 中，再单击【确定】按钮，输出的统计量结果如表 4-4 所示。

表 4-4 **描述统计量**

	N	全距	均值		标准差	偏度		峰度	
	统计量	统计量	统计量	标准误	统计量	统计量	标准误	统计量	标准误
当前薪金	100	$118,800	$38,444.00	$2,127.085	$21,270.850	2.155	.241	5.271	.478
有效的 N(列表状态)	100								

(4)在数据视图中查看数据标准化结果，如图 4-14 所示。

数据标准化能表明各原始数据在一组数据分布中的相对位置。经标准化处理后，数据服

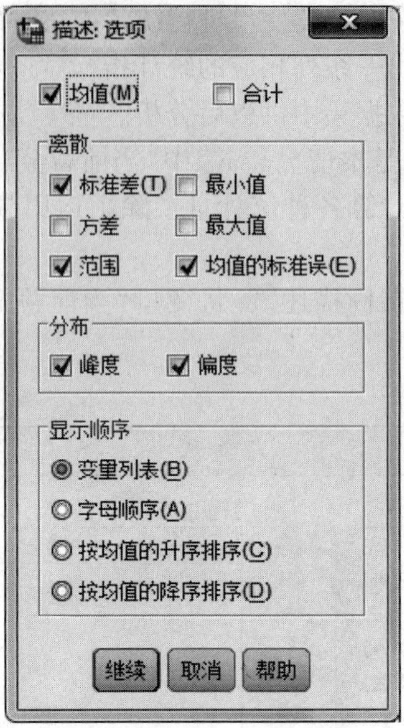

图 4-13 “描述：选项”对话框

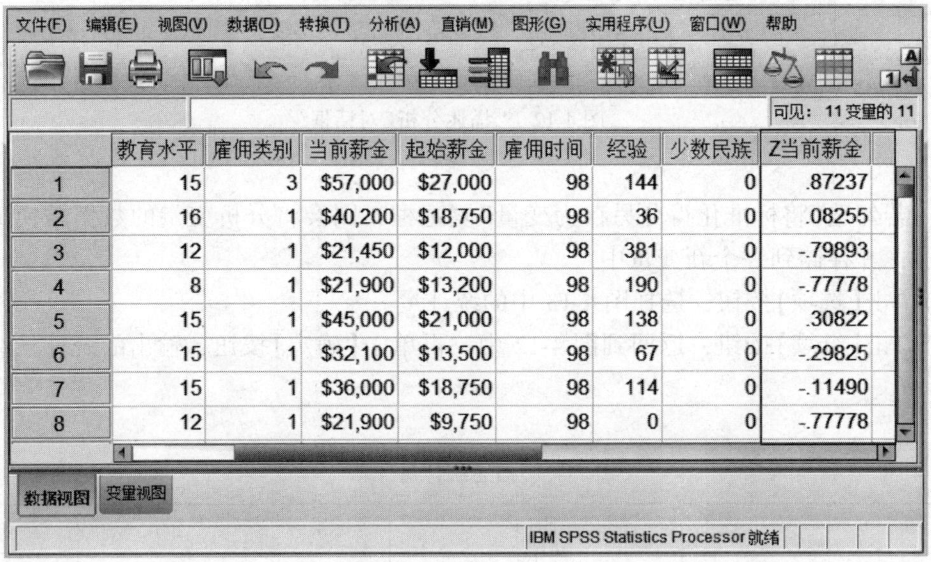

图 4-14 标准化结果

从标准正态，即均值为 0，标准差为 1。标准化计算公式为：

$$Z = \frac{(x - \bar{x})}{s}$$

Z 值表示大于或小于平均数几个标准差。例如图 4-14 中变量“Z 当前薪金”中第一个值表示第一条记录中员工的当前薪金比公司平均工资高 0.87237 个标准差。

Z 值的绝对值越大，说明它离均值越远。另外，可利用 Z 值来判断数据中的异常值，如果 Z 值的绝对值大于3，则可认为是异常值。

3. 探索

探索分析(Explore)常用于对连续型数据的分布状况不清楚的情况，来分析所有个案或不同分组个案。它在常用的描述性统计指标的基础上，又增加了有关数据详细分布特征的文字与图形描述，如茎叶图、箱图等，分析结果更加细致与全面，有助于用户对数据的进一步分析。

【例4.4】通过数据文件“职员基本情况.sav”了解公司不同职务的当前薪金差异。

要了解不同职务的当前薪金差异，涉及分类变量“雇佣类别”和连续变量“当前薪金”。数据根据“雇佣类别”分组后，再计算每组员工“当前薪金”的各种统计量，通过对比统计量而看出各组的差异。运用探索分析的具体操作如下：

(1)选择菜单“分析/描述统计/探索”，“当前薪金”为因变量，分类变量“雇佣类别”为因子变量，变量“员工代码”用来标注个案，选择如图4-15所示。

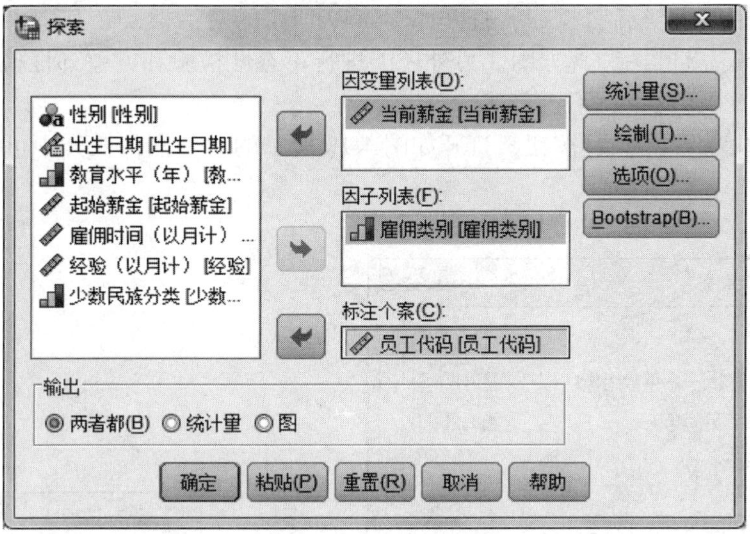

图4-15　“探索”对话框

说明：

- 在“因变量列表”框中选入的是待分析的变量，而“因子列表”框中必须选入一个分类变量。将标志变量选入“标注个案”框中，其主要作用在于若系统在数据探索时发现异常值，可利用标志变量加以标记，便于用户找到这些异常值。如果不选择它，则系统默认以个案号作为标志变量。
- 在“输出”选项中，可以选择最后的输出结果是仅显示统计量结果，或是仅有图形，或统计量与图形均显示。

(2)单击按钮【统计量】，打开如图4-16所示的统计量对话框。

- 描述性，显示集中趋势、离散程度及分布形状的统计量。
- M-估计量，样本均值或中位数的位置参数的稳健最大似然估计值。
- 界外值，显示五个最高与最低的观察值，并显示个案标签。

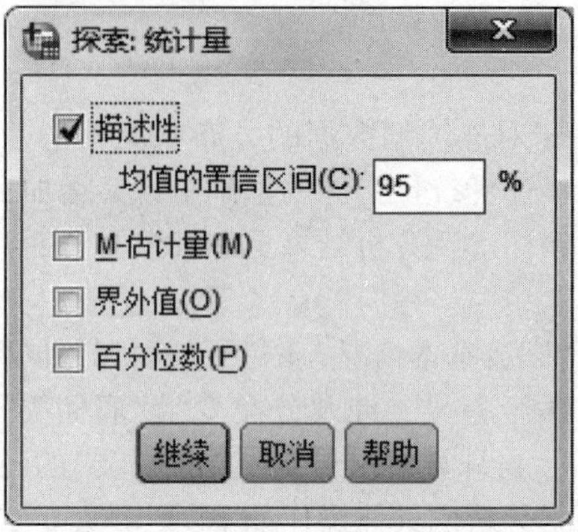

图 4-16 “探索：统计量”对话框

- 百分位数，显示第 5、10、25、50、75、90、95 百分位数。

在图 4-15 中单击【绘制】按钮，打开如图 4-17 所示的对话框，在其中可以选择将要绘制的图形，如箱图、茎叶图和直方图。另外还能进行正态性检验和方差齐性检验。这些在之后的章节会详细介绍，这里就不再赘述。

在图 4-15 中单击【选项】按钮，打开如图 4-18 所示的对话框，在其中可以选择缺失值的处理方式。

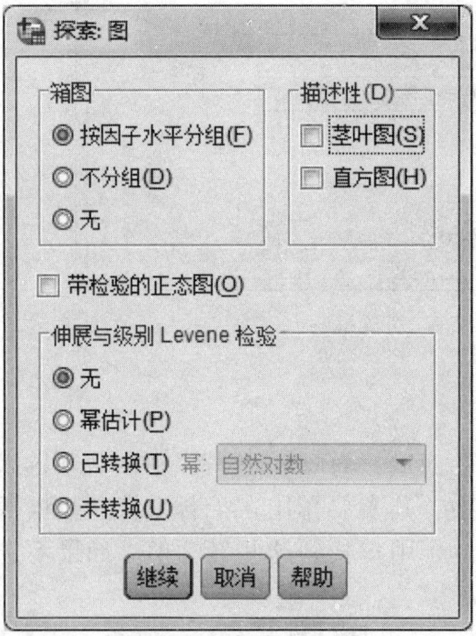

图 4-17 “探索：图”对话框

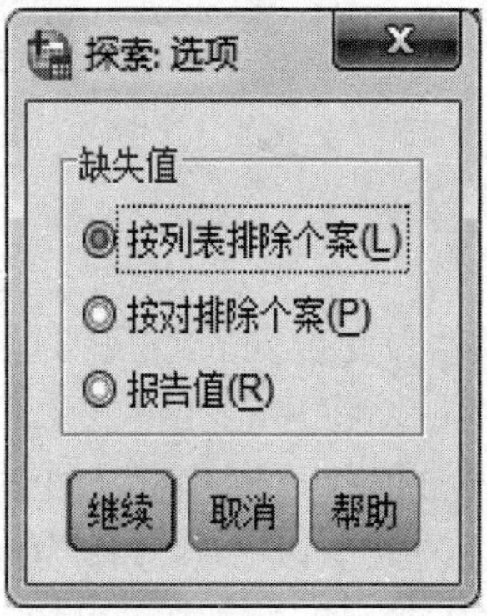

图 4-18 “探索：选项”对话框

(3)回到图 4-15 中，单击【确定】按钮。在结果管理窗口中查看统计量结果如表 4-5 所示。

表 4-5 **描述性统计量**

雇佣类别				统计量	标准误
		均值		$29,794.08	$901.419
		均值的 95% 置信区间	下限	$27,998.36	
			上限	$31,589.80	
		5% 修整均值		$29,368.42	
		中值		$27,975.00	
		方差		61754264.474	
	职员	标准差		$7,858.388	
		极小值		$16,200	
		极大值		$54,000	
		范围		$37,800	
		四分位距		$10,800	
		偏度		.903	.276
		峰度		.576	.545
		均值		$30,562.50	$187.500
		均值的 95% 置信区间	下限	$29,965.79	
			上限	$31,159.21	
		5% 修整均值		$30,583.33	
		中值		$30,750.00	
		方差		140625.000	
当前薪金	保管员	标准差		$375.000	
		极小值		$30,000	
		极大值		$30,750	
		范围		$750	
		四分位距		$562	
		偏度		-2.000	1.014
		峰度		4.000	2.619
		均值		$72,890.00	$5,255.335
		均值的 95% 置信区间	下限	$61,890.46	
			上限	$83,889.54	
		5% 修整均值		$70,975.00	
		中值		$70,625.00	
		方差		552370947.368	
	经理	标准差		$23,502.573	
		极小值		$45,250	
		极大值		$135,000	
		范围		$89,750	
		四分位距		$26,800	
		偏度		1.124	.512
		峰度		1.172	.992

从上表中查看职员、保管员和经理这三种雇佣类别关于当前薪金的均值及标准差，进行

比较后可看出，经理的当前薪金最高但浮动范围也是最大的，而职员的当前薪金最低，另外保管员的薪金浮动范围是最小的。

4. 比率

比率分析(Ratio)主要用于对两个连续性变量间变量值的比率变化进行描述分析。比率分析生成比率变量，并对该比率变量计算基本描述性统计量(如均值、中位数、标准差、全距等)，进而刻画出比率变量的集中趋势与离散程度。

【例 4.5】打开数据文件“职员基本情况.sav”，按性别对当前薪金与起始薪金进行比率统计分析，以了解公司中不同性别员工的薪金变化情况。步骤如下：

(1)选择菜单“分析/描述统计/比率”，变量“当前薪金”作为分子，变量“起始薪金”作为分母，变量“性别”则作为分组变量选入各个框中，如图 4-19 所示。

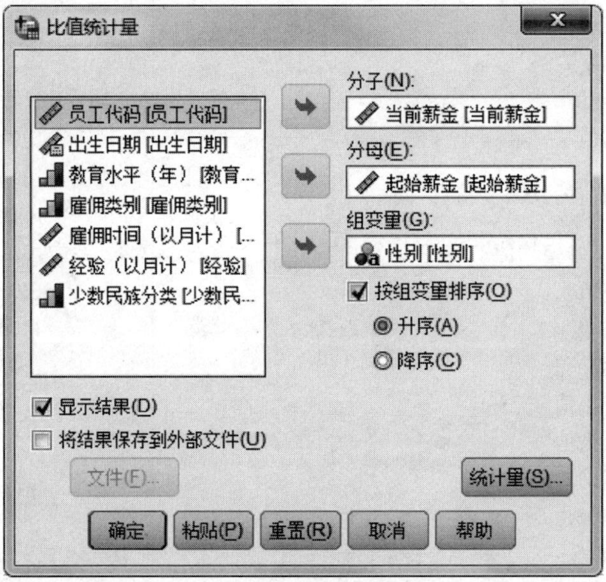

图 4-19　比率分析对话框

(2)单击按钮【统计量】，打开比率统计量对话框，设置统计量如图 4-20 所示。

集中趋势——为描述比率分布的统计量。

- 中位数，比率的中位数，小于该值的比率数与大于该值的比率数相等；
- 均值，比率的算术平均值，为比率的总和除以比率的总数；
- 权重均值，为分子的平均值除以分母的平均值，即比率按分母加权之后的均值；
- 置信区间，显示比率均值、中位数、加权平均值的置信区间，需要设定数值在 0 ~ 100 之间的置信区间。

离散——测量观测值变异或展开程度的统计量。

- AAD(平均数绝对值偏差)，中位数的比率绝对偏差总和与比率的总例数之比；
- COD(离散系数)，表示平均绝对偏差占中位数的百分比；
- PRD(价格相关微分)，即回归指数，为比率均值与比率加权均值之比；
- 中位数居中 COV，即中位数居中变异系数，为比率中位数偏差的均方根占比率中位数的比例；

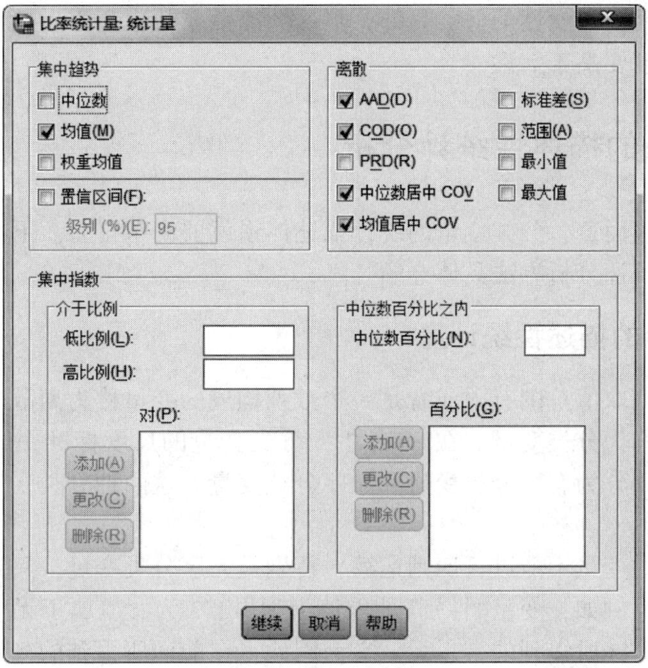

图 4-20　比率统计量对话框

- 均值居中 COV，即均值居中变异系数，为比率标准差占比率平均值的比例。

(3)在图 4-19 中单击【确定】按钮，输出结果如表 4-6、表 4-7 所示。

表 4-6　**案例处理摘要**

		计数	百分比
性别	女	38	38.0%
	男	62	62.0%
总数		100	100.0%
排除的		0	
总计		100	

表 4-7　**当前薪金/起始薪金的比率统计量**

组	均值	平均数绝对值偏差	离散系数	方差系数	
				均值居中	中值居中
女	2.171	.278	.128	16.0%	16.0%
男	2.258	.293	.135	18.0%	19.1%
总数	2.225	.287	.132	17.3%	17.9%

从表 4-6 中可见，该公司员工男性占 62%，女性占 38%，公司中男性数量远多于女性。

从表4-7中可见，首先从均值来看，当前薪金与起始薪金之比的公司整体水平为2.225，男性要比整体水平高，而女性偏低；另外，男性的离散系数也高于女性。综合可知，该公司男性的薪金增长程度要高于女性。

4.4 分类变量的描述性统计分析

相对于连续变量而言，分类变量的统计描述体系就要简单得多。下面就分类变量的描述性统计量与描述性统计分析方法具体介绍。

4.4.1 分类变量的描述性统计量

在统计学上，把取值范围有限或者是一个数列构成的变量称为离散变量，其中表示分类情况的离散变量又称为分类变量。在SPSS中，分类变量的尺度标准一般为定序或名义，由此还能将分类变量划分为有序分类变量和无序分类变量。这两种分类变量所适用的描述性统计量是有所区别的。

一般来说，分类变量不能进行四则运算，特别是无序分类变量，只是代表各类别，计算的结果无任何意义。例如，变量“性别”的取值1为男、2为女，属于无序分类变量，若是对变量值进行均值计算，所得到的结果无意义。因此，在前面所提到的刻画集中趋势、离散程度以及分布形态的各统计量基本上不适用。然而，对于无序分类变量，可以使用众数来描述它的集中趋势。所谓众数，是指出现次数最多的那个数。显然，众数有时可以多于一个。在实际工作中，有时利用众数来说明社会经济现象的一般水平。例如，为了说明职工的技术等级。受教育年限，都可以利用众数来反映其一般水平。但是，众数只反映频数最多的类别的情况，而损失了很多信息。因此，只有集中趋势显著时，才能用众数作为总体的代表值。实际上，当分类变量的类别数不多时，众数的使用价值并不高。

若分析变量为有序分类变量，例如：变量“态度”有5个取值，1—非常不满意、2—不满意、3——般、4—满意、5—非常满意。若是对该变量进行均值计算，则从中可看出受调查者的整体态度，而众数代表着大部分人所持的态度，因此个别的集中趋势与离散程度的统计量还是适用的。

4.4.2 分类变量的描述性统计分析

SPSS用于分类变量的描述性统计分析过程主要有频率和交叉表。

1. 频率

频率分析主要针对单个分类变量输出频率分布表，从而得到频率、百分比和累计百分比等统计量，同时还可输出描述集中趋势的众数，并直接绘制用于分类变量的条形图和饼图等。对分类变量的频率分析操作在本章第二节中已经详细介绍，这里不再赘述。

2. 交叉表

交叉表(Crosstabs)用于两个或多个分类变量的联合描述，可以产生二阶或多阶交叉表，并计算相应的统计量，同时还具备针对分类变量进行相关性分析、非参数检验等各统计推断功能。

【例4.6】通过数据文件“职员基本情况.sav”了解不同性别的职务分布情况。

要了解不同性别的职务分布情况，涉及“性别”和“雇佣类别”，均属于分类变量。可采用交叉表来实现。具体操作如下：

(1)选择菜单“分析/描述统计/交叉表”，打开“交叉表”对话框，将变量“性别”、“雇佣类别”分别作为行和列选入框中，如表4-21所示。

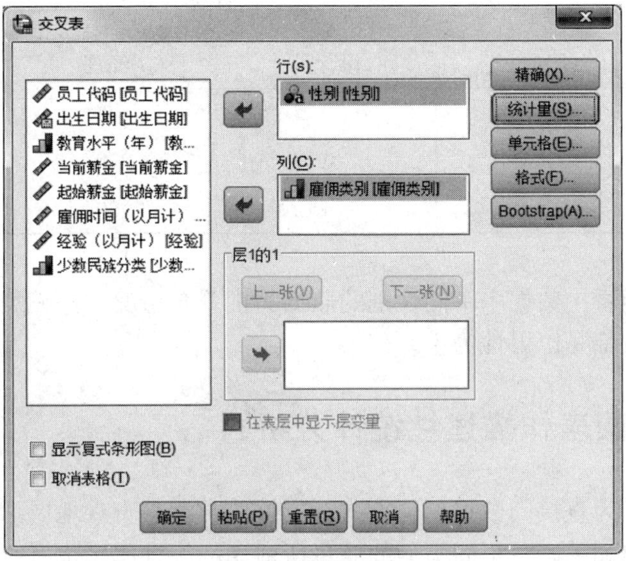

图4-21 “交叉表”对话框

(2)单击【统计量】按钮，如图4-22所示的对话框中，可以对分类变量进行卡方检验、变量间的相关性分析以及其他非参数检验方法的应用。单击【单元格】按钮，打开如图4-23所示的对话框，从中设置交叉表的单元格显示内容。

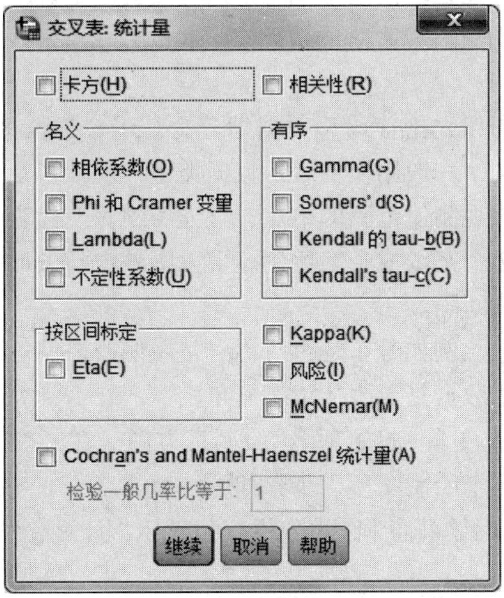

图4-22 “交叉表：统计量”对话框

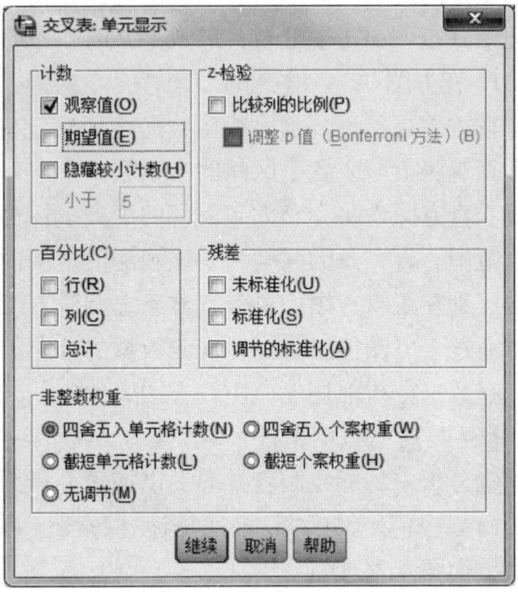

图4-23 “交叉表：单元显示”对话框

(3)在图4-21 中单击【确定】按钮，所绘制的交叉表如表4-8 所示。

表4-8 **性别*雇佣类别 交叉制表**

计数

		雇佣类别			合计
		职员	保管员	经理	
性别	女	38	0	0	38
	男	38	4	20	62
合计		76	4	20	100

从上表中能方便看出数据中不同性别的雇佣类别分布情况。如三类职务中，职员人数居多，而经理与保管员都是以男性为主。

4.5 应用统计图表作描述性统计分析

统计图是一种最为直接的数据刻画方式，能够非常清晰直观地展示变量的取值状况，以反映事物内在的规律和关联。不同类型的变量所适用的统计图形也有所不同，下面分别对刻画连续变量和分类变量的常用图形进行描述。

4.5.1 连续变量的图形描述

用来刻画连续变量的分布特征，最常用的图形就是直方图。若是样本量较小，则直方图会过于粗糙，此时可以使用茎叶图来进行更为精确的描述。除此之外，箱图也是常用的描述连续变量的图形。对于更为深入的统计分析，研究者往往还希望考察该连续变量是否服从某种理论分布，如正态分布，那么P-P图和Q-Q图就可以直观的达到这一目的。

1. 直方图

直方图是一种刻画连续型数据的频数分布图，先把连续型数据划分为若干个连续区间，再计算观测值落入各个区间的个案数或个案比例。一般用横轴表示数据类型，纵轴表示分布情况。直方图中每个直方条下部的中点坐标是该观测值范围的中点、直方条的宽度代表该观测值范围、直方条的高度代表该观测值范围内的个案数或个案比例。直方图外观与条形图类似，区别在于直方图中各个直方条之间没有任何间隔。

通过直方图能够直观地观测数据的分布情况，例如分布是否对称、是左偏或右偏等。另外，在数据分析前还能应用直方图大致判断样本数据是否服从正态分布。

【例4.7】对数据文件“职员基本情况.sav”中变量“起始薪金”绘制直方图。在频率分析和探索分析中均能绘制直方图，以探索分析为例来绘制图形。步骤如下：

(1)选择菜单“分析/描述统计/探索”，将“起始薪金”作为分析变量选入“因变量列表”框中，如图4-24 所示。

(2)单击【绘制】按钮，得到如图4-25 所示的选择统计图形对话框。箱图部分可选择箱图的类型。描述性部分可选择茎叶图或直方图。如果勾选“待检验的直方图”，则可以

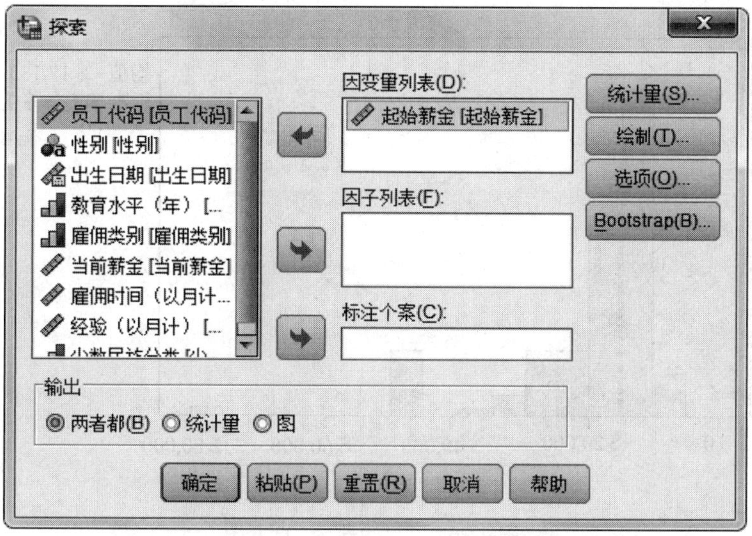

图 4-24　“探索”对话框

针对分析变量输出 Q-Q 图、正态性的 K-S 检验和 S-W 检验，以此来判断该变量是否服从正态分布。

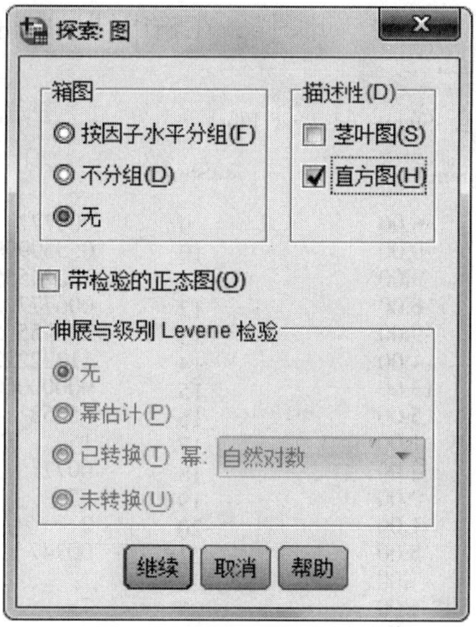

图 4-25　“探索：图”对话框

(3)单击【继续】按钮，返回上级对话框如图 4-24 中单击【确定】按钮，得到直方图如图 4-26 所示。

2. 茎叶图

茎叶图也是一种用于描述连续型数据的图形。和直方图相比，茎叶图在反映数据整体分布趋势的同时还精确地反映出具体的数值大小，因此在小样本时优势十分明显。茎叶图完全

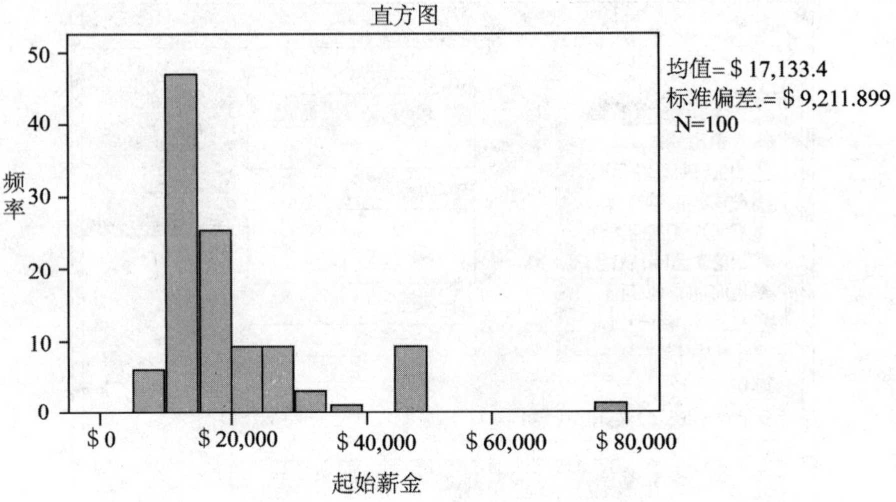

图 4-26 “起始薪金”直方图

由文本输出所构成，内容分为三列：第一列为频数，表示所在行的观测值频数(Frequency)；第二列为茎(Stem)，表示实际观察值除以茎宽(Stem Width)后的整数部分；第三列为叶(Leaf)，表示实际观察值除以茎宽后的小数部分。

例如，对数据文件“职员基本情况.sav”中变量“起始薪金”绘制茎叶图，需要通过探索分析来选择完成。在图 4-25 中选择“茎叶图”，在输出结果中得到如图 4-27 所示的茎叶图。

```
起始薪金 Stem-and-Leaf Plot

 Frequency        Stem &  Leaf

     6.00           9 .  000777
     9.00          10 .  055599999
     9.00          11 .  122245555
     6.00          12 .  006777
     9.00          13 .  255555555
    14.00          14 .  11222222222255
    13.00          15 .  0000000000077
     5.00          16 .  55558
     1.00          17 .  1
     4.00          18 .  0077
     2.00          19 .  55
     1.00          20 .  2
     5.00          21 .  00247
      .00          22 .
     1.00          23 .  7
      .00          24 .
     1.00          25 .  0
     2.00          26 .  22
     5.00          27 .  04445
     1.00          28 .  7
     6.00 Extremes       (>=30000)
 Stem width:     1000
 Each Leaf:         1  case(s)
```

图 4-27 “起始薪金”茎叶图

从上面茎叶图中最后两行可见，茎宽为1000，每个叶表示1个个案。以茎叶图中第一行数据为例，起始薪金在9000～10000美元共有6人，其中，9000～9700美元有3人，9700～10000美元有3人。

3. 箱图

箱图也称为箱线图，和直方图一样，都是用于考查连续变量，但直方图侧重于对一个连续变量的分布情况进行考查，而箱图更注重于刻画出统计上的主要信息，即总结数据中的最小值、第一个四分位数、中位数、第三个四分位数、最大值这五数，且便于多个连续变量同时考查或对一个变量分组进行考查。另外，还能应用箱图判断数据中是否存在离群值或极端值，为后续分析提供便利。

例如，在数据文件"职员基本情况.sav"中，对变量"起始薪金"绘制箱图。箱图的绘制同样需要通过探索分析来选择完成。在图4-25中选择箱图，在输出结果中得到如图4-28所示的箱图。

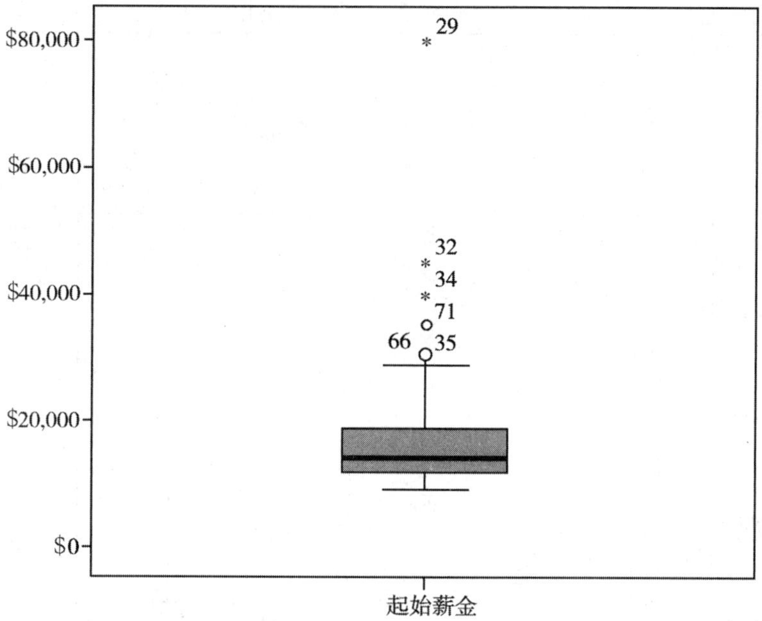

图4-28　"起始薪金"箱图

从上图可见每个箱形都由最中间的粗线、一个方框、外延出来的两条细线和最外端可能有的单独散点组成。中间的粗线条表示当前变量的中位数，方框的上边界为上四分位数(或第三个四分位数，Q_3)，下边界为下四分位数(或第一个四分位数，Q_1)。方框的高度亦称为四分位距 $IQR=Q_3-Q_1$。显然，整个方框内包括了中间50%样本的数值分布范围，方框外的上、下两个细线分别表示除去异常值外的最大值、最小值。

在箱图中，凡是落入区间$[Q_3+1.5IQR, Q_3+3IQR)$或$(Q_3-3IQR, Q_3-1.5IQR]$的观测值为离群值，在图中以小圆圈"○"表示，并在它的旁边给出该个案的记录号；若是观测值大于等于 Q_3+3IQR 或小于等于 Q_3-3IQR，则该观测值被判定为极端值，用星号"＊"表示，并在其旁边给出该个案的记录号。从图4-28中可见，第35、66、71条的记录值为离群值，而第29、32、34条的记录值为极端值。

特别要注意的是，在通过图 4-25 选择箱图时，有两种箱图的显示方式以供选择。只有当选入多个因变量，即对多个变量同时绘制箱图时，才能较为明显地体现出选项结果的差异。例如，在数据文件“职员基本情况 . sav”中，通过绘制箱图了解不同性别的起始薪金与当前薪金情况。在箱图选项中选择“按照因子水平分组”，输出结果如图 4-29 所示；若是选择“无分组”，则结果如图 4-30 所示。

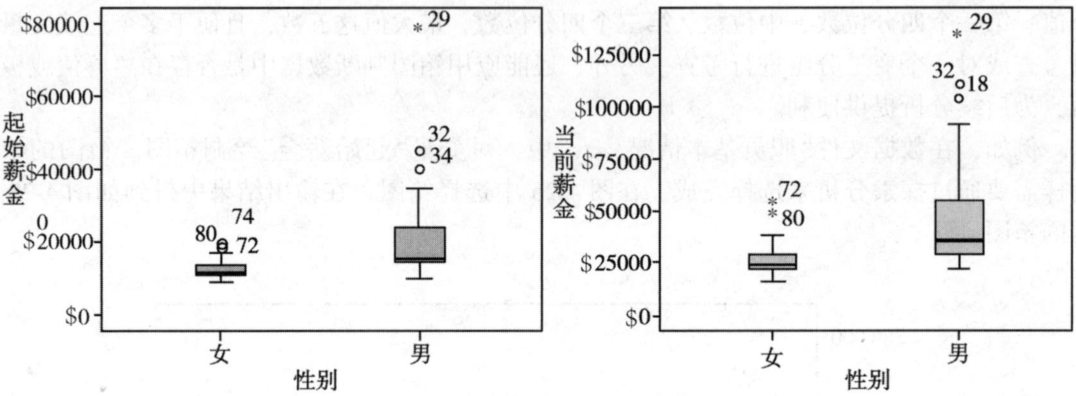

图 4-29　按因子水平分组

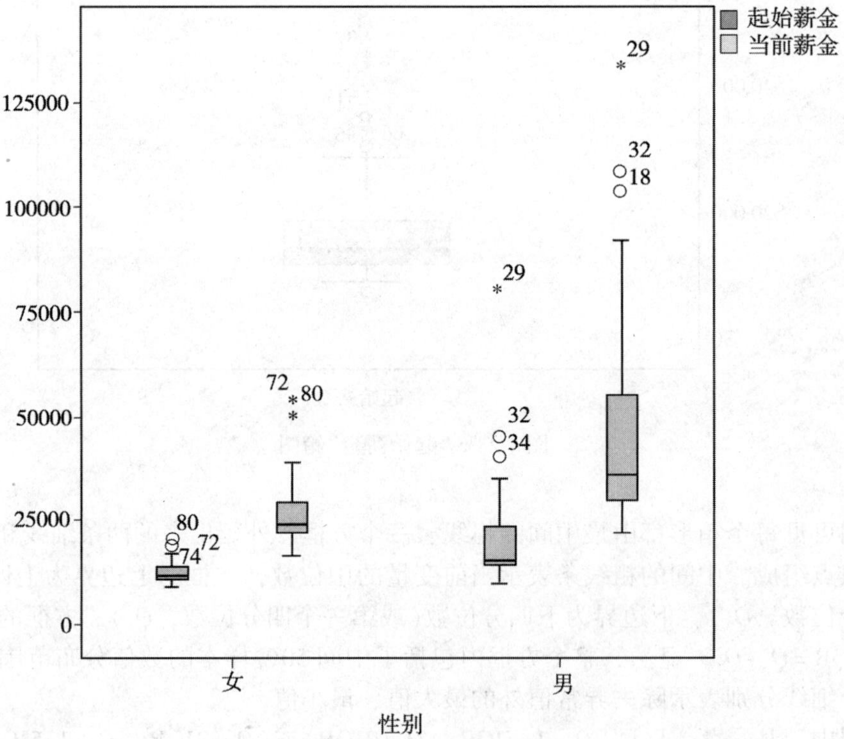

图 4-30　不分组

由上面对比可见，若选择“按因子水平分组”将使得每个因变量的箱图独立显示，若选择“不分组”则各因变量的箱图会并排显示在一起。

5. P-P 图和 Q-Q 图

考查某连续变量是否服从某种理论分布时，除使用假设检验外，可使用 P-P 图和 Q-Q 图进行直观的分析判断。

P-P 图是在统计图中描绘比较变量的实际累积概率以及所考查分布类型的理论累积概率符合程度，以判断资料是否服从所考查的分布类型。如果变量服从正态分布，则实际累积概率与理论累积概率应该基本一致。与 P-P 图不同的是，Q-Q 图是根据变量的实际分位数与理论分布进行绘图，并据此判断变量是否服从特定的分布。P-P 图与 Q-Q 图的主对话框几乎一样，这里以 P-P 图为例进行介绍。

【例 4.8】在数据文件“职员基本情况 . sav”中，对变量“起始薪金”绘制 P-P 图，判断数据是否服从正态分布。

(1)选择菜单“分析/描述统计/P-P 图”，打开“P-P 图”对话框，将变量“起始薪金”双击选入“变量”框中，并在“检验分布”的下拉列表中选择“正态”，设置如图 4-31 所示。

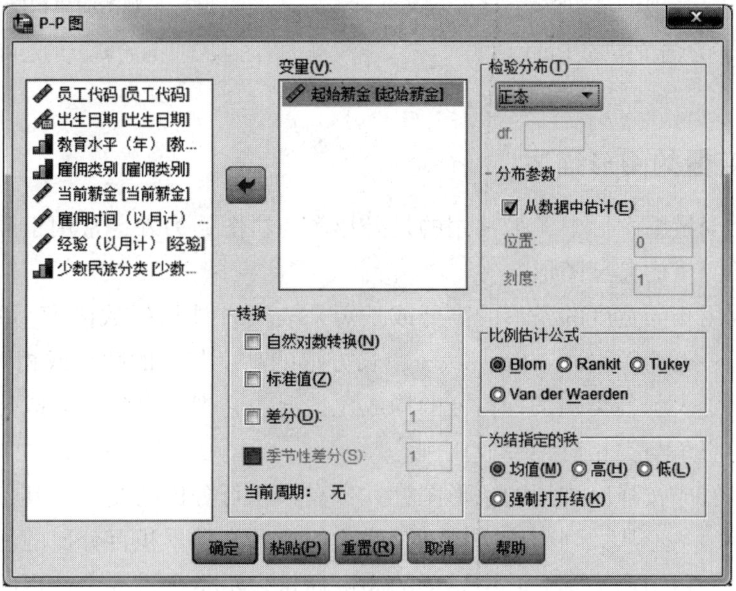

图 4-31 “P-P 图”对话框

(2)单击【确定】按钮，输出 P-P 图如图 4-32 和图 4-33 所示。

图 4-32 和图 4-33 分别为 P-P 图和去势 P-P 图，图 4-32 的两个坐标轴分别表示理论累积概率和实际累积概率，如果数据呈正态分布，则图中数据点应和理论直线(对角线)基本重合。从图中可见变量“起始薪金”的实际分布和理论分布相差较大。

为了更仔细地观察，可以继续观察图 4-33 所示的去势 P-P 图，该图反映的是按正态分布计算的理论值和实际值之差的分布情况，即分布的残差图。如果数据服从正态分布，则数据点应较均匀地分布在 $y=0$ 这条直线上下。图中可见残差有非常明显的波动趋势。由此可见，变量“起始薪金”的原始数据与正态分布的理论数据相差较大，可以判断其不服从正态分布。

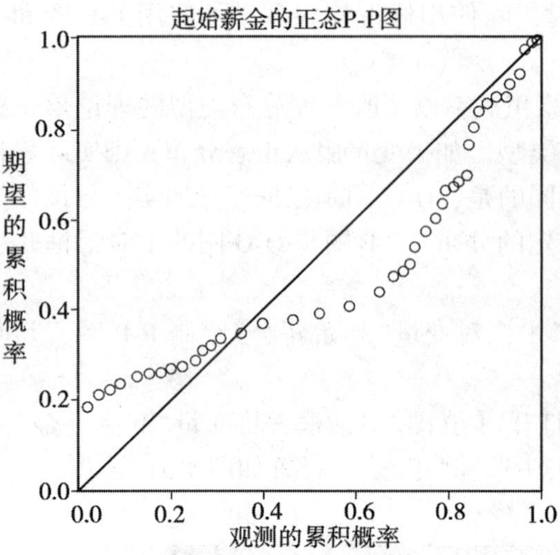

图 4-32　起始薪金的正态 P-P 图

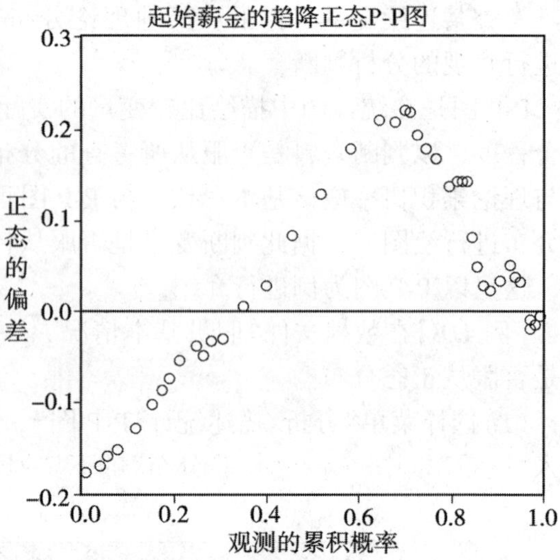

图 4-33　起始薪金的趋降正态 P-P 图

4.5.2　分类变量的图形描述

在描述分类变量的图形中，最常用的是条形图与饼图。另外，常用于质量控制的帕累托图也是描述分类变量的典型图形。

条形图是利用相同宽度的条形的高低或长短来表示统计指标数值大小的一种统计图形。其中给出相应每一类的频率(或相对频率)，长方形的高度与类的频率或相对频率成比例。

饼图主要用于表示各类别某种特征的构成比情况，它把一个整圆分成几份，每一份代表一个类，每份中心角与类相对频率成比例。

帕累托图可看成按降序排列的条形图，并带有累积百分比的曲线。其条形的长短表示各组绝对值的大小，条形从大到小依次排列，线段的上升表示累积百分比的增加情况。它是质量控制中常用的一种图形工具，其中条形的高度通常表示生产过程中产生问题的频数，而最左边的条形对应于最严重的问题区域。

例如：数据文件"职员基本情况 . sav"中"雇佣类别"属于分类变量，现对该变量绘制条形图、饼图和帕累托图。条形图和饼图均可通过频率分析绘制出来。具体操作见本章第二节频率分析。

若要在所生成的图形上显示相应的频率或相对频率数据，可以双击图形，打开图表编辑器，在其中选择菜单"元素/显示数据标签"，如图 4-34 所示。对分类变量"雇佣类别"所绘制的条形图和饼图，分别如图 4-35 和图 4-36 所示。

【例 4.9】对"雇佣类别"绘制帕累托图，具体操作如下：

(1)选择菜单"分析/质量控制/排列图"，打开如图 4-37 所示的"帕累托图"选择对话框，选择默认的"简单"模式，且图表中的数据为第一个选项"个案组的计数或和"。若分析数据为计数数据的组织形式，事先没有对数据进行加权处理，则在此可选择第三个选项"个案值"。

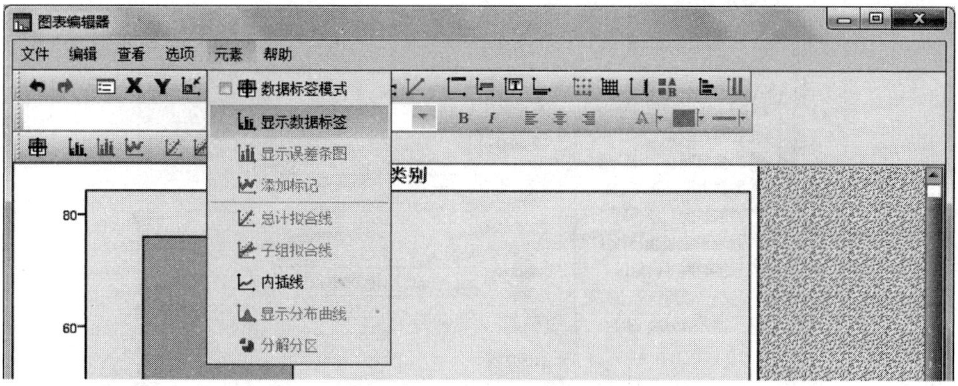

图 4-34　图表编辑器

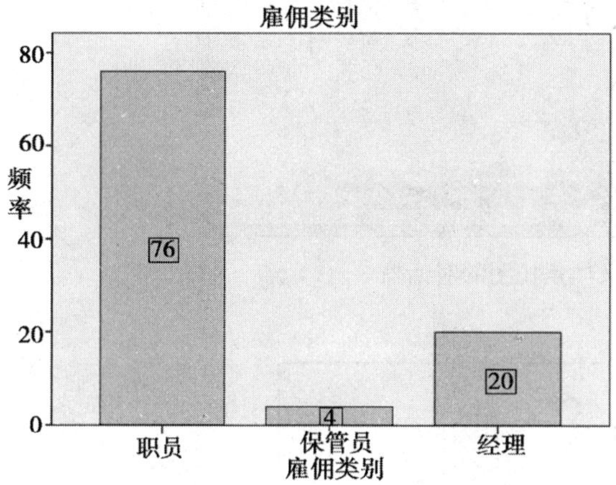

图 4-35　“雇佣类别”条形图

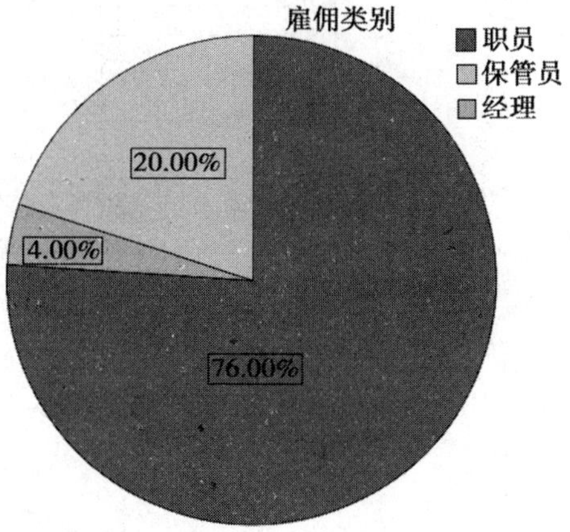

图 4-36　“雇佣类别”饼图

(2)单击【定义】按钮，打开定义帕累托图的对话框，如图 4-38 所示，在其中将变量“雇佣类别”选入“类别轴”框中，单击【确定】按钮，得到如图 4-39 所示的帕累托图。

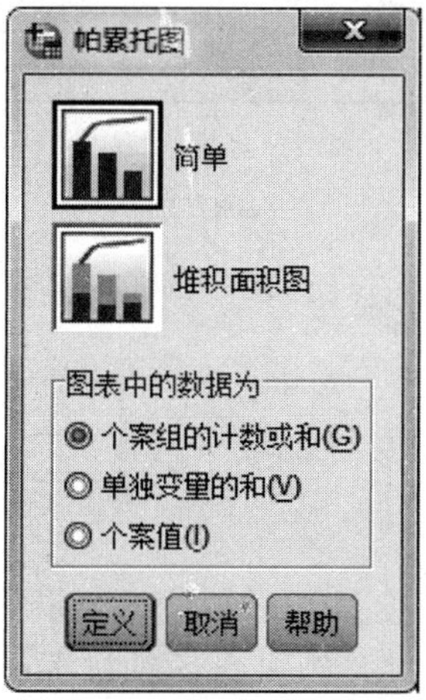

图 4-37　“帕累托图”选择对话框

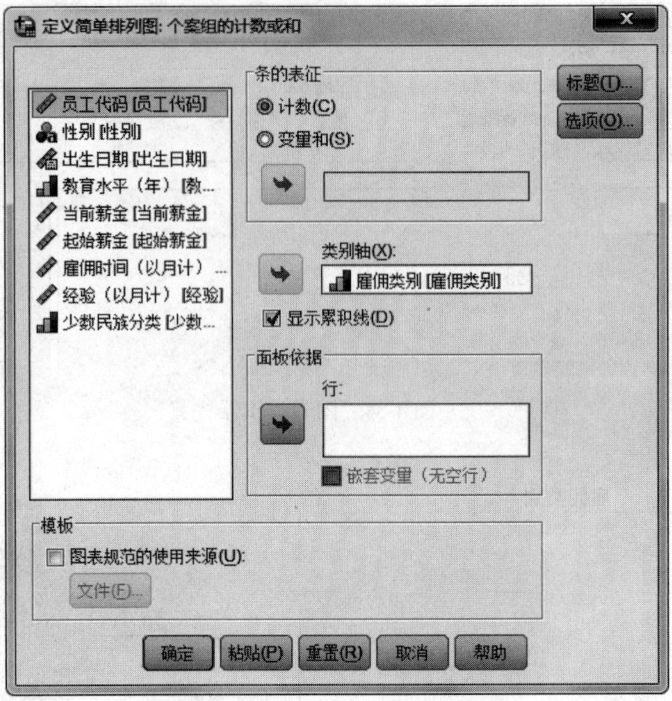

图 4-38　定义帕累托图的对话框

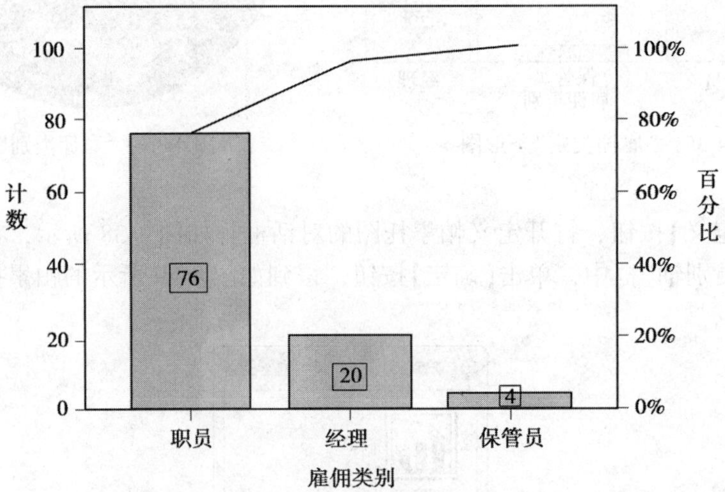

图 4-39　“雇佣类别”的帕累托图

本章小结

本章分别针对连续变量和分类变量，详细地介绍了描述性统计分析的各种统计量、分析方法及适用的统计图形。4.1 节通过实例引出各种描述性统计分析。4.2 节介绍了频率分析的应用方法与作用，其中对分类变量的频率分析作出实例介绍。4.3 节主要针对连续变量介绍了常用的描述性统计量。如均值、截尾均值、中位数和众数等刻画集中趋势的统计量，极差、标准差和方差、分位数、均值的标准误等刻画离散程度的统计量，以及偏度和峰度这两个刻画分布形态的统计量。接着，介绍了对连续变量常用的几个统计描述过程，如描述、探索和比率。4.4 节是针对分类变量介绍了常用的描述性统计量及分析方法。最后一节中，详细介绍了适用于连续变量和分类变量的各种统计图形。

思考与练习

一、选择题

1. 数据集中趋势是指一组数据向某一中心值靠拢的倾向。下面那个统计量是用来计算刻画集中趋势的(　　)。
   A. 均值　　B. 样本标准差　　C. 样本方差　　D. 频数
2. 在描述统计量中，偏度系数和峰度系数主要刻画的是(　　)。
   A. 分布形态　　B. 集中趋势　　C. 离散程度　　D. 变量关系
3. 数据文件中包含一变量"cars_num"表示家庭拥有汽车的情况，其共有三个值，分别为 0、1 和 2。其中，0 表示没有汽车；1 表示有一辆汽车；2 表示有两辆汽车。指出(　　)统计量适用于描述该数据并计算出该统计量的值。
   A. 拥有汽车数的众数　　B. 拥有汽车数的中位数
   C. 拥有汽车数的方差　　D. 拥有汽车数的极差
4. (　　)过程中能够实现数据的标准化处理。
   A. 频率　　B. 描述　　C. 探索　　D. 交叉表
5. 实现对两个或多个分类变量进行联合描述的过程是(　　)。
   A. 频率　　B. 描述　　C. 探索　　D. 交叉表
6. 下面(　　)是不能通过探索分析绘制出来的。
   A. 直方图　　B. 条形图　　C. 箱图　　D. 茎叶图
7. (　　)不是用来描绘分类变量的图形。
   A. 条形图　　B. 饼图　　C. 直方图　　D. 帕累托图
8. 通过图形能够大体判断样本来自的总体是否服从正态分布，下面(　　)不能达到该目的。
   A. 直方图　　B. 条形图　　C. P-P 图　　D. Q-Q 图

二、简答与操作题

1. 简述 SPSS 对数据进行统计分析刻画集中趋势的表述统计量以及刻画离散程度的描述统计量。
2. 简述条形图、直方图、饼图、茎叶图和箱图的特点及适用的情况。
3. 某市调查当地青少年的生长情况，将抽样调查结果存放在数据文件 test4-1. sav 中，请对不同性别的身高的均值、中位数、标准差与极差进行比较；绘制茎叶图以了解青少年的体重情况；按照年龄分组，针对身高作出箱图，并对图辅以说明。

第5章 参数检验

参数检验是统计推断的重要组成部分。统计推断是根据样本分布规律和概率理论，由样本结果去推断总体特征。它主要包括假设检验和参数估计两部分内容。本章我们主要探讨假设检验以及参数检验中的 T 检验。

5.1 假设检验概述

假设检验亦称“显著性检验(Test of statistical significance)”，是用来判断样本与样本，样本与总体的差异是由抽样误差引起还是本质差别造成的统计推断方法。其基本原理是先对总体的特征作出某种假设，然后通过抽样研究的统计推理，对此假设应该被拒绝还是接受作出推断。

在统计分析中经常遇到统计值之间的差异的问题，例如总体平均数与样本平均数的差异，两个样本平均数之间的差异，两个标差之间的差异等，应当考虑到造成这种差别的原因有两种可能：一是这两个或几个样本均数(或率)来自同一总体，其差别仅仅由于抽样误差即偶然性所造成；二是这两个或几个样本均数(或率)来自不同的总体，即其差别不仅由抽样误差造成，而主要是由实验因素不同所引起的。假设检验的目的就在于排除抽样误差的影响，区分差别在统计上是否成立，并了解事件发生的概率。

常用的假设检验有 Z 检验、T 检验、配对检验、比例检验、秩和检验、卡方检验等。

5.1.1 假设检验的基本思想

假设检验是统计推断的一类重要问题。当人们需要对各种现象需要做出解释与分辨时，习惯于确立是与非两个假设，然后利用已知理论和事实对研究现象进行检验与决断，我们称之为假设检验。

假设检验是利用样本的实际数据来检验事先对总体某些数量特征所作的假设是否可信的一种统计分析方法。统计学在进行假设检验时，首先就要提出两个相互对立的假设，即原假设和备择假设。

原假设是假设所研究的变量之间不存在差异，它认定任何观察到的差异都可能是由抽样误差所造成的。也就是说，原假设是研究者希望根据样本信息加以拒绝的假设。原假设一般用 H_0 表示。

备择假设是假设所研究的变量之间存在着某种差异，它是研究者希望根据样本信息加以证实和接受的假设。备择假设一般用 H_1 表示。

假设检验是利用样本的实际数据来检验事先对总体某些数量特征所作的假设是否可信的一种统计分析方法。假设检验的基本思想就是从建立原假设开始，根据所收集到的数据，推断提出的假设是否成立。假设检验的含义：提出原假设和备择假设，在原假设成立的前提下，如果计算出来样本所对应的事件发生概率比较大，那么接受原假设，如果计算出来样本所对应的事件发生概率比较小，即小概率事件，根据“小概率事件在一次试验中几乎不会发生”的原理来否定原假设，从而接受备择假设。

由此可见，假设检验的基本思想是：运用概率论中的“小概率事件(P<0.01或P<0.05)发生的不可能性”原理，进行反证。

假设我们在一次数学测验中发现学生的平均成绩 $\mu=77.2$ 分，标准差 $\sigma=8.2$ 分。为了提高成绩，从这些学生中随机抽取30人每天采用新的教学方法进行教学。实验后进行测验，这30名学生的测验成绩的平均分 $\overline{X}=82$ 分。现在就要研究这30人的样本的平均分的提高，是新教学方法的影响还是随机抽样误差的影响。

我们设立原假设 H_0：新的教学方法对成绩的提高没有影响，即 μ 与 $\overline{X}$ 的差异是随机抽样误差。经过计算，样本平均数落在(74.27，80.13)区间中的可能性为95%，落在此区间外的可能性只有5%，这意味着落在(74.27，80.13)区间外的事件为小概率事件，但现在这种小概率事件却在一次实验中就出现了：样本平均数 $\overline{X}$ 之值为82分，落在了(74.27，80.13)之外。因此，我们无法相信新教法对提高学习成绩没有影响，不能接受原假设 H_0，而认为 μ 与 $\overline{X}$ 之间存在明显差异，新的教学方法确实提高了学生的成绩。

假设检验包括参数检验和非参数检验。本节只介绍参数检验，非参数检验放在下一节进行介绍。

5.1.2 假设检验的相关概念

1. 显著性水平

统计学上把拒绝原假设的概率称为显著性水平，用 α 表示。在大多数统计检验中，$\alpha=0.05$ 被用作是否具有统计显著性的临界点。在假设检验中，当样本事件发生的概率大于临界点0.05时，认为样本事件发生的概率比较大，原假设成立，接受原假设；当样本概率小于临界点0.05时，我们认定样本事件为小概率事件，原假设不成立，拒绝原假设，从而接受备择假设。

2. 自由度

自由度指样本中可以自由变动的变量的个数，当有约束条件时，自由度减少。所以自由度就是 $n-1$。自由度计算公式：自由度=样本个数−样本数据受约束条件的个数，即 $df=n-k$。n 表示“处理”的数量，k 表示实际需要计算的参数的数量。如需要计算2个参数，则数据里只有 $n-2$ 个数据可以自由变化。例如，一组数据，平均数一定，只要有 $n-1$ 个数确定，第 n 个值就确定了，它不能自由变化，这组数据有 $n-1$ 个数据可以自由变化；如一组数据平均数一定，标准差也一定，则有 $n-2$ 个数据可以自由变化。

3. 假设检验的两类错误

假设检验的依据是：小概率事件在一次试验中很难发生，但很难发生不等于不发生，因而假设检验所作出的结论有可能是错误的。这种错误有两类：第一类错误是摒弃正确的假设；第二类错误是接受错误的假设。

显著性水平是统计推断时可能犯错误的概率。显著性水平越高(α 值越小)，越不容易拒绝原假设，推断的精确性越高；显著性水平越低(α 值越大)，越容易拒绝原假设，推断的精确性越低。

为了避免选择较高的概率作为显著性水平(如0.10，0.14等甚至更高)，可以控制第二类错误的发生，即可以减少不正确的假设被接受的机会，但这又同时增加了第一类错误的发生，即增加了摒弃正确假设的机会。如果选择较低的概率作为显著性水平(如0.01，0.001等，甚至更低)，则可以控制第一类错误的发生，即可以减少正确假设被摒弃的机会，但这又同时增加了第二类错误的发生，即增加了接受错误假设的机会。

针对上述状况，在实际研究中大多使用较为适中的0.05和0.01作为显著性水平，以便使两类错误发生的机会相对减少。另外，努力将样本容量增大，可以同时减少两类错误发生的概率，或者减少其中一种错误发生的概率而不致增加两类错误发生的概率。

近年来，统计检验的发展趋势正在从注重控制第一类错误(即摒弃正确的假设)逐步转向重视统计的检验力的提高，努力实现正确拒绝虚假的虚无假设。

4. 单侧检验与双侧检验

在一般情况下，概率分布函数曲线两侧尾端的小概率事件都要考虑即双侧检验。如果事先有把握确定其中的一侧不可能取值，则仅需对另一侧的小概率事件进行检验即单侧检验。例如：当两样本均数作比较时，若要求推断两组总体均数有无差别，就可能有甲组均数高于乙组和乙组均数高于甲组的两种不同情况，这时应该用双侧检验；若仅要求推断甲组均数是否高于或低于乙组(如从专业知识中已知甲组均数不会低于或高于乙组)，就该用单侧检验。

选择单侧检验还是双侧检验首先应据专业知识来确定。同时也应考虑所要解决的问题本质或研究目的。一般认为双侧检验较保守和稳妥，而单侧检验由于充分利用了另一侧的不可能性，故更易得出差异有显著性的结论，但应慎用。应用单侧检验是有条件的，不能随意选择，只有根据专业知识的判断一方不会比另一方差，才能选用单侧检验，且应在“研究设计阶段”即在统计分析开始之前就决定。若缺乏相应依据，一般宜选用双侧检验。

5.1.3 假设检验的一般步骤

一般假设检验可按下列步骤进行：

(1)建立原假设与备择假设。

原假设——两组数据所代表的总体参数(如平均数)不存在显著性差异。如 $H_0:\mu_1=\mu_2$。

备择假设——两组数据所代表的总体参数(如平均数)存在显著差异。$H_1:\mu_1\neq\mu_2$。

(2)确定检验统计量，并计算其数值。

根据研究目的和研究总体状况，针对样本容量确定适当的检验统计量。例如：样本容量 $n\geqslant30$ 时，一般可选用 Z 检验；样本容量 $n<30$ 时，则选用 T 检验。

(3)选择检验方式。

如果检验的目的是确定两个平均数之间是否存在显著差异，并不需要进一步了解差异的方向，或对所研究问题缺乏认识，没有把握，就可利用双侧检验法。

如果研究人员根据理论或实践经验能够预测到两个平均数中的一个应该大于(或小于)另一个，那么在这种情况下，可以采用单侧检验法。例如：已有一些资料表明新教学方法优于一般教学方法，就可以采用单侧检验，建立假设：

$H_0: \mu \leqslant \mu_0 \quad H_1: \mu > \mu_0$ （μ_0 表示一般教学方法）

这是一个右单侧检验。

统计学家曾建议在大多数情况下采用双侧检验，仔细分析各种统计检验量的临界值，就可发现其原因：对于相同的显著性水平，双侧检验的临界值要大于单侧检验的临界值。这就意味着，双侧检验对拒绝虚无假设的要求更高。从这个意义上说，双侧检验的可靠性更高一些。

(4)采用一定的显著性水平，将求出的检验统计量的数值与相应的临界值比较，作出统计决断。

根据统计量的大小及其分布确定检验假设成立的可能性 P 的大小并判断结果。若 $P>\alpha$，则结论为按 α 所取水准不显著，不拒绝 H_0，即认为差别很可能是由于抽样误差造成的，在统计上不成立；若 $P\leqslant\alpha$，则结论为按所取 α 水准显著，拒绝 H_0，接受 H_1，则认为此差别不大可能仅由抽样误差所致，很可能是实验因素不同造成的，故在统计上成立。在一般情况下，最常用的显著性水平为0.05。但在要作出重要决策时，可以将显著性水平提高到0.01。

介绍了一些假设检验的统计学知识后，下面将具体讲解在SPSS如何利用假设检验的思想，对平均数的差异进行检验。在SPSS 20中，是由“分析/比较均值”下的子菜单完成各种情况下的平均数差异检验的。先从最基本的“均值过程”进行介绍。

5.2 均值过程

均值过程和前面的描述统计过程一样，可以对指定变量的描述性统计变量进行呈现。例如体现数据集中趋势的均值、中位数、介数等，体现数据离散趋势的全距、标准差、方差等，还有体现数据分布的峰度系数和偏度系数。均值过程相对于前面的描述过程主要的优势体现在，它可以对数据进行分组，并将各组的统计检验变量放在一起进行直接比较，这样十分直观，并且省略了很多其他的过程。例如统计全国近五年酒后驾车发生交通事故的案件数量，以“省份”为分组变量来比较不同省份在近五年发生酒后驾车事故平均数量。

均值过程主要功能是统计变量的描述和不同组之间粗略的比较，因此对数据没有什么要求。需要注意的是用来形成分组的变量应该是能明确表明某种特征的变量。另外，均值过程中有一个对数据进行线性检验的功能，由“选项”对话框中的“线性相关检验”功能实现，这要求在第一层的控制变量要不少于三个。

【例5.1】数据文件HourlyWage.sav是对护士工资的调查，调查了不同岗位的护士，记录了他们的小时工资、工作经验、年龄等指标。下面用SPSS的均值过程分析护士的小时工资、工作经验和工作位置之间的关系。步骤如下：

(1)打开数据文件HourlyWage.sav，单击“分析/比较均值/均值”，出现如图5-1所示对话框。将“Hourwage(小时工资)”选入因变量列表，“yrsscale(工作经验)”选入自变量列表。

(2)单击【选项】按钮，打开“均值：选项”对话框，如图5-2所示。从左边的“统计量”列表框中选择需要在结果中呈现的描述性变量，单击箭头按钮，将其移入“单元格统计量”列

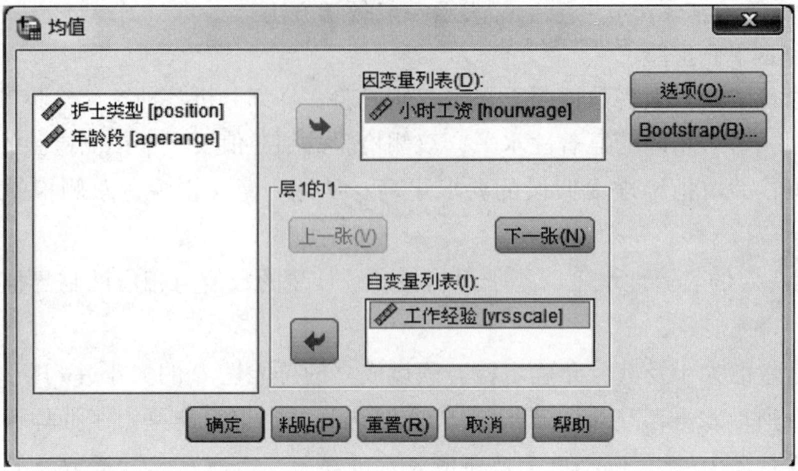

图 5-1　均值对话框

表框中。默认的进行分析的描述统计量是均值、个案数和标准差，这些是常用的描述统计量，读者也可以根据自己的需要决定是否选用。可以选中不需要的统计量，单击箭头按钮，使其返回“统计量”列表框中。设置完成后，单击“继续”按钮返回“均值”主对话框，单击“确定”按钮执行操作输出结果。

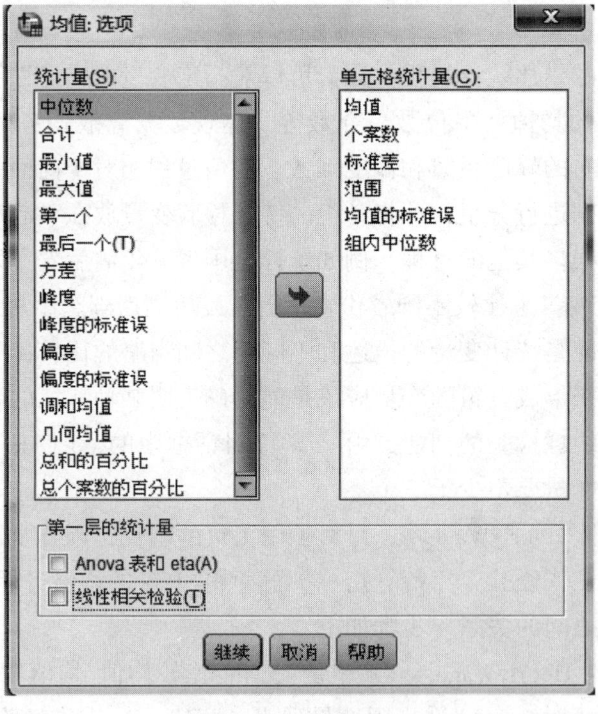

图 5-2　选择统计量

结果分析如表5-1所示。

表5-1 **案例处理摘要**

案例摘要						
	案例					
	已包含		已排除		总计	
	N	百分比	*N*	百分比	*N*	百分比
小时工资 * 工作经验	2911	97.0%	89	3.0%	3000	100.0%

从表5-1可知该数据集中有3000个个案，其中89个个案含有缺失值，均值过程是基于排除了含有缺失值后的2911个个案。如表5-2所示。

表5-2 **均值报告表**

报 告

小时工资

工作经验	均值	*N*	标准差	全距	均值的标准误	分组中值
少于5年	18.0416	221	3.86667	23.30	.26010	17.9342
6~10年	18.9169	460	3.77816	24.72	.17616	19.0616
11~15年	19.6616	752	3.90528	23.34	.14241	19.8514
16~20年	20.2876	729	3.82786	23.57	.14177	20.6165
21~35年	21.2594	539	4.08669	24.02	.17603	21.4741
36年以上	21.6342	210	3.61826	21.26	.24968	21.5357
总计	20.0159	2911	4.00309	28.59	.07419	20.1800

从均值列可以看出，随着工作年限的增加，小时工资也随之增加，但是增加的幅度不是均匀的。

上述只是分析了影响小时工资的一个因素。考虑到了工作经验不同之外，护士的位置也可能会影响到小时工资。我们把护士的位置也作为均值过程的一个因素，重新分析小时工资和护士的位置、工作经验之间的关系。

在图5-1中，在"层1的1"框中，单击"下一张(N)"按钮，出现如图5-3所示双因素均值分析对话框。把position变量选入"层2的2"框的"自变量列表(I)"中，其他保留默认值，如图5-3所示。单击【确定】按钮。

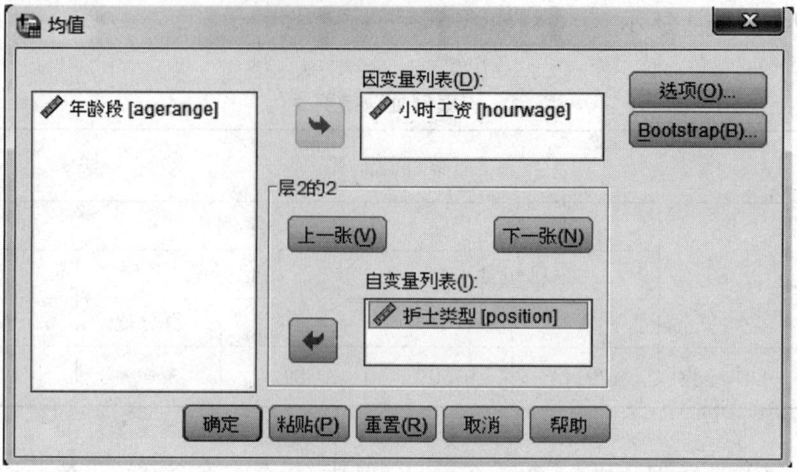

图 5-3　双因素的均值分析

5.3　单样本 *T* 检验

T 检验是检验样本的均值和给定的均值是否存在显著性差异。*T* 检验分为三类：单样本 *T* 检验、两独立样本 *T* 检验和两配对样本 *T* 检验。

单样本 *T* 检验的目的是利用来自某总体的样本数据，推断该总体的均值是否与制定的检验值之间存在显著性差异。它是对总体均值的假设检验。如果是大样本或者是小样本并且样本服从正态分布，我们可采用单样本 *T* 检验；否则，采用非参数检验。

单样本 *T* 检验的步骤如下：

(1)提出原假设。

单样本 *T* 检验的原假设 H_0 为：总体均值与检验值之间不存在显著差异。

(2)选择检验统计量。

(3)计算检验统计量观测值和概率 *P* 值

SPSS 将自动计算出 *T* 统计量的观测值和对应的概率 *P* 值。

(4)给定显著性水平 α，并作出决策。

如果概率 *P* 值小于显著性水平 α，则应拒绝原假设，认为总体均值与检验值之间存在显著差异；反之，如果概率 *P* 值大于显著性水平 α，则不应拒绝原假设，认为总体均值与检验值之间无显著差异。

5.3.1　引例

T 检验在问卷分析中经常用到，如图 5-4 所示，数据文件“住房状况调查 . sav”记录了不同户口状况的人均住房面积，现利用住房状况问卷调查数据，推断家庭人均住房面积的平均值是否为 $22m^2$。

推断家庭人均住房面积的平均值是否为 $22m^2$。由于该问题设计的是单个总体，且要进行总体均值比较，同时家庭人均住房面积的总体可近似认为服从正态分布，因此，可采用单样本 *T* 检验来进行分析。

户口状况	家庭收入	现住面积	人均面积	房屋产权
1.00	6000.00	53.00	17.67	33.00
1.00	7500.00	53.00	17.67	33.00
1.00	10000.00	53.00	17.67	33.00
1.00	10000.00	53.00	17.67	33.00
1.00	12000.00	53.00	17.67	33.00
1.00	15000.00	53.00	17.67	1.00
1.00	15000.00	53.00	17.67	33.00
1.00	15000.00	53.00	17.67	33.00
1.00	15600.00	53.00	17.67	33.00
1.00	25000.00	53.00	17.67	33.00
1.00	6000.00	53.00	17.67	1.00
1.00	15000.00	53.00	17.67	33.00
1.00	16000.00	53.00	17.67	33.00
2.00	6000.00	53.00	17.67	1.00
1.00	6000.00	71.00	17.75	33.00
1.00	18000.00	71.00	17.75	2.00
1.00	6000.00	53.36	17.79	2.00
1.00	36000.00	89.00	17.80	33.00
1.00	42000.00	89.00	17.80	33.00
1.00	6000.00	54.00	18.00	33.00
1.00	10000.00	54.00	18.00	2.00
1.00	20000.00	90.00	18.00	33.00

图 5-4 住房状况调查数据图

5.3.2 数据准备

第一步：建立数据。

在 SPSS 的“变量视图”中定义变量。输入如图 5-5 变量视图所示的数据。

住房状况调查.sav [数据集1] - IBM SPSS Statistics 数据编辑器

文件(F) 编辑(E) 视图(V) 数据(D) 转换(T) 分析(A) 直销(M)

	名称	类型	宽度	小数
1	编码	数值(N)	8	0
2	所在区	数值(N)	1	0
3	性别	数值(N)	8	2
4	年龄	数值(N)	8	2
5	文化程度	数值(N)	8	2
6	从业状况	数值(N)	8	2
7	婚姻	数值(N)	8	2
8	常住人口	数值(N)	8	2
9	户口状况	数值(N)	8	2
10	家庭收入	数值(N)	8	2
11	现住面积	数值(N)	8	2
12	人均面积	数值(N)	8	2
13	房屋产权	数值(N)	8	2
14	住房满意	数值(N)	8	2
15	未来三年	数值(N)	8	2
16	计划面积	数值(N)	8	2
17	计划户型	数值(N)	8	2

图 5-5 住房状况调查变量视图

第二步：输入数据。

(1)左下角选“数据视图”；

(2)将数据输入数据视图中，如图5-6单样本 T 检验数据视图所示。

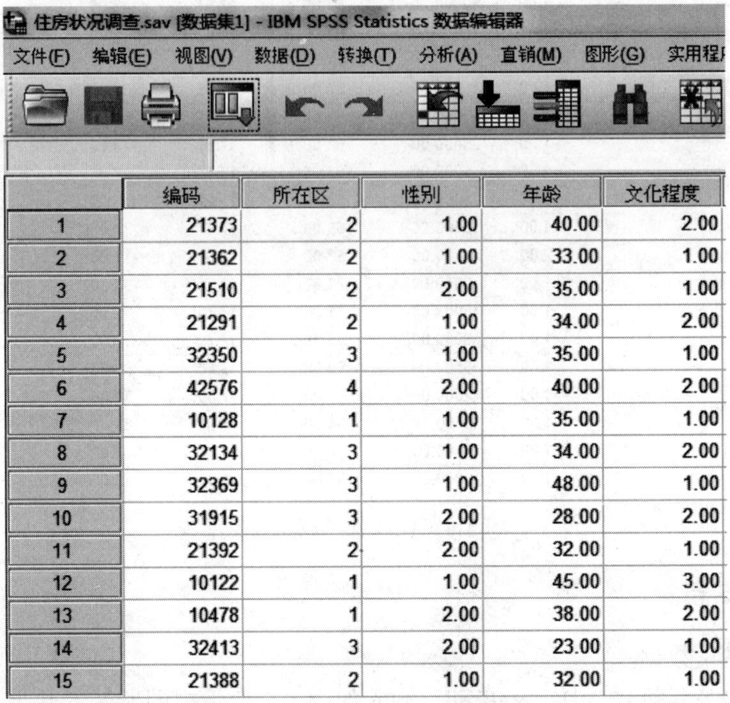

	编码	所在区	性别	年龄	文化程度
1	21373	2	1.00	40.00	2.00
2	21362	2	1.00	33.00	1.00
3	21510	2	2.00	35.00	1.00
4	21291	2	1.00	34.00	2.00
5	32350	3	1.00	35.00	1.00
6	42576	4	2.00	40.00	2.00
7	10128	1	1.00	35.00	1.00
8	32134	3	1.00	34.00	2.00
9	32369	3	1.00	48.00	1.00
10	31915	3	2.00	28.00	2.00
11	21392	2	2.00	32.00	1.00
12	10122	1	1.00	45.00	3.00
13	10478	1	2.00	38.00	2.00
14	32413	3	2.00	23.00	1.00
15	21388	2	1.00	32.00	1.00

图5-6　住房状况调查数据视图

5.3.3　单样本 T 检验的实现

实现单样本 T 检验，步骤如下：

(1)选择菜单“分析/比较均值/单样本 T 检验”，如图5-7所示。

选择待检验的变量“人均面积”到【检验变量】，在【检验值】框中输入检验值22。如图5-8所示。

(2)单击【选项】按钮定义其他选项，出现如图5-9所示对话框。【选项】按钮用来指定缺失值的处理方法。另外，还可以输出默认95%的置信区间。

(3)单击【继续】按钮，回到如图5-8所示的界面，单击【确定】。至此，SPSS将自动计算 T 检验并计算相应的概率 P 值。分析结果如表5-3和表5-4所示。

表5-3　**人均住房面积的基本描述统计结果**

单个样本统计量				
	N	均值	标准差	均值的标准误
人均面积	2993	22.0060	12.70106	.23216

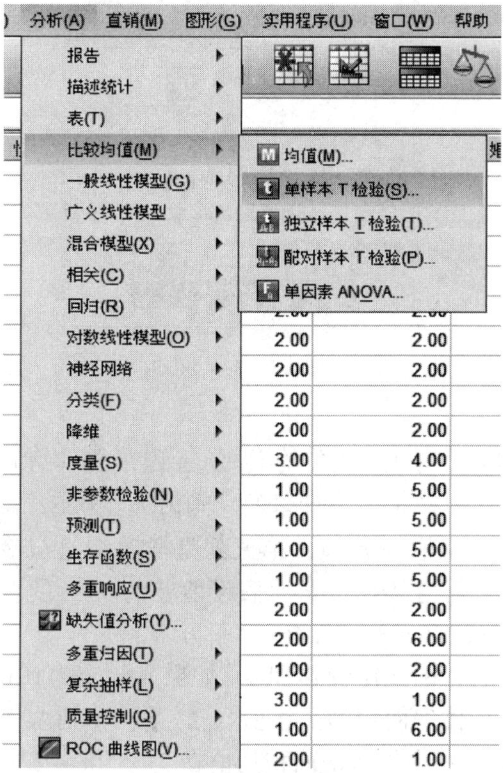

图 5-7 比较均值

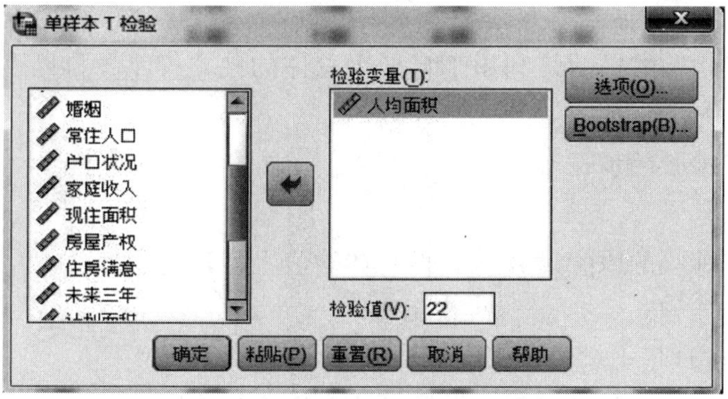

图 5-8 单样本 *T* 检验对话框

表 5-4 **人均住房面积单样本 *T* 检验结果**

单个样本检验						
	检验值 = 22					
	T	df	Sig.（双侧）	均值差值	差分的 95% 置信区间	
					下限	上限
人均面积	.026	2992	.980	.00596	-.4492	.4612

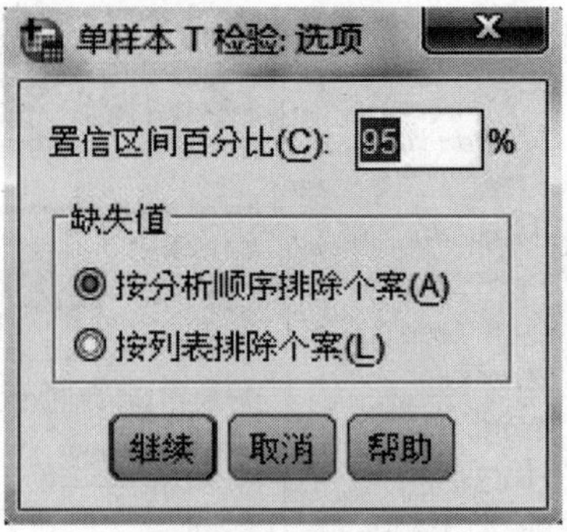

图 5-9　置信区间

由表 5-3 可知，2993 个家庭的人均住房面积的平均值为 22.0060m²，标准差为 12.70106m²；表 5-4 中，第二列是 T 统计量的观测值为 0.026；第三列是自由度为 2992；第四列是 T 统计量观测值的双尾概率 P 值；第五列是样本均值与检验值的差，即 T 统计量的分子部分；第六列和第七列是总体均值与原假设值差的 95% 的置信区间，由此计算出总体均值的 95% 的置信区间为(21.5508，22.4612)平方米。

该问题应采用双尾检验，因此比较 α 和 p。如果 α 给定为 0.05，由于 p 小于 α，因此应拒绝原假设，认为家庭人均住房面积的平均值与 22 平方米有显著差异。95% 的置信区间告诉我们有 95% 的把握认为家庭人均住房面积均值在 21.5508 ~ 22.4612m² 之间。

5.4　独立样本 T 检验

两独立样本 T 检验的目的是利用来自两个总体的独立样本，推断两个总体的均值是否存在显著差异。

两独立样本 T 检验的步骤如下：

(1)提出零假设。

两独立样本 T 检验的原假设 H_0 为：两总体均值无显著差异。

(2)选择检验统计量。

(3)计算检验统计量观测值和概率 P 值。

该步的目的是计算 F 统计量和 T 统计量的观测值以及相应的概率 P 值。SPSS 将自动依据单因素方差分析的方法计算 F 统计量和概率 P 值以及 T 统计量的观测值和对应的概率 P 值。

(4)给定显著性水平 α，并作出决策。

第一步，利用 F 检验判断两总体的方差是否相等。如果 F 检验统计量的概率 P 值小于显著性水平 α，则应拒绝原假设，认为两总体方差有显著差异；反之，若果概率 P 值大于显著性水平 α，则不应拒绝原假设，认为两总体方差无显著差异。

第二步，利用 T 检验判断两总体均值是否存在显著差异。如果 T 检验统计量的概率 P 值小于显著性水平 α，则应拒绝原假设，认为两总体均值有显著差异；反之，如果概率 P 值大于显著性水平 α，则不应拒绝原假设，认为两总体均值无显著差异。

5.4.1 引例

所谓两独立样本是指两个样本所来自的总体相互独立，两个独立样本各自接受相同的测量，研究者或分析者的主要目的是分析两个独立样本的均值是否具有显著性的统计差异。例如，比较教育从业者的和金融从业者的起始工资，比较男性身高和女性身高等都是两独立样本的例子。

应用两独立样本 T 检验的前提条件如下：

- 独立性：两样本所来自的总体相互独立。
- 正态性：样本来自的总体服从正态分布。T 检验对正态性具有稳健性，大样本情况下，样本来自的总体不满足正态性条件，两个样本的分布形状相似，仍可以用 T 检验。
- 方差齐性：方差齐性是指待比较的两个样本的方差相等。许多学者的仿真结果表明，如果两个组的样本量大致相等，略微偏离了方差齐性，对检验结果的精度影响不大。在 T 检验中，SPSS 提供了方差齐性的 Levene 检验，当方差齐性不满足时，会提供方差齐性校正后的 T 检验结果。

如图 5-10 所示，数据文件“商场促销. sav”记录了某商场采用两种不同的促销方式时用户的消费情况，现在想要知道根据不同的促销方式(0 标准方式，1 新方式)所带来的销售额在统计学上是否具有显著性差异。

	客户ID	促销方式	客户消费
1	148	0	2232.77
2	572	1	1403.81
3	973	0	2327.09
4	1096	0	1280.03
5	1541	1	1513.56
6	1947	1	1729.63
7	2001	1	1609.71
8	2130	0	1476.62
9	2616	0	1460.77
10	2886	1	1854.49
11	3340	0	1495.29
12	3400	1	1107.21
13	3539	0	1949.59
14	3730	1	2144.65
15	3906	1	784.08
16	3924	1	1409.66
17	3962	0	1856.95

图 5-10 不同促销方式的客户消费

5.4.2 数据准备

本节先对两种促销方式的客户消费情况进行描述性统计分析，初步探索不同促销方式的销售额。

选择菜单“分析/描述统计/探索”，选择待检验的变量“客户消费”到【因变量列表】，【因子列表】中选入“促销方式”。如图5-11所示。

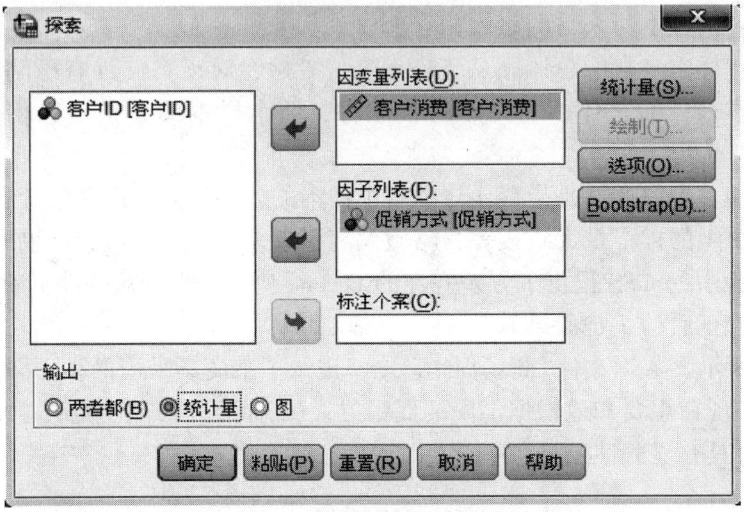

图5-11　探索性分析对话框

单击【绘制】按钮，在“描述性”部分选择“直方图”，并且勾选“带检验的正态图”，如图5-12所示。

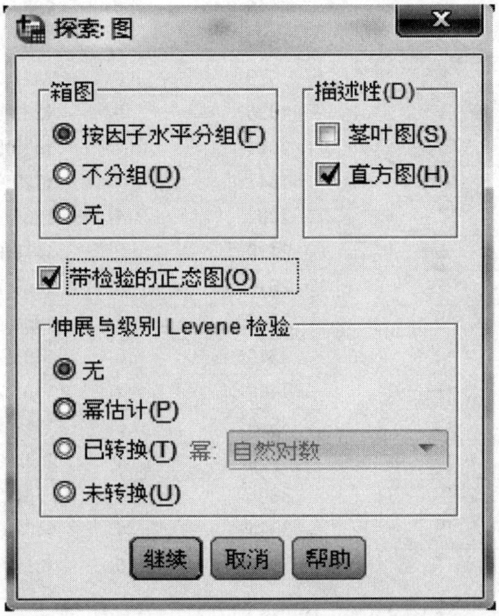

图5-12　选择直方图和带检验的正态图

单击【继续】按钮，回到图 5-11 所示的对话框，单击【确定】按钮。

这里简单解释表 5-5“描述性统计分析报告”和表 5-6“正态性检验表”。

表 5-5 **描述性统计分析报告**

描述					
	促销方式			统计量	标准误
客户消费	标准方式	均值		1566.3890	21.92553
		均值的 95% 置信区间	下限	1523.2059	
			上限	1609.5722	
		5% 修整均值		1565.5703	
		中值		1547.3610	
		方差		120182.202	
		标准差		346.67305	
		极小值		544.60	
		极大值		2713.03	
		范围		2168.43	
		四分位距		435.66	
		偏度		.156	.154
		峰度		.566	.307
	新方式	均值		1637.5000	22.55989
		均值的 95% 置信区间	下限	1593.0674	
			上限	1681.9325	
		5% 修整均值		1643.0651	
		中值		1661.0782	
		方差		127237.151	
		标准差		356.70317	
		极小值		745.65	
		极大值		2637.88	
		范围		1892.23	
		四分位距		482.07	
		偏度		-.187	.154
		峰度		-.278	.307

从描述性统计分析表可知，新促销方式的客户消费金额均值大于标准方式。二者的标准差相差不大，可初步判定二者的方差可能齐性。

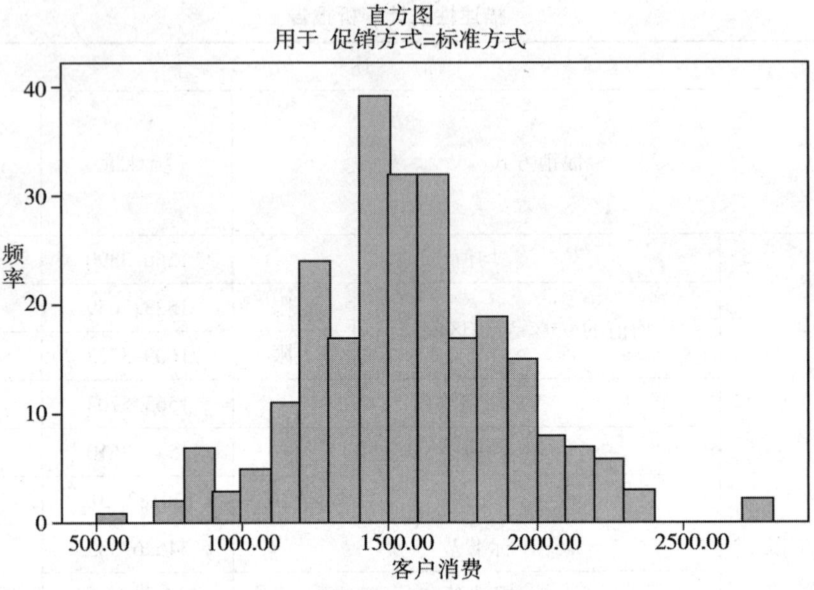

（a）标准促销方式客户消费直方图

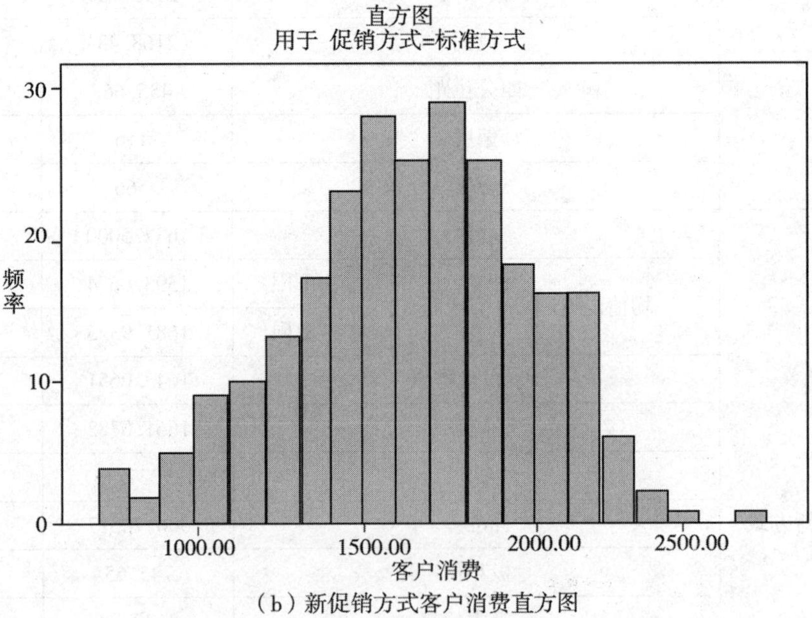

（b）新促销方式客户消费直方图

图 5-13

图 5-13(a)基本可以判断标准促销方式的客户消费分布是对称的，应为正态分布；而 5-13(b)新促销方式分布偏离了对称性，很难从图形上判断它是否满足正态分布。表 5-6 是对两种促销方式的正态性进行统计检验的结果。

表 5-6　　　　　　　　　　　　　　　　**正态性检验表**

正态性检验							
	促销方式	Kolmogorov-Smirnov[a]			Shapiro-Wilk		
		统计量	*df*	Sig.	统计量	*df*	Sig.
客户消费	标准方式	.054	250	.076	.992	250	.192
	新方式	.032	250	.200*	.992	250	.225
*. 这是真实显著水平的下限							
a. Lilliefors 显著水平修正							

从正态性检验的结果来看，标准促销方式和新促销方式的 P 值都大于 0.05，因此，两组样本满足正态性分布。

5.4.3　独立样本 *T* 检验的实现

实现独立样本 *T* 检验步骤如下：

(1)选择菜单“分析/比较均值/独立本 *T* 检验”，选择待检验的变量“客户消费”到【检验变量】，【分组变量】中选入“促销方式”。出现如图 5-14 所示的窗口。

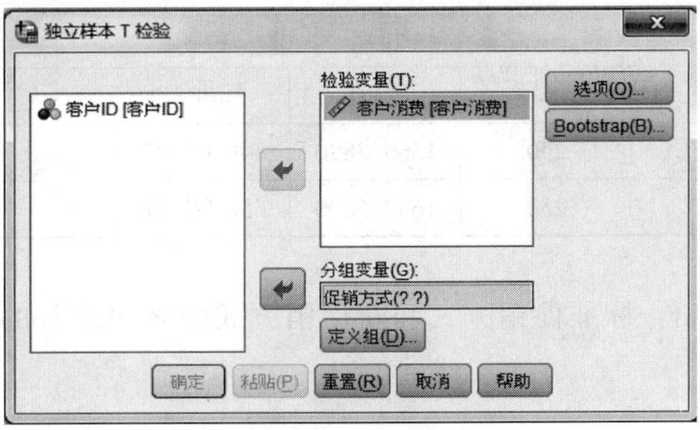

图 5-14　独立样本检验对话框

(2)单击【定义组】按钮，根据数据文件中对“促销方式”的定义，分别输入如图5-15所示的数据。

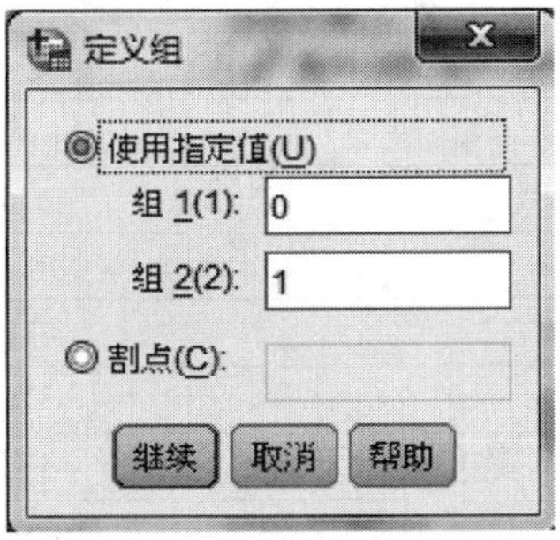

图 5-15　定义分组变量

(3)单击【继续】按钮，显示如图5-16所示。

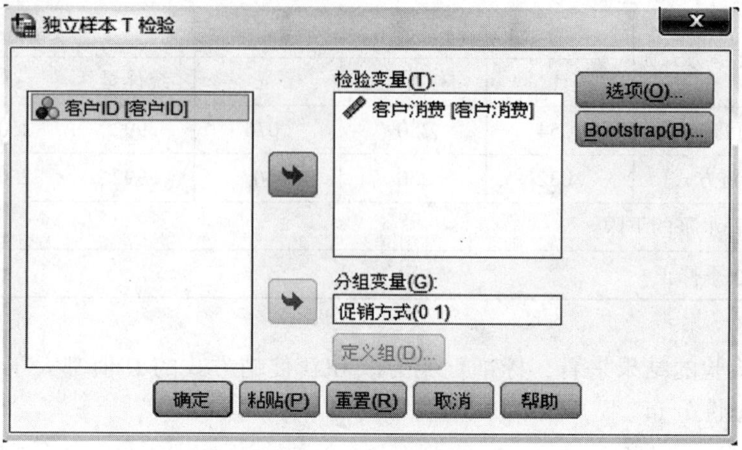

图5-16 定义变量

(4)单击【确定】按钮。分析结果如表5-7、表5-8所示。

表5-7 **基本描述统计**

组统计量					
	促销方式	*N*	均值	标准差	均值的标准误
客户消费	标准方式	250	1566.3890	346.67305	21.92553
	新方式	250	1637.5000	356.70317	22.55989

由表5-7可以看出，标准促销方式和新促销方式的客户消费的样本平均值有一定的差距。

表5-8 **两独立样本 *T* 检验结果**

独立样本检验				
			客户消费	
			假设方差相等	假设方差不相等
方差方程的 Levene 检验	F		1.190	
	Sig.		.276	
均值方程的 *T* 检验	*T*		-2.260	-2.260
	df		498	497.595
	Sig.(双侧)		.024	.024
	均值差值		-71.11095	-71.11095
	标准误差值		31.45914	31.45914
	差分的 95% 置信区间	下限	-132.91995	-132.92007
		上限	-9.30196	-9.30183

表5-8是两种促销方式客户消费的均值检验结果。分析结论应通过两步完成。第一步，两总体方差是否相等的 F 检验。这里，该检验的 F 统计量的观测值为1.190，$P=0.276$，大于0.05，可以认为两总体的方差无显著差异，满足方差齐性。第二步，两总体均值的检验。在第一步中，由于两总体方差无显著差异，因此应看第一列“假设方差相等”来查看 T 检验的结果。其中，T 统计量的观测值为-2.260，对应的 $P=0.024$，小于0.05，因此认为两总体的均值有显著差异，即两种促销方式的客户消费金额有显著性的不同。结合描述性统计分析的两种促销方式的均值比较，标准促销方式的均值为1566.389，新促销方式的均值为1637.5。因此，相对于标准促销方式，新促销方式更能促进客户的消费。

5.5 配对样本 *T* 检验

配对样本 T 检验(Paired T Test)是根据样本数据对样本来自两配对总体的均值是否有显著性差异进行推断。一般用于同一研究对象(或两配对比较)分别给予两种不同处理的效果比较，以及同一研究对象(或两配对对象)处理前后的效果比较。前者推断两种效果有无差别，后者推断某种处理是否有效。

配对 T 检验的前提要求如下：

(1)两个样本应该是配对的。两个样本观察数目相同，并且观察值顺序不能随意改变。

(2)样本来自的两个总体应服从正态分布。

5.5.1 引例

为研究某种减肥茶是否具有明显的减肥效果，某美体健身机构对35名肥胖志愿者进行了减肥跟踪调研。首先将其喝减肥茶以前的体重记录下来，三个月后再依次将这35名志愿者喝茶后的体重记录下来。通过这两组样本数据的对比分析，推断减肥茶是否具有明显的减肥作用。

数据文件“减肥调查.sav”记录了35个个案服用减肥药前后的体重。数据文件中的每个个案对应一个单独的病人。现采用配对样本 T 检验对该减肥药的效果进行分析。

第一步：建立数据。

在SPSS的“变量视图”中定义变量。输入如图5-17变量视图所示的数据。

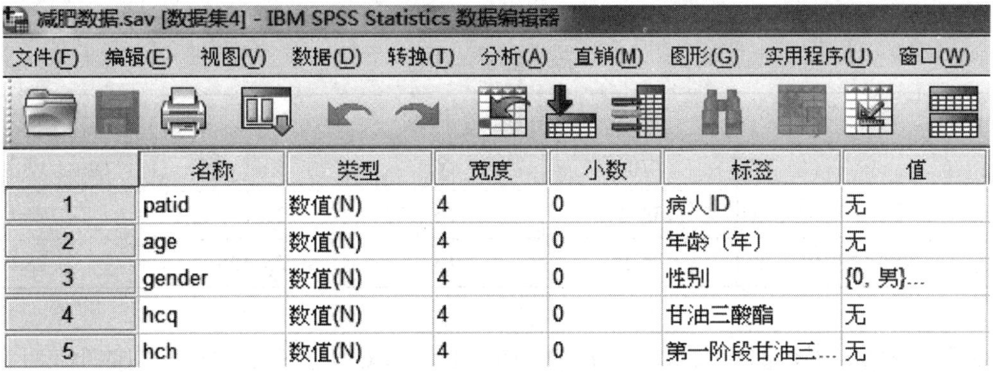

	名称	类型	宽度	小数	标签	值
1	patid	数值(N)	4	0	病人ID	无
2	age	数值(N)	4	0	年龄（年）	无
3	gender	数值(N)	4	0	性别	{0, 男}...
4	hcq	数值(N)	4	0	甘油三酸酯	无
5	hch	数值(N)	4	0	第一阶段甘油三...	无

图5-17 减肥调查变量视图

第二步：输入数据。

(1)左下角选“数据视图”；

(2)将数据输入数据视图中，如图5-18单样本 T 检验数据视图所示。

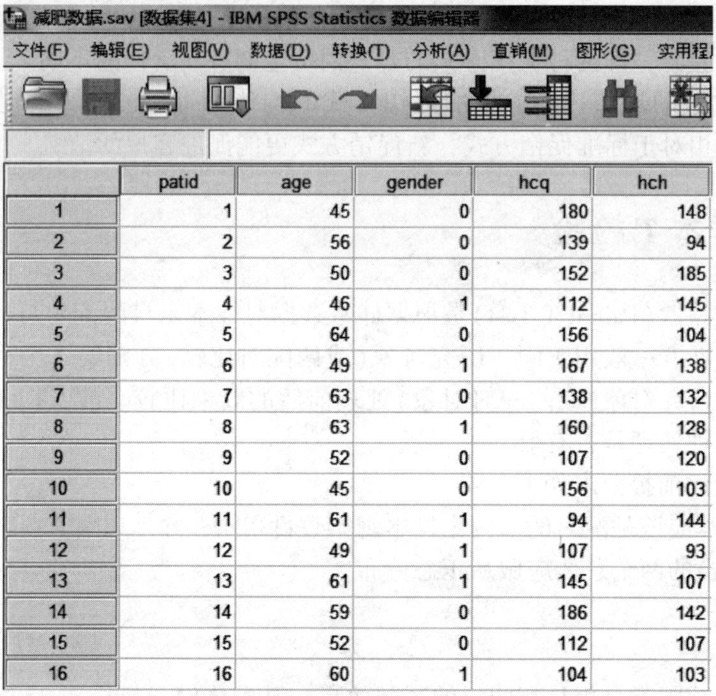

	patid	age	gender	hcq	hch
1	1	45	0	180	148
2	2	56	0	139	94
3	3	50	0	152	185
4	4	46	1	112	145
5	5	64	0	156	104
6	6	49	1	167	138
7	7	63	0	138	132
8	8	63	1	160	128
9	9	52	0	107	120
10	10	45	0	156	103
11	11	61	1	94	144
12	12	49	1	107	93
13	13	61	1	145	107
14	14	59	0	186	142
15	15	52	0	112	107
16	16	60	1	104	103

图5-18 减肥调查数据视图

5.5.2 配对样本 T 检验的实现

实现配对样本 T 检验步骤如下：

(1)选择菜单“分析/比较均值/配对样本 T 检验”，选择待检验的变量“喝茶之前的体重”和“喝茶之后的体重”到【成对变量】中。如图5-19所示。

(2)单击【确定】按钮。分析结果如表5-9、表5-10、表5-11所示。

表5-9 **成对样本统计量**

成对样本统计量					
		均值	N	标准差	均值的标准误
对1	喝茶之前的体重	138.44	16	29.040	7.260
	喝茶之后的体重	124.56	16	25.126	6.282

表5-9表明，喝茶前和喝茶后样本的平均值有较大差异。喝茶后的平均体重低于喝茶前的平均体重。

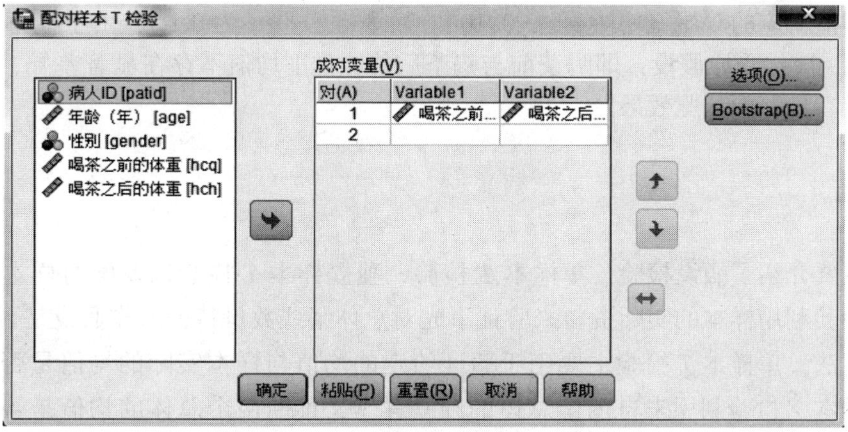

图 5-19 配对样本 *T* 检验对话框

表 5-10 **成对样本相关系数**

成对样本相关系数				
		N	相关系数	Sig.
对 1	喝茶之前的体重 & 喝茶之后的体重	16	.287	.281

表 5-10 中，第三列是喝茶前和喝茶后两组样本的简单相关系数，第四列是相关系数检验的概率 *P* 值。它表明在显著性水平为 0.05 时，肥胖志愿者服用减肥茶前后的体重并没有明显的线性变化，喝茶前和喝茶后体重的线性相关程度较弱。

表 5-11 **成对样本检验**

成对样本检验				
				对 1
				喝茶之前的体重−喝茶之后的体重
成对差分	均值			13.875
	标准差			32.488
	均值的标准误			8.122
	差分的 95% 置信区间		下限	−3.436
			上限	31.186
T				1.708
df				15
Sig.（双侧）				.108

表 5-11 中，"均值"是喝茶前与喝茶后体重的平均差异，相差了 13.875kg；"标准差"是差值样本的标准差；"均值的标准误"是差值样本分布的标准差；"差分的 95% 置信区间"是

差值95%的置信区间的上限和下限；“T”是 T 检验统计量的观测；“Sig.（双侧）”是 R 检验统计量观测值对应的双尾概率 P-值，0.108。显著性水平 α 为0.05，由于概率 P 值大于显著性水平 α，应接受原假设，即喝茶前与喝茶后的体重平均值不存在显著差异，可以认为该减肥茶不具有显著的减肥效果。

本章小结

本章主要介绍了假设检验、单样本 T 检验、独立样本 T 检验以及配对样本 T 检验。其中，假设检验利用样本的实际资料来验证事先对总体某些数量特征所作假设是否可信的一种统计分析方法。单样本 T 检验主要用于验证给定的均值与样本实际的均值是否存在显著差异。独立样本 T 检验利用来自两个总体的独立样本，推断两个总体的均值是否存在显著差异。配对样本 T 检验是根据样本数据对样本来自两配对总体的均值是否有显著性差异进行推断。

思考与练习

一、选择题

1. T 检验是检验样本的均值与给定的均值之间是否有显著性差异。T 检验主要包括（　　）。
   A. 均值比较　　B. 单样本 T 检验
   C. 独立样本 T 检验　　D. 配对样本 T 检验
2. 两样本均数比较的 T 检验，差别有显著性差异时，P 越小，说明（　　）。
   A. 样本均数差别越大；　　B. 两总体均数差别越大
   C. 越有理由认为两总体均数不同　　D. 越有理由认为两样本无数不同
3. 两独立样本 T 检验的前提条件主要有（　　）。
   A. 独立性　　B. 正态性
   C. 方差齐性　　D. 稳定性
4. 配对两小样本作均值检验，应该使用 SPSS 哪种功能(假设两小样本都为正态分布)（　　）。
   A. Means　　B. One-Sample T Test
   C. Independent-Sample T Test　　D. Paired-Sample T Test
5. 对某一来自正态总体的样本与已知的总体均值比较，应该采取以下哪种 SPSS 分析方法（　　）。
   A. Means　　B. One-Sample T Test
   C. Independent-Sample T Test　　D. Paired-Sample T Test

二、简答与操作题

1. 数据文件 brakes. sav，该数据为某工厂不同机器生产的刹车片直径，已知符合标准的刹车片直径应为322mm，现在需要知道哪些机器生产的刹车片直径不符合质量标准。
2. 数据文件 dietstudy. sav 包含对“Stillman diet”的研究结果。医生为检验某种饮食方案是否对有家庭心脏病史的病人有效，对16个病人进行了试验，记录他们在实行饮食方案前后的体重以及甘油三酸酯的水平。数据文件中的每个个案对应一个单独的病人。

3. 数据文件 GSS2004_Mod. sav 中记录了受访者的子女数(变量 CHILDS)、每周用于收发电子邮件的时间(变量 EMAILHR)和年龄(变量 AGE)。试对男性和女性的 CHILDS、EMAILHR、AGE 进行探索性分析:

(1)找出呈正态分布的变量;

(2)画出三个变量在不同性别的箱图，然后指出男性和女性的箱图的异同。

第6章 非参数检验

6.1 非参数检验概述

在前面的章节中我们讨论了推断统计上的一个主题，就是利用样本统计量去测试根据总体参数所做的假设。参数检验通常适用于一些特定的、严格的条件环境之下，其中一个典型条件就是样本资料必须来自于正态分布的总体。但在现实中我们经常不能确定所研究的总体是否服从正态分布。当必要条件无法满足时，我们可以应用非参数统计方法。

非参数检验是指总体分布未知或知之甚少时，利用已知样本数据对总体的分布形态等做出推断的分析方法。由于非参数检验方法在推断过程中一般不涉及总体分布的参数，因而得名为“非参数”检验。非参数检验是相对于参数检验而言的，这两种检验方法在实际中有着广泛的应用，并且共同构成了统计推断的基本内容。例如，超市柜台某一时刻的排队人数是否服从泊松分布，股市一周内各天的收益率是否存在显著差异，等等，这些都可以通过一定量的观测数据，利用非参数检验的检验方法做出假设，给出推断过程和结果。

因为非参数统计不需要知道总体概率分布的形状，因此又称为自由分布检验，在实际运用中具有许多优点。非参数检验的优点：①可应用于各种不同的情况，不受总体分布形状的限制；②适合处理无法精确数量化的名目资料和小样本资料；③计算通常较简单且容易理解。非参数检验的缺点：①将量的资料转换为质的资料时，漏失了数据的一些信息；②检验的敏感度和效果均不如参数检验好。

值得注意的是，使用非参数检验法，若要拒绝零假设，通常需要强有力证据，如较显著的差异或采用较大样本容量以增加检验敏感度等，如何在参数检验和非参数检验法之间做选择，取决于成本、时间、效度、可用资料的总数、可用资料的形式、抽样方法、总体的属性，以及第Ⅰ、Ⅱ类错误的概率(α和β)等。在某项检验中，若我们可以获得参数检验所需的假设资料，那么我们当然选择适当的参数检验法，若对于来自神秘总体或较稀少的试验，可能使用非参数检验较为合适，但当面对等级化资料时，则只能使用非参数检验方法。

非参数检验依然遵循于假设检验的基本思想和基本准则，在缺乏总体分布信息时，先根据问题做出假设，然后利用统计学原理构造适当的统计量，最后利用样本数据计算统计量的概率p值，与显著性水平比较，得出拒绝或者接受假设的结果。

非参数检验的方法非常丰富。用SPSS软件进行非参数检验时分为单样本、独立样本、相关样本等几种情况。根据所要推断的问题或者所利用的统计量，非参数检验可以分为卡方检验(Chi-Square Test)、二项分布检验(Binomial Test)、游程检验(Runs Test)、单样本K-S检验(One-Sample Kolmogorov-Smirnov Test)、两独立样本检验(Two-Independent-Sample Test)、多个独立样本检验(Test for Several Independent Samples)、两个相关样本检验(Two-Related-Samples Test)、多个相关样本检验(Test for Several Related Samples)。

6.2 单样本非参数检验

6.2.1 卡方检验

卡方检验法(Chi-Square Test)也称为卡方拟合优度检验(Chi-Square Goodness-of-Fit Test)，用于检验样本数据是否与某种概率分布的理论数值相符合，进而推断样本数据是否来自于该分布的样本问题。例如，检验摇奖号码中出现的每个数字0～9，其出现的概率是否均为1/10，从而判断摇奖的数字球是否均匀。

检验的零假设是：总体χ服从某种分布，这里的样本认为是来自于总体χ。卡方检验的基本原理是在给定零假设条件下，根据样本值落在总体χ的各个区间的频数与总体落在该区间的期望频数的差值构造服从卡方分布的Pearson统计量。具体而言，总体χ的取值被分成k个不相交的区间(子集)，如果样本值落在总体的第i个区间的频数为n_i，则当k足够大时，统计量

$$\chi^2=\sum_{i=1}^{k}\frac{(n_i-np_i)^2}{np_i}$$

近似服从自由度为$k-1$的卡方分布，这里的n为样本总数，p_i为总体落在第i个区间的概率值，称np_i为期望频数。从卡方统计量的计算公式可以看出，如果χ^2值较大，则样本频数分布与期望频数分布差距较大；反之，如果χ^2值较小，则样本频数分布与期望频数分布较接近。

SPSS将自动计算统计量的观测值，并依据卡方分布表计算观测值对应的概率p值。如果χ^2的概率p值小于显著性水平，则应拒绝零假设，认为样本不是来自服从某分布的总体；反之，如果χ^2的概率p值大于显著性水平，则不能拒绝零假设，认为样本来自于服从某分布的总体。

【例6.1】企业意外事故发生率分析

已知某企业星期一至星期五的意外事故发生次数，如表6-1所示，试检验五个不同工作日的意外事故发生率是否相同($\alpha=0.05$)。

表6-1

工作日	星期一	星期二	星期三	星期四	星期五
事故次数	31	42	18	25	31

分析：该案例属于判断单样本资料的实际观察次数与理论观察次数是否相同的卡方拟合优度检验问题。若这五个不同工作日的意外事故发生率是相同的，则平均每天将发生29.4次事故($P_1=P_2=P_3=P_4=P_5=1/5$，$174\times(1/5)=29.4$)，即期望次数为29.4次。原假设H_0为$P_1=P_2=P_3=P_4=P_5$，备择假设H_1为至少有一个P_i是不同的，$i=1，2，3，4，5$；

操作步骤如下：

(1)创建数据集，输入变量χ，频数f，如图6-1所示。

(2)选择“数据/加权个案”，对f进行加权。

	x	f
1	1	31
2	2	42
3	3	18
4	4	25
5	5	31

图 6-1

(3)选择"分析/非参数检验/旧对话框/卡方(C)…"，打开卡方检验主对话框。

(4)将变量χ放置检验变量栏中，本案例是均匀分布检验，故其他选项可全部使用默认值。

(5)单击"确定"按钮执行，得到结果见表6-2 和表6-3。

表6-2　　χ

	观察数	期望数	残差
星期一	31	29.4	1.6
星期二	42	29.4	12.6
星期三	18	29.4	-11.4
星期四	25	29.4	-4.4
星期五	31	29.4	1.6
总数	147		

表6-3　　**检验统计量**

	χ
卡方	10.653[a]
df	4
渐近显著性	.031

a. 0 个单元(0.0%)具有小于5 的期望频率。单元最小期望频率为29.4。

结果说明：在进行卡方拟合优度检验时，当样本数据小于40 时则计算 Exact 2-Tailed P 精确双侧概率；当样本数据大于40 时，此时，转换为正态Z 统计量，计算渐近显著性概率，从表中可以得出，观测数=147，期望值=29.4，卡方值=10.653，自由度$df=4$，因为观测数大于40，所以计算渐近概率值为$0.031<0.05$，故拒绝H_0，接受H_1，即五天工作日事故发生率不相同。

若该案例改为用$\alpha=0.05$检验星期一至星期五意外事故发生概率是否符合30%、15%、15%、20%、20%的分布，则所用检验方法一样，但不是均匀分布检验，H_0：事故发生概率符合特定比例。在H_0为真的情况下，各组期望次数分别为：星期一：$E_1 = 147\times0.3 =$

44.1，依此类推，星期二：$E_2=22.05$，星期三：$E_3=22.05$，星期四：$E_4=29.4$，星期五：$E_5=29.4$；则 H_0：$P_1=0.3$，$P_2=0.15$，$P_3=0.15$，$P_4=0.2$，$P_5=0.2$；H_1：至少有一个 P_i 与上述比例不同，$i=1$，2，3，4，5。

操作步骤如下：

(1)创建数据集，输入变量χ，频数f。

(2)选择“数据/加权个案”，对f进行加权。

(3)选择“分析/非参数检验/旧对话框/卡方(C)…”，打开卡方检验主对话框。

(4)将变量χ放置检验变量栏中。

(5)激活“值”，在其右边的框中键入相应各组所对应的由给定分布计算而得到的期望值，每输一个值后按“添加”按钮，如图6-2所示。

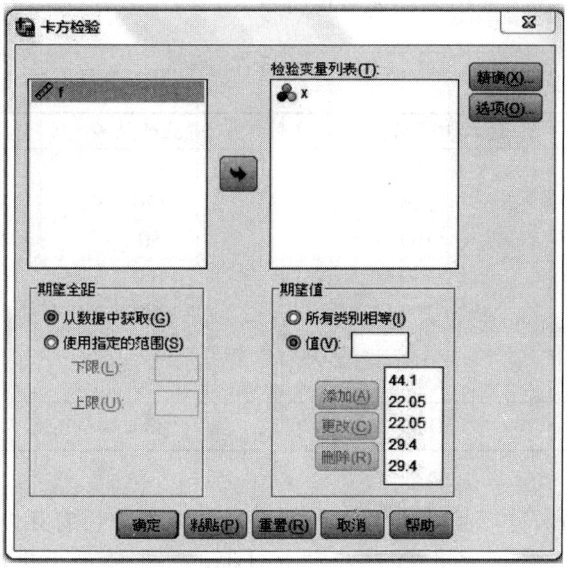

图6-2

(6)单击“确定”按钮执行，得到结果见表6-4和表6-5。

表6-4 χ

	观察数	期望数	残差
星期一	31	44.1	-13.1
星期二	42	22.1	20.0
星期三	18	22.1	-4.1
星期四	25	29.4	-4.4
星期五	31	29.4	1.6
总　数	147		

表 6-5　　　　**检验统计量**

	χ
卡方	23.431[a]
df	4
渐近显著性	.000

a. 0 个单元(0.0%)具有小于 5 的期望频率。单元最小期望频率为 22.1。

结果说明：从表中可以得到卡方值=23.431，其渐近概率值=0.000<0.05，故拒绝 H_0，即有充分证据拒绝 H_0中所述的特定比例假设。

【例 6.2】某市场研究公司对甲产品和乙产品的购买者进行一次调查，借以找出两产品的购买者所喜爱收看的电视节目，从而为有关产品公司做广告提供参考资料。两产品购买者最喜欢收看电视节目的人数调查结果如表 6-6 所示。

表 6-6

电视节目	甲产品	乙产品	总计
新闻	150	110	260
电视剧场	120	170	290
体育	100	80	180
时事论坛	140	100	240
音乐欣赏	100	130	230
娱乐游戏	150	130	280
戏剧园地	90	110	200
总　计	850	830	1680

根据以上资料判断两种产品购买者所喜欢收看的电视节目有无差异(α=0.05)。

上述是一列联表资料，需判断 A 产品和 B 产品购买者所喜欢收看的电视节目是否一致，可用卡方一致性检验方法。原假设 H_0为：两种产品购买者所喜欢的电视节目无差异；备择假设 H_1为：两种产品购买者所喜欢的电视节目有显著差异。

操作步骤如下：

(1)创建数据集，定义行变量 y：电视节目，列变量 x：产品，指标数值 f：人数，输入样本数据，如图 6-3 所示。

	y	x	f
1	1.00	1.00	150.00
2	2.00	1.00	120.00
3	3.00	1.00	100.00
4	4.00	1.00	140.00
5	5.00	1.00	100.00
6	6.00	1.00	150.00
7	7.00	1.00	90.00
8	1.00	2.00	110.00
9	2.00	2.00	170.00
10	3.00	2.00	80.00
11	4.00	2.00	100.00

图 6-3

(2)选择“数据/加权个案”，对 f 进行加权。

(3)选择“分析/描述统计/交叉表(C)…”，打开交叉表主对话框。

(4)将行变量 y 放置“行(S)”栏中，列变量 x 放置“列(C)”栏中，勾选“显示复式条形图”，如图 6-4 所示。

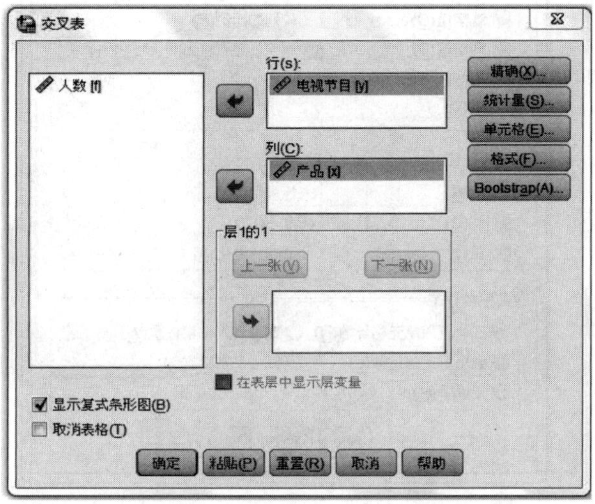

图 6-4

(5)单击“统计量”按钮，打开统计量子对话框，如图 6-5 所示。勾选“卡方(H)”统计量，单击“继续”按钮，返回交叉表检验主对话框。

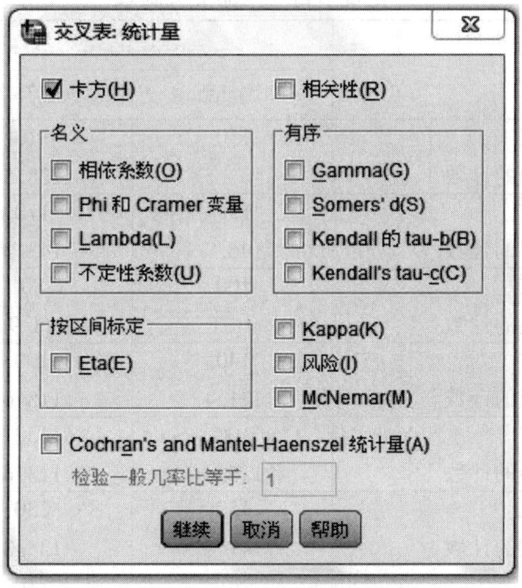

图 6-5 统计量子对话框

(6)在交叉表主对话框中，单击“单元格(E)…”按钮，打开单元显示子对话框，如图6-6

所示。勾选“计数”下的“观察值”和“期望值”两个统计量，单击“继续”按钮，返回交叉表检验主对话框。

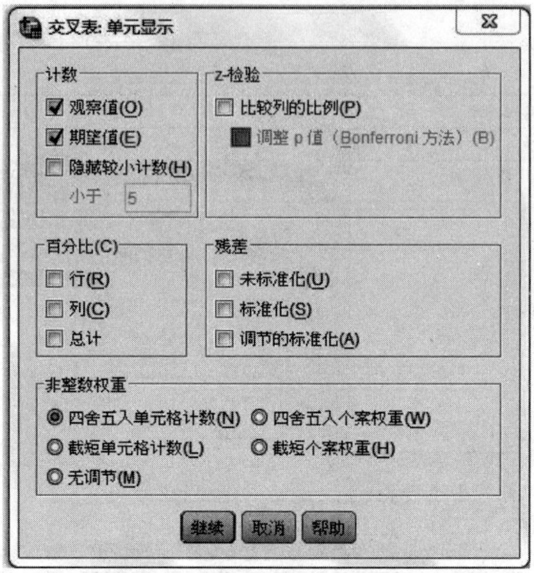

图 6-6　单元显示子对话框

(7)单击“确定”按钮执行，得到结果如表6-7，表6-8 和图6-7 所示。此外还可根据题目的具体要求选择其他统计量。

表 6-7　　**电视节目＊产品交叉制表**

			产品		合计
			甲产品	乙产品	
电视节目	新闻	计数	150	110	260
		期望的计数	131.5	128.5	260.0
	电视剧场	计数	120	170	290
		期望的计数	146.7	143.3	290.0
	体育	计数	100	80	180
		期望的计数	91.1	88.9	180.0
	时事论坛	计数	140	100	240
		期望的计数	121.4	118.6	240.0
	音乐欣赏	计数	100	130	230
		期望的计数	116.4	113.6	230.0
	娱乐游戏	计数	150	130	280
		期望的计数	141.7	138.3	280.0
	戏剧园地	计数	90	110	200
		期望的计数	101.2	98.8	200.0
合计		计数	850	830	1680
		期望的计数	850.0	830.0	1680.0

表 6-8 **卡 方 检 验**

	值	df	渐进 Sig.（双侧）
Pearson 卡方	30. 771[a]	6	. 000
似然比	30. 886	6	. 000
线性和线性组合	1. 141	1	. 285
有效案例中的 N	1680		

a. 0 单元格(0. 0%)的期望计数少于 5。最小期望计数为 88. 93。

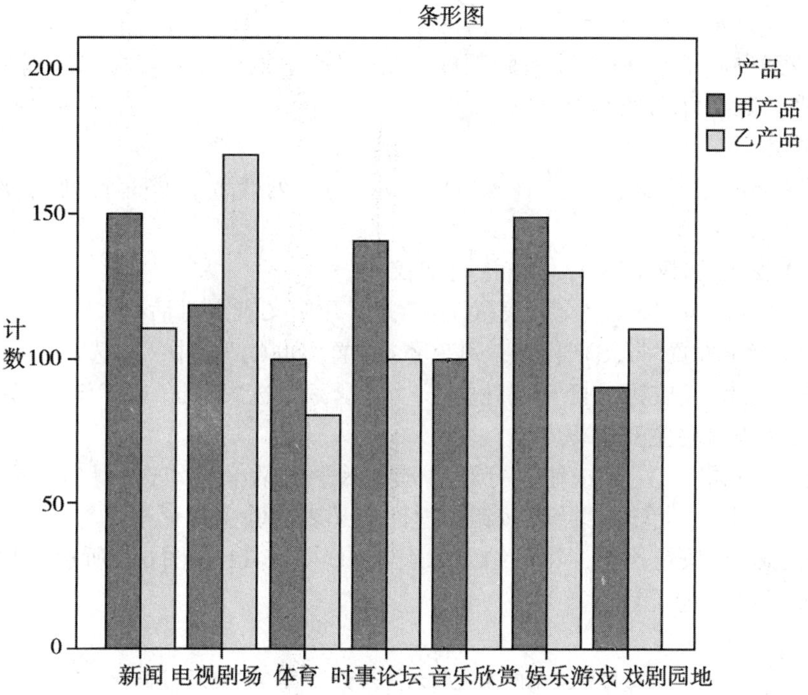

图 6-7　电视节目 * 产品条形图

用卡方分布进行一致性或独立性检验时，当最小期望频数>1，少于 1/5 格子的期望频数<5，且 N>40 时，一般较多使用皮尔逊卡方值；对 2×2 列联表而言，当 1<最小期望频数<5 且 N>40 时，一般使用校正卡方值；当最小期望频数<1 且 N<40 时则使用费歇尔精确检验(Fisher's Exact Test)。

由表中可看出最小期望频数 = 88. 9>1，少于 1/5 格子的期望频数<5，且 $N = 1680>40$，从表中可得皮尔逊卡方值 $\chi^2 = 30.771$，自由度 $df = $(行数−1)(列数−1) = $(n-1)\times(r-1) = 6$，渐近双侧概率 $P = 0.000 < 0.05$，故拒绝 H_0 即两种产品购买者所喜欢收看的电视节目不一致，有显著差异。

【**例 6. 3**】假定政府为拟定未来的交通运输计划，决定作一市场调查，探测各收入阶层是否准备在未来两三年内购买新车，调查结果如表 6-9 所示。

表 6-9

每月可支配的家庭收入	有计划购买	未定	无计划购买
4000 元以下	60	45	308
4000～7000 元	130	60	425
7000～10000 元	140	52	361
10000 元以上	115	51	303
总　计	445	208	1397

试问家庭收入水平与购车计划是否有关系？

分析：该案例属于χ^2独立性检验问题。H_0：家庭收入水平与购车计划是独立的；H_1：家庭收入水平与购车计划是不独立的。

操作步骤如下：

(1)创建数据集，定义行变量 x(家庭收入水平)，列变量 y(购车计划)，次数 f，输入数据资料。

(2)选择“数据/加权个案”，对 f 进行加权。

(3)选择“分析/描述统计/交叉表(C)…”，打开交叉表主对话框。

(4)将行变量 y 放置“行(S)”栏中，列变量 x 放置“列(C)”栏中，勾选“显示复式条形图”。

(5)单击“统计量”按钮，打开统计量子对话框，勾选“卡方(H)”统计量，单击“继续”按钮，返回交叉表检验主对话框。

(6)单击“单元格(E)…”按钮，打开单元显示子对话框，勾选“计数”下的“观察值”和“期望值”两个统计量，单击“继续”按钮，返回交叉表检验主对话框。

(7)单击“确定”按钮执行，得到结果如表 6-10、表 6-11 和图 6-8 所示。此外还可根据题目的具体要求选择其他统计量。

表 6-10　**每月可支配的家庭收入 * 是否计划购买交叉制表**

			是否计划购买			合计
			有计划购买	未定	无计划购买	
每月可支配的家庭收入	4000 元以下	计数	60	45	308	413
		期望的计数	89.7	41.9	281.4	413.0
	4000～7000 元	计数	130	60	425	615
		期望的计数	133.5	62.4	419.1	615.0
	7000～10000 元	计数	140	52	361	553
		期望的计数	120.0	56.1	376.8	553.0
	10000 以上元	计数	115	51	303	469
		期望的计数	101.8	47.6	319.6	469.0
合计	元	计数	445	208	1397	2050
		期望的计数	445.0	208.0	1397.0	2050.0

表 6-11 **卡方检验**

	值	df	渐进 Sig.（双侧）
Pearson 卡方	19.911[a]	6	.003
似然比	20.926	6	.002
线性和线性组合	14.788	1	.000
有效案例中的 *N*	2050		

a. 0 单元格(0.0%)的期望计数少于 5。最小期望计数为 41.90。

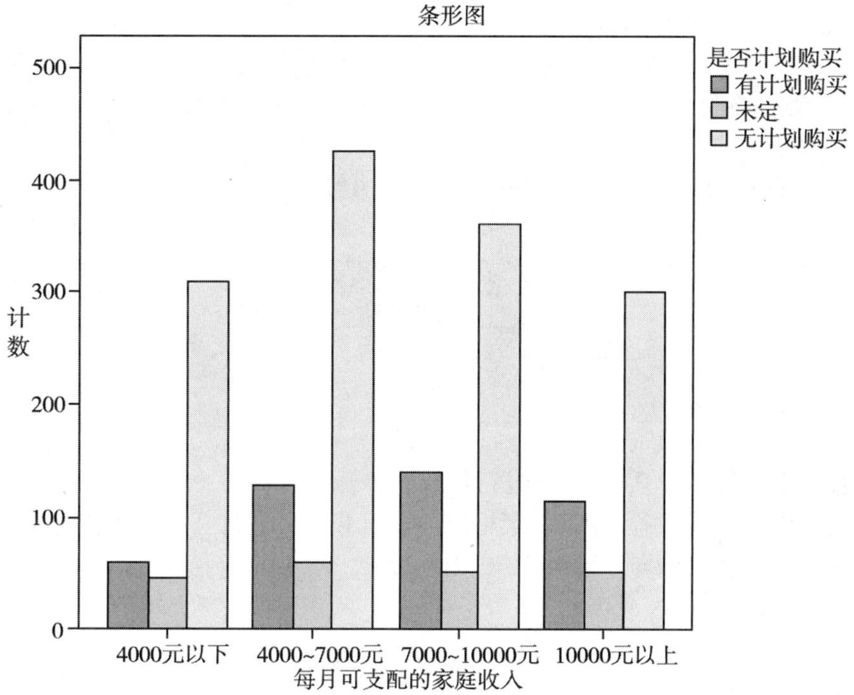

图 6-8 家庭收入 * 购车计划条形图

结果表明：由表中可以看出最小期望频数=41.90>1，少于 1/5 格子的期望频数<5，且 N=2050>40，从表中可得皮尔逊卡方值 $\chi^2=19.911$，自由度 df=(行数-1)(列数-1)=(n-1)×(r-1)=6，渐近双侧概率 $P=0.003<0.05$，故拒绝 H_0，即家庭收入水平与购车计划是不独立的。

6.2.2 二项式检验

在现实生活中，有很多的数据取值只有两种情况，例如，学生成绩的合格和不合格，投掷硬币的结果为正面和反面，射击的结果为击中和没有击中，医学某种疾病诊断指标中的阴性和阳性等。通常在数据文件中将这两种情况分别用 0 和 1 表示。假定进行一次实验出现 1 的概率为 p，那么，如果进行 n 次相同的实验，则出现 1(或 0)的次数利用随机变量表示，该随机变量服从参数为 p 的二项分布。

SPSS 提供的二项分布检验过程用于对给定样本数据检验其总体是否服从概率为指定数

值的二项分布，其零假设是：样本来自于参数为指定数值的二项分布。

对于小样本的二项分布检验，构造精确检验统计量；对于大样本的二项分布检验，利用大数定理构造近似服从正态分布的统计量。如果检验统计量的概率 p 值小于显著性水平，则应拒绝零假设，认为样本不是来自于服从参数为给定值的二项分布总体；反之，如果检验统计量的概率 p 值大于显著性水平，则不能拒绝零假设，可以认为样本来自于服从参数为给定值的二项分布总体。

【例 6.4】某商场每晚 7：00 关门，有人建议应延长营业时间至 10：00。经测算若商场的经常性顾客中有 30% 以上愿意在延长时间内购买商品，则值得延长营业时间。随机抽取了 60 个家庭，发现有 35 个经常性顾客，其中有 14 个家庭表示愿意在延长营业时间内购买商品，该商场是否可决定延长营业时间呢（$\alpha=0.05$）？

分析：该案例属于二项分布单尾检验，分为“愿意购买”与“不愿意购买”两类，设愿意购买为“成功”类，检验“成功”的概率 P 是否超过 30%。H_0：$P\leqslant 0.3$；H_1：$P>0.3$。

操作步骤如下：

（1）创建数据集，输入变量 x，频数 f，如图 6-9 所示。

	x	f
1	1.00	14.00
2	.00	21.00

图 6-9

（2）选择“数据/加权个案”，对 f 进行加权。

（3）选择“分析/非参数检验/旧对话框/二项式(B)…”，打开二项式检验主对话框。

（4）将变量 x 放置检验变量栏中。

（5）将检验比例由 0.05 改为 0.30。

（6）单击确定按钮执行，得到结果见表 6-12。

表 6-12　　**二项式检验**

		类别	N	观察比例	检验比例	精确显著性(单侧)
x	组 1	愿意购买	14	.4	.3	.135
	组 2	不愿意购买	21	.6		
	总数		35	1.0		

结果说明：从表中可以得到检验单侧渐近概率 = 0.135>0.05，故不能拒绝 H_0，即样本数据不足以支持延长营业时间。

6.2.3　K-S 检验

K-S 检验，是以俄罗斯的两位数学家柯尔莫哥洛夫和斯密尔洛夫（Kolmogorov-Smirnov）命名的一种非参数检验方法。这种方法是一种根据样本数据推断其来自的总体是否服从某一特定理论分布，也是一种拟合优度检验方法。

由于卡方检验需要将样本空间分成不相交的区间(子集)，所以，当分组方法不同时会导致检验结论不同或者检验方法失效的情况。而K-S检验在一定程度上克服了卡方检验的缺点，是一种比卡方检验更精确的非参数检验方法。它适用于检验连续型随机变量的分布。K-S检验在实际中有广泛地应用，例如，可以检验某个班级某科的成绩是否与正态分布有显著差异，某地区新生婴儿的体重是否与正态分布有显著差异，某商店顾客的到来是否与泊松分布有显著差异，利用收集的一批储户储蓄的样本数据，分析储户总体一次存款金额的分布是否服从正态分布。

单样本K-S检验的零假设是：样本来自的总体与指定的理论分布无显著差异。SPSS的理论分布主要包括正态分布、均匀分布、指数分布和泊松分布等。单样本K-S检验的基本原理是，比较样本的累积分布函数与指定的理论分布函数，按照绝对值计算两个分布函数之间的最大差异构造检验统计量，SPSS将自动计算出K-S统计量的值和概率p值。如果统计量的概率p值小于显著性水平，则应拒绝零假设，认为样本来自的总体与指定的理论分布有显著差异；反之，如果统计量的概率p值大于显著性水平，则不能拒绝零假设，认为样本来自的总体与指定的理论分布无显著差异。

【例6.5】精算师需要分析某个地区驾驶员的交通事故数量，她在该地区随机抽取了500名驾驶员的数据。她想验证驾驶员的交通事故数量是否服从泊松分布。我们采用单样本的K-S检验。步骤如下：

(1)打开数据文件"autoaccidents. sav"，选择"分析/非参数检验/旧对话框/1-样本K-S(1)…"，打开单样本K-S检验主对话框。如图6-10所示。

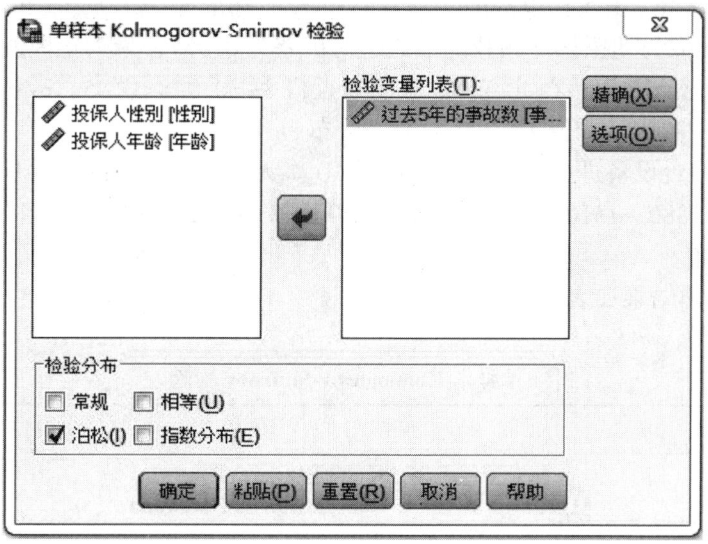

图6-10

(2)将变量"过去5年的事故数"放置检验变量列表中，在检验分布中选择分布类型为"泊松"。

(3)单击"选项"按钮，打开选项子对话框，在统计量中选择"描述性(D)"，单击"继续"按钮，返回单样本K-S检验主对话框。

(4)单击“确定”按钮执行，在结果浏览器中，K-S 检验的结果如表 6-13 和表 6-14 所示。

表 6-13　　　　描述性统计量

	N	均值	标准差	极小值	极大值
过去 5 年的事故数	500	1.72	1.533	0	7

表 6-14　　　　单样本 Kolmogorov-Smirnov 检验

		过去 5 年的事故数
N		500
Poisson 参数[a,b]	均值	1.72
最极端差别	绝对值	.065
	正	.065
	负	-.041
Kolmogorov-Smirnov Z		1.460
渐近显著性(双侧)		.028

a. 检验分布为 Poisson 分布。
b. 根据数据计算得到。

从表中可以得出过去 5 年事故的平均数为 1.72，标准差为 1.533，最小值为 0，最大值为7，实际累计频数与期望累计频数的最大绝对极差为0.065，最大正极差为0.065，最大负极差为-0.041，统计量 K-S $Z=1.460$，双侧渐近概率$=0.028<0.05$，故拒绝 H_0，即不能认为过去 5 年的事故数服从均值为 1.72 的泊松分布。

【例 6.6】对一台设备进行寿命试验，记录 10 次无故障工作时间，并从小到大排列如下：420　500　920　1380　1510　1650　1760　2100　2300　2350 问此设备的无故障工作时间是否服从指数分布？

SPSS 中的输出结果如表 6-15 所示。

表 6-15　　　　单样本 Kolmogorov-Smirnov 检验

		a
N		10
指数参数[a,b]	均值	1489.00
最极端差别	绝对值	.304
	正	.206
	负	-.304
Kolmogorov-Smirnov Z		.962
渐近显著性(双侧)		.313

a. 检验分布为指数分布。
b. 根据数据计算得到。

结论：由于 $p(H_0)=0.313>0.05$，所以设备的无故障工作时间服从 $\theta=1489.00$ 的指数分布。

【例 6.7】为了研究电话咨询台从星期一到星期天受理用户投诉数量是否相同，该公司随机抽取一周，其各天的投诉次数如表 6-16 所示。

表 6-16　　**每天投诉次数**

日期	1	2	3	4	5	6	7
投诉次数	1	0	3	4	2	1	0

分析每天投诉数量是否相同。SPSS 中的输出结果如表 6-17 所示。

表 6-17　　**单样本 Kolmogorov-Smirnov 检验**

		投诉次数
N		7
均匀参数[a,b]	极小值	0
	极大值	4
最极端差别	绝对值	.321
	正	.321
	负	-.143
Kolmogorov-Smirnov *Z*		.850
渐近显著性(双侧)		.465

a. 检验分布为均匀分布。
b. 根据数据计算得到。

从 SPSS 输出结果可以看出，概率 0.465 大于显著性水平 0.05，故接受原假设，即每天投诉次数服从均匀分布。

6.2.4　游程检验

游程检验也称随机性检验，可以检验下面两种情况：

- 单样本变量的取值是否是随机的。
- 两独立样本的分布是否存在显著差异。

游程检验用于检验某一变量的两个值的出现顺序是否随机，对于连续型变量的随机性检验也可以转化为只有两个取值的分类变量的随机性检验。游程检验通过对样本观测值的分析，用来检验该样本所来自的总体序列是否为随机序列。它也可以用来检验一个样本的观测值之间是否相互独立。

游程检验的原假设为：

H_0：总体中变量值的出现是随机的。

假定我们投掷一枚硬币，以概率 p 得到正面，记为 1，以概率 1-p 得到反面，记为 0。

例如：投掷 23 次得到的结果：

00000001111110000011110 0

连在一起的 0 或者 1 称为一个游程。以上序列有 3 个 0 游程，2 个 1 游程，共有 5 个游程。又如，作 10 次射击，击中记为 1，没有击中记为 0，得到序列为 1110010100。该序列中的 111、00、1、0、1、00 都是游程。游程数太大或者太小都将表明变量取值存在不随机现象。如果 0 和 1 是随机出现的，则出现连续的很多 0 或者连续的很多 1 的可能性很小，同时，1 和 0 频繁交叉出现的可能性也很小，检验两组数据是否具有随机性，游程是重要的依据。

游程检验是一种利用游程的总数获得统计推断结论的方法。在 SPSS 的游程检验过程中，利用游程构造检验统计量，判断样本数据的随机性，在大样本条件下，游程的抽样分布近似服从正态分布，SPSS 计算统计量，并根据正态分布的分布函数求出相应概率 p 值，如果概率 p 值小于给定的显著性水平，则拒绝零假设，认为序列不具有随机性；反之，如果概率 p 值大于给定的显著性水平，则接受零假设，认为序列具有随机性。

【**例 6.8**】对某型号的 30 根电缆依次进行耐压试验，得到数据如下：

150.0	186.2	148.3	254.0	236.0	265.2	496.2	852.3
159.6	873.2	111.0	213.0	200.0	316.7	141.5	565.3
188.8	222.2	102.5	85.7	89.9	96.2	105.5	645.1
753.9	462.3	333.1					

试在 $\alpha=0.10$ 水平下检验这批数据是否受到非随机因素干扰。

操作步骤如下：

(1)创建数据集，定义变量 x，输入数据。

(2)选择“分析/非参数检验/旧对话框/游程(R)…”，打开游程检验主对话框。

(3)将变量 x 放置检验变量列表中。

(4)选择中位数、均值、众数三个量作为分割点。

(5)单击“确定”按钮执行，得到结果见表 6-18、表 6-19 和表 6-20。

表 6-18　**游 程 检 验**

	x
检验值[a]	229.1
案例<检验值	15
案例>=检验值	15
案例总数	30
Runs 数	10
Z	-2.044
渐近显著性(双侧)	.041

a. 中值

表 6-19　　　　**游程检验 2**

	x
检验值[a]	329. 200
案例<检验值	19
案例>=检验值	11
案例总数	30
Runs 数	8
Z	-2. 581
渐近显著性(双侧)	. 010

a. 均值

表 6-20　　　　**游程检验 3**

	x
检验值[a]	873. 2[b]
案例<检验值	29
案例>=检验值	1
案例总数	30
Runs 数	3
Z	. 000
渐近显著性(双侧)	1. 000

a. 众数

b. 存在多个众数。将使用具有最大数据值的众数。

结果说明:“检验值”即分割值、“案例<检验值”为小于分割值的观测数、“案例>=检验值”为大于或等于分割值的观测数、“Runs 数”为游程个数。

表 6-18 是以中位数为分割值的游程检验，中位数=229. 1，双侧渐近概率值=0. 041<0. 1，故拒绝 H_0 即这批数据受到非随机因素干扰；表 6-19 是以平均数为分割值的游程检验，平均数=329. 200，双侧渐近概率值=0. 010<0. 1，故拒绝 H_0，即这批数据受到非随机因素干扰；表 6-20 是以众数为分割值的游程检验，众数=873. 2，双侧渐近概率值=1. 000>0. 1，故不能拒绝 H_0，即这批数据没有受到非随机因素干扰。该例以中位数或平均数作为分割点较为合适。

【例 6. 9】一个监听装置收到如下的信号:

0101110011000011111111110100111010101000000001011001110101000100101010000000

能否说该信号是纯粹随机干扰?

参照上例的操作方法，可在 SPSS 中输出结果如表 6-21 所示:

表 6-21　　　　**游 程 检 验**

	x
检验值[a]	.45
案例<检验值	42
案例>=检验值	34
案例总数	76
Runs 数	37
Z	-.369
渐近显著性(双侧)	.712

a. 均值

结论：因 $p=0.712>0.05$，故接受原假设，即它们是同分布的，因此可以认为该信号是纯粹随机干扰。

【例 6.10】某公司委托市场调查公司对目标市场进行随机抽样调查，为了对调查问卷的真伪进行判断，公司按照问卷编号顺序抽取 20 份问卷，其中消费者每年消费该公司产品花费数据如表 6-22 所示。

表 6-22　　　　**20 名被访者每年消费该公司产品花费**　　　　单位：元

样本编号	1	2	3	4	5	6	7	8	9	10
消费额	405	205	340	245	465	257	234	445	375	291
样本编号	11	12	13	14	15	16	17	18	19	20
消费额	261	210	305	295	125	257	260	197	160	150

分析问卷是否具有真实性。

分析：真实的问卷一定是对随机抽取的样本进行调查得到的，因此该问题就转化为判断样本是否为随机抽取的游程检验。步骤如下：

(1)建立原假设和备择假设。

H_0：样本是随机抽取的；

H_1：样本不是随机抽取的。

(2)构造统计量。

根据表中的数据，使用 20 名消费者消费额的中位数 258.5 对样本进行划分，大于或等于中位数的标记为 T，小于中位数的标记为 H，这样得到一个游程序列如表 6-23 所示。

表 6-23 **20 名被访者花费按照中位数 258.5 对样本划分后的游程**

样本编号	1	2	3	4	5	6	7	8	9	10
工资	405	205	340	245	465	257	234	445	375	291
游程	T	H	T	H	T	H	H	T	T	T
样本编号	11	12	13	14	15	16	17	18	19	20
工资	261	210	305	295	125	257	260	197	160	150
游程	T	H	T	T	H	H	T	H	H	H

根据表中数据可得 $n_1=n_2=10$，游程数 $r=12$。

(3)SPSS 中的输出结果如表 6-24 所示。

表 6-24 **游 程 检 验**

	x
检验值[a]	259
案例<检验值	10
案例>=检验值	10
案例总数	20
Runs 数	12
Z	.230
渐近显著性(双侧)	.818

a. 中值

从 SPSS 输出结果可以看出，概率 0.818 大于显著水平 0.05，故接受原假设，即样本是随机抽取的。

6.3 独立样本非参数检验

前面讨论过独立样本的 T 检验方法，在解决多个总体是否存在显著性差异时，要求多个独立样本来自的总体服从正态分布，甚至要求总体的方差相等或者已知。但在现实问题中，很多时候对给定样本的分布形态并不是很了解，并不知总体的参数情况，或者当样本容量较小且样本呈非正态分布时，可以利用独立样本的非参数检验，对总体的分布是否存在显著性差异进行检验。

SPSS 提供了独立样本非参数检验的方法，包括两个独立样本和多个独立样本的非参数检验，其中两独立样本的非参数检验方法，主要包括 Mann-Whitney U 检验、K-S 检验、W-W 游程检验、极端反应检验。两独立样本的 Mann-Whitney U 检验是最常用的两独立样本的非参数检验方法。它主要通过对平均秩的研究来实现推断。秩简单地说就是名次。如果将数据按照升序进行排序，这时每一个具体数据都会有一个在整个数据中的位置或名次，这就是该数据的秩，数据有多少个，秩便有多少个。

Mann-Whitney U 检验的零假设是：两独立样本来自于无显著差异的总体。其基本原理是，首先将两样本数据按照升序合并在一起，计算第一组样本的观测值大于第二组样本观测值的次数，和第二组样本的观测值大于第一组样本观测值的次数，分别用 U_1 和 U_2 表示。如果 U_1 和 U_2 比较接近，则说明两独立样本有可能来自于同一个总体；当然，两样本的差异不仅和 U_1、U_2 有关系，还和两样本的容量有关系。利用 U_1 和 U_2 构造 Mann-Whitney U 统计量，样本较小时，U 统计量服从 Mann-Whitney 分布；样本较大时，则近似服从正态分布，利用分布函数表，SPSS 将自动计算出 U 统计量的值和概率 p 值。如果概率 p 值小于给定的显著性水平，则应拒绝零假设，认为两独立样本来自的总体存在显著差异；反之，如果概率 p 值大于给定的显著性水平，则不能拒绝零假设，认为两独立样本来自的总体的分布无显著差异。

两独立样本的 K-S 检验与单样本 K-S 检验的基本思路大体一致，差别在于：以变量值的秩为分析对象，而非变量值本身。

两独立样本的游程检验的基本原理是如果计算出的游程数相对比较小，则说明样本来自的两总体的分布形态存在较大差距；如果得到的游程数相对比较大，则说明样本来自的两总体的分布形态不存在显著差异。

两独立样本的极端反应检验(Moses Extreme Reactions)基本思想是：一组样本为控制样本，一组样本为实验样本，以控制样本作对照，检验实验样本是否存在极端反应。首先将两组样本混合并按升序排列；然后找出控制样本最低秩和最高秩之间所包含的观察值个数，即跨度(Span)。为控制极端值对分析结果的影响，也可以先去掉样本两个最极端的观察值后再求跨度，这个跨度称为截头跨度。两独立样本的极端检验计算跨度和截头跨度。如果跨度或截头跨度很小，则表明两个样本数据无法充分混合，可以认为实验样本存在极端反应。

两独立样本非参数检验的这些方法广泛应用在经济管理科学的研究和实践中。

为了确保管理策略的有效性，常常需要对管理策略是否有效进行检验。这时常用的方法是观察试验组(实施待检验管理策略的样本)和对照组(没有实施待检验管理策略的样本)的效果差异。如果实验组和对照组存在显著差异，就表明管理策略有效，说明实施该管理策略能够改进组织的绩效，应当实施该管理策略；否则，不应实施该管理策略。当所考察样本指标分布未知时，就需要使用非参数检验的方法进行检验。Mann-Whitney U 检验方法是解决上述管理问题的有力工具。

比较不同班组工人的生产效率分布是否存在差异是管理过程中常常需要面对的问题，由于均值只能表明两组工人的总体状况，不能表明不同员工生产效率特征，因此需要比较生产量的分布。这样的管理学问题就转化为检验两个样本分布是否相同的问题，两独立样本的 K-S 检验和 W-W 游程检验可以用来处理此类管理问题。

一些管理策略的实施会引起其所作用的对象向两个极端相反的方向变化，比如某种薪酬制度的实施，会在对一些人员产生激励作用的同时对另外一些人产生消极作用；新设备的使用可以增加一些员工的生产效率，同时也可能降低另外一些员工的生产效率。因此，必须对两极分化现象是否显著进行研究。Moses 极端反应检验是解决此类问题的常用统计方法。

下面通过例题解释具体操作过程。

【例 6.11】为了调查甲、乙两地的土壤对种植的同一种西瓜有无影响，从这两个产地分别随机抽取同种类的 7 只和 8 只西瓜，称重后得重量(市斤)如表 6-25 所示。

表 6-25

甲地	9. 31	9. 57	10. 21	8. 86	8. 52	10. 53	9. 21	
乙地	9. 98	8. 46	8. 92	10. 14	10. 17	11. 04	9. 43	9. 14

试根据样本数据检验两地的土壤对种植西瓜在重量上是否有显著差异。

首先，建立假设H_0：甲、乙两地的西瓜重量没有显著差异；

H_1：甲、乙两地的西瓜重量有显著差异。

然后根据上面给出的数据建立数据文件，注意数据文件中有一个表示重量数据的变量和一个表示地区的分组变量。最后在数据编辑窗口进行检验。检验的具体操作过程如下：

(1)单击“分析/非参数检验/旧对话框/2 个独立样本（2）…”，打开两个独立样本非参数检验对话框。如图 6-11 所示。

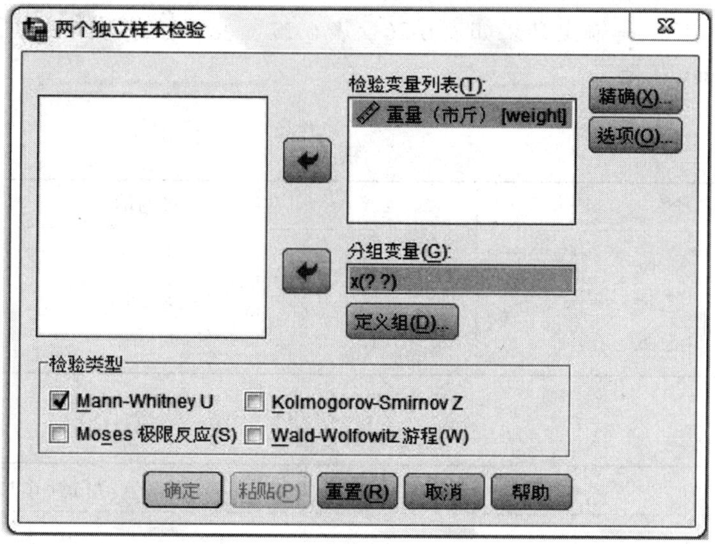

图 6-11

(2)选择检验的变量进入检验变量列表中，选择分组变量进入分组变量框中，单击“定义组”按钮，打开定义组对话框，如图 6-12 所示；将分组变量值分别键入两个框中单击“继续”按钮，返回主对话框。

(3)在检验类型栏中，确定检验方法。

SPSS 中提供了四种检验方式：

- Mann-Whitney U(曼-惠特尼检验)，同时适用于小样本和大样本的情况。
- Kolmogorov-Smirnov Z(K-S 检验)，适用于大样本的情况。
- Moses 极限反应(极端反应检验)，适用于小样本的情况。
- Wald-Wolfowitz 游程检验，适用于大样本的情况。

这四种检验方法的侧重点有所不同，但都是先将两样本数据混合排序，再从不同的角度分析并检验两个独立总体的分布是否有显著的差异。有时这几种检验结果可能不一样，所以

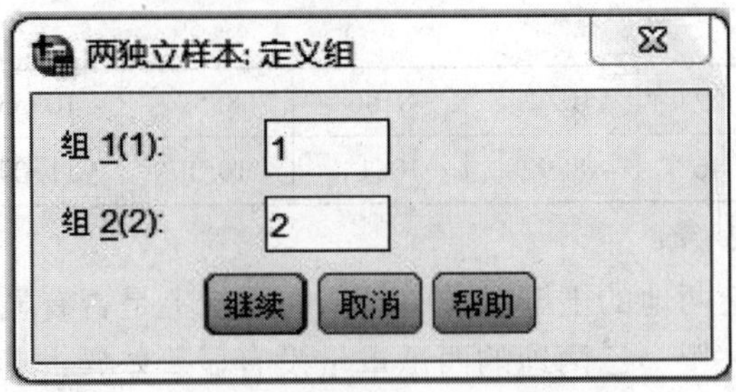

图 6-12　两独立样本：定义组对话框

要结合数据的探索分析考察数据的分布状况做出结论。常用的检验方法是 Mann-Whitney *U* 方法，该方法同时适用于大样本和小样本的情况。本例中就选择 Mann-Whitney *U* 和 Kolmogorov-Smirnov *Z* 方法。

(4)选择输出的结果形式及缺失值处理方式。

(5)单击“确定”，得输出结果如表 6-26、表 6-27、表 6-28 和表 6-29 所示。

Mann-Whitney 检验

表 6-26　**秩**

地　区		*N*	秩均值	秩和
重量(市斤)	甲地	7	7.71	54.00
	乙地	8	8.25	66.00
	总数	15		

表 6-27　**检验统计量**[a]

	重量(市斤)
Mann-Whitney U	26.000
Wilcoxon W	54.000
Z	-.231
渐近显著性(双侧)	.817
精确显著性[2*(单侧显著性)]	.867[b]

a. 分组变量：地区

b. 没有对结进行修正。

表 6-26 中显示的是 Mann-Whitney *U*(曼-惠特尼检验)的秩和表，表 6-27 中有适用于大小两种样本的统计量，由于例题是小样本的情况，所以选择小样本 *U* 统计量和精确概率的计算结果，从检验结果知两个地区的西瓜重量上无显著差异。

双样本 Kolmogorov-Smirnov 检验

表 6-28　　　　**频　率**

	地区	N
重量(市斤)	甲地	7
	乙地	8
	总数	15

表 6-29　　　　**检验统计量**[a]

		重量(市斤)
最极端差别	绝对值	.214
	正	.161
	负	-.214
Kolmogorov-Smirnov Z		.414
渐近显著性(双侧)		.995

a. 分组变量：地区

表 6-28 显示的是频数表，表 6-29 显示的是 K-S 检验结果，从表中看到检验统计量值 Z 为 0.414，P 值接近 1，故两地种植的西瓜的重量没有显著差异。

因此，上面的两种检验的结论是一致的。即两地种植的同一种西瓜的重量没有显著差异，故接受原假设 H_0。

【例 6.12】(1)为检验两个小组工人的生产效率是否具有显著性差异，从两个组中随机抽取 20 个工人，其每日生产量和组别如表 6-30 所示。

表 6-30　　　　**两组工人生产量**

生产量	组标记	生产量	组标记	生产量	组标记	生产量	组标记
24	2	35	2	32	1	38	1
28	2	36	1	32	2	38	1
30	2	37	1	35	1	40	1
30	1	37	2	35	2	41	1
31	2	37	2	35	2	43	1

SPSS 中的输出结果如表 6-31 和表 6-32 所示。

Mann-Whitney 检验

表 6-31 **秩**

组别		N	秩均值	秩和
生产量	1	10	13.55	135.50
	2	10	7.45	74.50
	总数	20		

表 6-32 **检验统计量[a]**

	生产量
Mann-Whitney *U*	19.500
Wilcoxon *W*	74.500
Z	-2.320
渐近显著性(双侧)	.020
精确显著性[2*(单侧显著性)]	.019[b]

a. 分组变量：组别

b. 没有对结进行修正。

从上述输出结果可以看出，Z 统计量为-2.320，概率 0.020 小于 0.05，说明两组样本均值存在显著差异。

【例 6.13】某信息咨询台为了研究岗前培训是否对服务质量产生影响，将新招聘的 16 名员工分为两组，8 名员工接受岗前培训，8 名员工不接受岗前培训。上岗一个月后，每名员工被投诉的次数如表 6-33 所示。

表 6-33 **员工被投诉次数记录**

没有培训组	2	5	3	1	0	4	4	3
培训组	1	2	1	0	5	1	2	1

输出结果如图 6-13 所示。

从上述输出结果可以看出，Z 统计量为 1，概率 0.27 大于 0.05，说明两组样本分布不存在显著差异。

【例 6.14】某技工学校为了检验不同分校数控机床操作教学学生对新设备的学习效率随机从两所分校抽取 18 名学员，其中来自 X 分校的学生 9 名，来自 Y 分校的学生 9 名。这些学生学会操作新机床的时间如表 6-34 所示。

双样本Kolmogorov-Smirnov检验

频率

	组别	N
次数	没有培训组	8
	培训组	8
	总数	16

检验统计量[a]

		次数
最极端差别	绝对值	.500
	正	.000
	负	-.500
Kolmogorov-Smirnov Z		1.000
渐近显著性（双侧）		.270

a.分组变量：组别

图 6-13

表 6-34　　学会新机床操作所需时间　　（单位：小时）

X 分校	8	5	14	19	5	17	15	8	8
Y 分校	12	16	6	13	13	3	10	10	11

该问题可以使用 Wald-Wolfowitz 游程检验进行分析。

输出结果如图 6-14 所示。

Wald-Wolfowitz检验

频率

	组别	N
学会新机床操作所需时间	X分校	9
	Y分校	9
	总数	18

检验统计量[a,b]

		Runs数	Z	精确显著性（单侧）
学会新机床操作所需时间	精确的Runs数	8[c]	-.729	.238

a.Wald-Wolfowitz检验

b.分组变量：组别

c.没有找到组间结。

图 6-14

从上述输出结果可以看出，游程数为 8，Z 统计量为-0.729，概率 0.238 大于 0.05，说明两组样本分布不存在显著差异。

【例 6.15】某公司为了争夺竞争对手的市场，决定对公司产品重新定位后进行广告宣传。在广告创意过程中，预计广告投放会使目标市场产生两极分化，一类消费者对竞争对手产品的忠诚度提高，而另外一类消费者对本公司产品忠诚度会提高。为了对广告的预期效果进行检验，随机抽取目标市场中 17 名消费者进行两场焦点座谈会。其中，第一场 9 名消费者，在不受干扰下让其对竞争对手的产品进行评分。另一场 8 名消费者，让其看完本公司广告后对竞争对手的产品评分，具体评分结果如表 6-35 所示。

表 6-35　　实验组和对照组评分

不看广告组(实验组)	62	83	96	99	71	60	97	100	98
看广告组(对照组)	87	92	90	86	94	95	82	91	

分析新的市场定位和广告投放是否造成目标市场忠诚度的两极分化。

输出结果如图 6-15 所示。

Moses检验

频率

	组别	N
评分结果	看广告组（对照组）（控制）	8
	不看广告组（实验组）（实验）	9
	总数	17

检验统计量[a,b]

		评分结果
控制组观察跨度		9
	显著性（单侧）	.003
修整的控制组跨度		6
	显著性（单侧）	.000
从每个末端修整的离群者		1

a. Moses检验

b. 分组变量：组别

图 6-15

从上述输出结果可以看出，无论是否考虑截头，概率分别都小于显著性水平 0.05，因此有极端反应出现。

6.4　相关样本非参数检验

两个或多个有联系的样本检验一般用于比较一个现象在采取了某项措施前后的变化是否显著，或者说采取的措施是否有效。也可以检验同一个测试对象上的两种或多种测试方法是否一致。取 n 个测试对象作为样本，则样本数据是成对出现的。也可以检验这样两个或多个样本是否服从相同的分布等。这种检验在实际中的应用范围很广，如对于一种药品效果比较检验，农业上对于一种新的粮食品种与原有品种的比较检验，工业中新工艺方法、新材料与原方法和材料的比较检验等。

SPSS 中的相关样本非参数检验方法包括两个相关样本非参数检验和多个相关样本非参

数检两种。下面通过一个例题说明两个有联系样本的检验方法。

【例 6.16】一车间为了提高工作效率，对某种零件的加工过程进行改进，为了比较加工时间是否明显减少，抽取 15 名工人对比他们改革前后零件的加工时间，得到相应的数据如表 6-36 所示。试根据数据检验改进后零件的加工时间是否明显减少（$\alpha=0.05$）？

表 6-36　　**改进前后零件的加工时间**

改进前	70	76	58	63	63	56	58	60	65	65	75	66	56	59	70
改进后	48	54	60	64	48	55	54	45	51	48	56	48	64	50	54

根据上面的数据建立数据文件，这显然是两个相关的样本，故采用两个有联系的样本检验方法。具体操作步骤如下：

（1）建立假设H_0：改进前后的零件加工时间没有显著差异；

H_1：改进前后的零件加工时间明显减少。

（2）单击“分析/非参数检验/旧对话框/2 个相关样本（L）…”，打开两个相关样本非参数检验对话框，选择检验的两个变量进入检验框中，在检验类型栏中选择检验方式。SPSS 中给出了三种检验方法，分别是：

- Wilcoxon：威尔克科森秩和检验，只给出大样本近似检验概率。其基本思想是：两配对样本的符号检验考虑了总体数据变化的性质，但没有考虑两组样本变化的程度。两配对样本的 Wilcoxon 符号平均秩检验考虑了这方面的因素。其检验步骤：①分别用第二组样本的各观察值减第一组对应样本观察值，差值为正记为+，差值为负记为-，并保持差值数据；②将差值变量按升序排列，并求差值变量的秩；③分别计算正号秩总和负号秩总和以及正号平均秩和负号平均秩；④如果正号平均秩和负号平均秩大致相当，则可以认为两配对样本数据正负变化程度基本相当，分布差距较小。
- 符号检验：给出精确检验概率。符号检验的基本思想是：利用正负符号的个数实现检验。当两相关样本的观察值不是二值数据时，无法利用前面一种检验方法，这时可以采用两配对样本的符号（Sign）检验方法。其检验步骤：①分别用第二组样本的各观察值减第一组对应样本观察值，差值为正记为+，差值为负记为-；②将+的个数与-的个数进行比较：采用二项分布检验法，对正负符号变量进行单样本二项分布检验。通过比较正号的个数和负号的个数，可以判断两组样本的分布。例如，正号的个数和负号的个数大致相当，则可以认为两配对样本数据分布差距较小；正号的个数和负号的个数相差较多，可以分为两配对样本数据分布差距较大。缺陷：两配对样本的符号检验注重对变化方向的分析，只考虑了数据变化的性质，没有考虑数据变化的幅度，对数据的利用不够充分。
- McNemar：适用于二值变量的检验。McNemar 检验是一种变化显著性检验，将研究对象自身作为对照者检验其“前后”的变化是否显著，同时 McNemar 变化显著性检验要求待检验的两组样本的观察值是二值数据，在实际分析中有一定的局限性。McNemar 变化显著性检验基本方法采用二项分布检验。它通过对两组样本前后变化的频率，计算二项分布的概率值。

本例中选择 Wilcoxon 和符号检验。如图 6-16 所示。

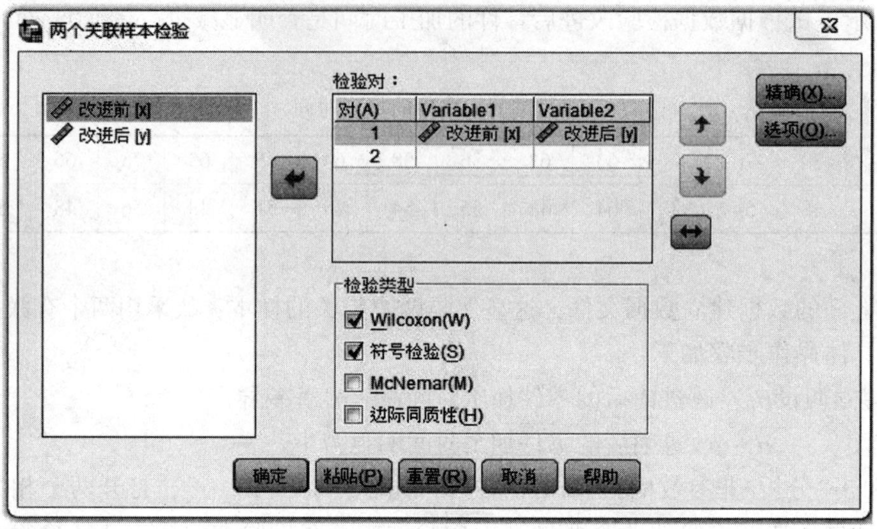

图 6-16

(3)在选项框内选择输出结果形式和缺失值处理方式。

(4)单击“确定”，输出结果如表 6-37、表 6-38 所示。

Wilcoxon 带符号秩检验

表 6-37 **秩**

		N	秩均值	秩和
改进后-改进前	负秩	12[a]	9.21	110.50
	正秩	3[b]	3.17	9.50
	结	0[c]		
	总数	15		

a. 改进后<改进前

b. 改进后>改进前

c. 改进后=改进前

检验统计量[a]

	改进后-改进前
Z	-2.870[b]
渐近显著性(双侧)	.004

a. Wilcoxon 带符号秩检验

b. 基于正秩。

符号检验

表 6-38 **频　率**

		N
改进后-改进前	负差分[a]	12
	正差分[b]	3
	结[c]	0
	总数	15

a. 改进后<改进前
b. 改进后>改进前
c. 改进后=改进前

检验统计量[a]

	改进后-改进前
精确显著性(双侧)	.035[b]

a. 符号检验
b. 已使用的二项式分布。

表 6-37 是威尔克科森秩和检验的秩和表及检验表，检验统计量 Z 的值为-2.870，假设检验的 P 值为 0.004，小于 0.05；而表 6-38 是符号检验的频数表和检验表，同样，假设检验的 P 值为 0.035，也小于 0.05，故拒绝原假设，认为改进前后的差异是显著的。

多个相关样本的非参数检验，又称多个配对样本的检验，是在总体分布未知的情况下，用于比较多个有联系的总体分布的差异性。可以归纳为：

- 多个有联系的总体是否存在显著差异；
- 多个评判结果是否存在显著差异(一致性检验)。

由于总体分布未知，所以检验都是建立在秩和的基础上。下面通过例题来说明具体的检验方法。

【例 6.17】对于五家企业生产的同一类型产品，由四个使用单位分别对这些企业生产的产品进行评价，以打分的形式表示评价结果，满分是 10 分，得出的评价结果如表 6-39 所示，试检验使用单位对这五家企业的评价标准是否一致($\alpha=0.05$)？

表 6-39 **使用单位评价表**

使用单位	企业 1	企业 2	企业 3	企业 4	企业 5
使用单位 1	8.6	8.5	9.0	9.1	8.7
使用单位 2	9.9	9.6	9.5	9.0	9.3
使用单位 3	9.3	9.0	8.9	9.2	9.4
使用单位 4	9.5	9.3	9.1	8.9	9.0

建立假设H_0：使用单位的评价标准显著不一致；

H_1：使用单位的评价标准是一致的。

具体步骤如下：

(1)单击"分析/非参数检验/旧对话框/k 个相关样本（S）…"，打开多个相关样本非参数检验对话框。

(2)选择检验的变量进入检验框中，本例中选择企业的产品 A、B、C、D、E 进入在检验变量框内。

(3)在检验类型栏中选择检验方式。SPSS 软件给出了三种检验方式：

- Friendman 检验：适用于等间距变量数据，利用秩平均建立 Friendman 检验统计量，检验多个有联系的总体的分布是否存在显著差异。原假设是无显著差异。
- Kendall's *W* 一致性检验：适用于分析批判者的评价标准是否一致。通过 Kendall 一致性系数 *W* 值越接近 1，说明评判者的评价标准的一致性越好。
- Cochran's *Q* 检验：适用于二值变量数据，原假设是无显著差异。

本例中选择 Kendall's *W* 一致性检验。如图 6-17 所示。

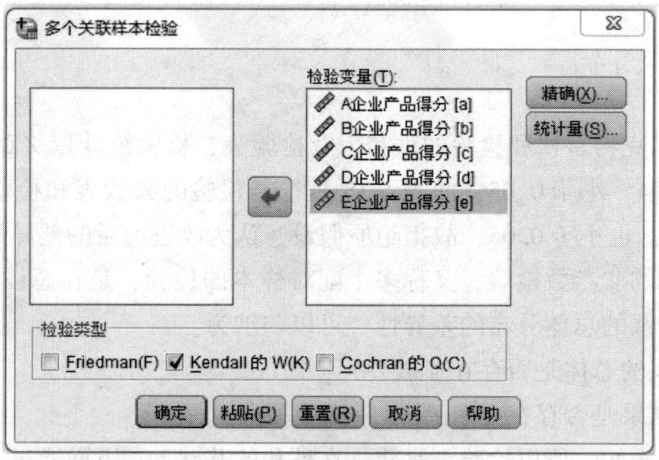

图 6-17　*k* 个相关样本对话框

(4)在统计量对话框内选择输出结果形式和缺失值处理方式。

(5)单击"确定"，输出 Kendall's *W* 检验表如表 6-40 所示。

Kendall's *W* 检验

表 6-40　**秩**

	秩均值
A 企业产品得分	4.00
B 企业产品得分	2.75
C 企业产品得分	2.75
D 企业产品得分	2.50
E 企业产品得分	3.00

检验统计量

N	4
Kendall W[a]	.138
卡方	2.200
df	4
渐近显著性	.699

a. Kendall 协同系数

表6-40 表示每家企业产品的秩平均值和检验统计量，Kendall 一致性系数 W 比较小，即四个使用单位的评价结果明显是不一致的，故接受原假设 H_0。

【例 6.18】下面数据是某村 20 个村民对四个候选人(A、B、C、D)的赞同与否的调查(数字 1 表示赞同，0 表示不赞同)，试用 Cochran's Q 法检验村民是否对这四个候选人有不同的看法？

A：0 1 1 0 0 1 1 1 1 1 1 1 1 1 1 1 0 1 1 1

B：1 1 0 0 0 1 1 1 1 1 0 1 1 0 1 1 0 0 0 0

C：0 1 1 1 1 0 0 0 0 1 0 0 0 1 1 0 1 0 1 0

D：0 0 0 0 1 1 0 0 1 0 0 0 0 1 0 1 1 0 0 0

根据题意检验假设：

H_0：村民对这四个候选人没有不同看法；

H_1：村民对这四个候选人有不同看法。

具体步骤如下：

(1)单击"分析/非参数检验/旧对话框/k 个相关样本（S）…"，打开多个相关样本非参数检验对话框。

(2)选择检验的变量进入检验框中，本例中选择所有的变量进入检验变量框内。

(3)在检验类型栏中选择检验方式。本例中的数据是二值变量，故选择 Cochran's Q 检验。

(4)在统计量对话框内选择输出结果形式和缺失值处理方式。本例中取默认项。

(5)单击"确定"，输出 Cochran's Q 检验表如表 6-41 所示。

Cochran 检验

表6-41 频 率

	值	
	0	1
A	4	16
B	9	11
C	11	9
D	14	6

检验统计量

N	20
Cochran Q	9.353[a]
df	3
渐近显著性	.025

a. 0将被视为成功。

表6-41分别表示频数表和检验表，从检验表中看出，Cochran's *Q* 统计量值为9.353，假设检验的P值为0.025远小于0.05，故拒绝原假设，认为村民对这四个候选人有不同的看法。

本章小结

本章讨论了非参数检验问题。非参数检验是一种既不需要假设样本是否正态，也无需考察总体或样本方差是否齐性的检验方法，其应用较为广泛。非参数检验问题的方法较多，处理方式也不尽相同。从样本的角度可分为单样本的非参数检验和两独立样本的非参数检验问题；就具体方法而言，主要包括卡方检验、二项分布检验、游程检验、单样本K—S检验、两个独立样本检验、多独立样本检验、两个相关样本检验和多个相关样本检验等方法。各种非参数检验法都是针对参数检验而言的。读者应重点掌握非参数检验的基本思想，以及统计结果输出的实际含义。

思考与练习

1. 什么是非参数检验？
2. 在SPSS的哪个过程中可进行非参数检验？共包括几种方法？
3. 100名健康成年女子血清蛋白含量如下：

7.43 7.88 6.88 7.80 7.04 8.05 6.97 8.05 7.12 7.35 7.95 7.56 7.50 7.88 7.20 7.43 7.20 7.12 7.20 6.70 7.50 7.35 7.88 7.43 7.58 6.50 7.43 7.12 6.97 7.20 7.35 7.50 7.20 6.43 7.58 8.03 6.97 7.43 7.35 7.58 7.35 7.58 6.88 7.65 7.04 7.12 8.12 7.50 7.04 6.80 7.04 7.20 7.65 7.43 7.65 7.76 6.73 7.20 7.50 7.43 7.35 7.95 7.35 7.47 6.50 7.65 8.16 7.54 7.27 6.72 7.27 7.65 7.27 7.04 7.72 6.88 6.63 6.73 7.27 6.73 7.58 7.35 7.50 7.27 7.35 7.27 7.35 8.18 7.03 7.43 7.35 7.95 7.04 7.15 7.27 7.72 8.43 7.50 7.65 7.04

试用Chi-Square过程检验健康成年女子血清蛋白含量是否服从正态分布？

4. 对一台设备进行寿命试验，记录10次无故障工作时间，并从小到大排列如下：

420 500 920 1380 1510 1650 1760 2100 2300 2350

问此设备的无故障工作时间是否服从指数分布？

5. 一个监听装置收到如下的信号

010111001100001111111110100111010101000000001011001110101000100101010000000000

能否说该信号是纯粹随机干扰？

6. 两个地点的地表土壤的pH值为

地点A：8.53 8.52 8.01 7.99 7.93 7.89 7.85 7.82 7.80

地点B：7.85 7.73 7.58 7.40 7.35 7.30 7.27 7.27 7.23

请问这两个地点的平均pH值是否一样？

7. 有10位病人在进行了某种药物疗法前后的血压(单位：毫米汞柱收缩压)为：

前 148 167 156 162 151 170 161 144 171 161

后 128 140 147 152 156 150 137 132 178 128

试问药物疗法是否有效?

8. 下面是某村 20 个村民对四个候选人(A、B、C、D)的赞同与否的调查(数字 1 表示赞同, 0 表示不赞同), 试用 Cochran's Q 法检验村民是否对这四个候选人有不同的看法。

A: 0 1 1 0 0 1 1 1 1 1 1 1 1 1 1 1 0 1 1 1

B: 1 1 0 0 0 1 1 1 1 1 0 1 1 0 1 1 0 0 0 0

C: 0 1 1 1 1 0 0 0 0 1 0 0 0 1 1 0 1 0 1 0

D: 0 0 0 0 1 1 0 0 1 0 0 0 0 0 1 0 1 1 0 0 0

第7章 相关分析与回归分析

统计上对相关关系的分析主要包括两种，一种是测定变量之间的相关关系的密切程度，我们称之为相关分析；另一种是对于存在的相关关系的变量，运用相应的函数关系来根据给定的自变量，来估计因变量的值，这种分析称为回归分析。相关分析与回归分析既有区别又有联系，二者构成了相关关系分析的基本内容。

7.1 相关分析概述

1. 相关分析

事物是相互联系的，这种联系一般分为两种类型：一种是函数关系；另一种是相关关系。函数关系是指变量之间存在的一种完全确定的一一对应的关系，它是一种严格的确定性的关系。相关关系是指两个变量或者若干变量之间存在着一种不完全确定的关系，它是一种非严格的确定性的关系。对于完全确定的关系我们可以通过函数表达式，具体研究变量之间的关系，例如路程与时间之间的关系我们可以通过函数表达式来探讨，而对于非确定性的关系，如7.1节中的投入与产出的关系，我们可以通过相关分析来研究。

在表7-1中，我们发现投入和产出不呈函数关系，但是这二者之间是否存在一定的关系？对这样的数据我们运用相关分析进行研究。

表7-1 **投入与产出**

厂家	1	2	3	4	5	6	7	8	9	10
投入	20	40	20	30	10	10	20	20	20	30
产出	30	60	40	60	30	40	40	50	30	70

相关分析是研究现象之间是否存在某种依存关系，并对具体有依存关系的现象探讨其相关方向以及相关程度，是研究随机变量之间的相关关系的一种统计方法。

函数关系与相关关系并不是完全孤立的，函数关系往往通过相关关系表现出来，对具有相关关系的变量进行量上的测定需要借助于函数关系。

2. 相关分析的类型

相关关系从不同的角度可以区分为不同类型。

(1)按照相关的方向不同分为：正相关和负相关。正相关是指当一个变量的值增加或减少，另一个变量的值也随之增加或减少。

(2) 按照相关表现形式不同分为：线性相关和曲线相关。线性相关又称直线相关，是指当一个变量变动时，另一个变量随之发生大致均等的变动，从图形上看，其观察点的分布近似地表现为一条直线。例如：人均消费水平与人均收入水平通常呈线性关系。曲线相关是指当一个变量变动时，另一个变量也随之发生变动，但这种变动不是均等的，从图形上看，其观察点的分布近似地表现为一条曲线，如抛物线、指数曲线等。

(3) 按研究的变量(或因素)的多少分为：单相关、复相关和偏相关。

(4) 按相关程度分为：完全相关、不完全相关和完全不相关。

3. 相关系数

描述相关关系关系强弱程度和方向的统计量称为相关系数。相关系数的取值范围是：$-1\leqslant r\leqslant +1$ 。正的表示正相关，负的表示负相关。相关系数的值越接近于1(-1 和+1)，表示相关程度越强，越接近于0，表示相关程度越弱。如表 7-2 所示。

表 7-2 **相关系数表**

相关系数的值	直线相关程度
$\lvert r\rvert=0$	完全不相关
$\lvert r\rvert\leqslant 0.3$	微弱相关
$0.3<\lvert r\rvert\leqslant 0.5$	低度相关
$0.5<\lvert r\rvert\leqslant 0.8$	显著相关
$0.8<\lvert r\rvert\leqslant 1$	高度相关
$\lvert r\rvert=1$	完全相关

7.2 简单相关分析

进行相关分析的主要方法有图示法和计算相关系数法。图示法主要是通过绘制相关散点图，找出变量之间相关关系的方法。它是一种探索性的分析方法，需要和相应的相关系数结合来进行分析和判断。计算相关系数法是根据不同类型的数据，选择不同的计算方法求出相关系数，据此来进行相关分析的方法。下面我们以本章数据文件“投入与产出 . sav”来进行简单相关分析。

【例 7.1】设有 10 个厂家，序号为 1，2，…，10，各厂的投入成本记为 x，所得产出记为 y。各厂家的投入和产出如表 7-3 所示，根据这些数据，可以认为投入和产出之间存在相关性吗？

表 7-3 **10 个厂家的投入与产出** 单位：万元

厂家	1	2	3	4	5	6	7	8	9	10
投入	20	40	20	30	10	10	20	20	20	30
产出	30	60	40	60	30	40	40	50	30	70

1. 绘制散点图

散点图是用来判定两变量是否相关的一种图形。它用两组数据构成多个坐标点，考察坐标点的分布，判断两变量之间是否存在某种关联或总结坐标点的分布模式。可以直观观察或用统计分析两变量潜在关系的强度，在对变量进行相关分析之前先绘制散点图直观观察二者之间的关系。该例绘制散点图步骤如下：

(1)打开数据文件“投入与产出 . sav”。选择菜单命令“图形/旧对话框/散点/点状”，如图 7-1 所示。

图 7-1　打开散点图对话框

(2)打开如图 7-2 所示的对话框，选择“简单分布”点击“定义”按钮。

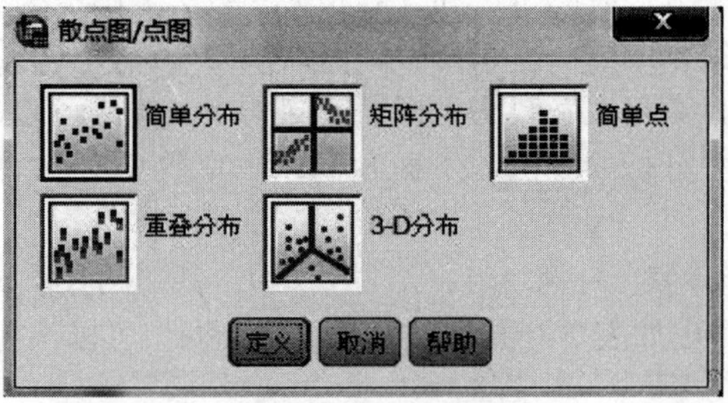

图 7-2　选择散点图类型

(3)打开“简单散点图”对话框，如图 7-3 所示。

从对话框左侧的变量列表中指定某个变量为散点图的纵坐标和横坐标，分别选入 Y 轴和 X 轴框中。散点图不区分自变量与因变量。这两项是必选项。

可以把作为分组的变量指定到“设置标记”框中，根据该变量取值的不同对同一个散点图中的各点标以不同的颜色(或形状)。该项可以省略。

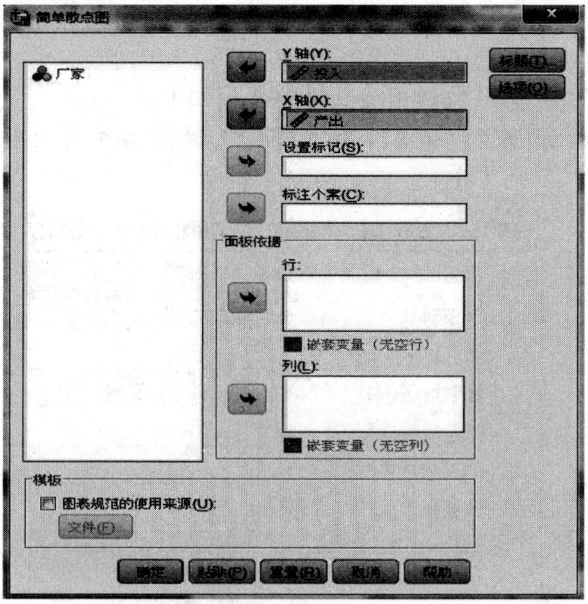

图 7-3 散点图对话框

把标记变量指定到“标注个案”框中，表示将标记变量的各变量值标记在散点图的旁边。该项可以省略。

从左侧变量列表框中选择变量到“面板依据”框中作为分类变量，可以使该变量作为行(Rows)或列(Columns)将数据分成不同的组，便于比较。该项可以省略。

(4)单击“确定”按钮。散点图如图 7-4 所示。

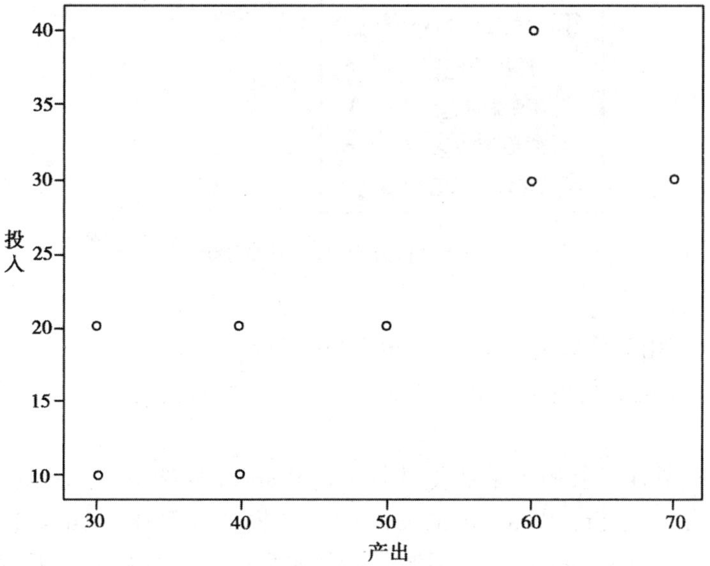

图 7-4 散点图示例

通过散点图可以初步判断变量是否具有线性趋势。对具有线性趋势的变量计算相应的简单相关系数。

2. 计算相关系数

该例在SPSS下借助相关系数做相关分析的步骤如下：

(1)选择菜单命令“分析”→“相关”→“双变量”，如图7-5所示。

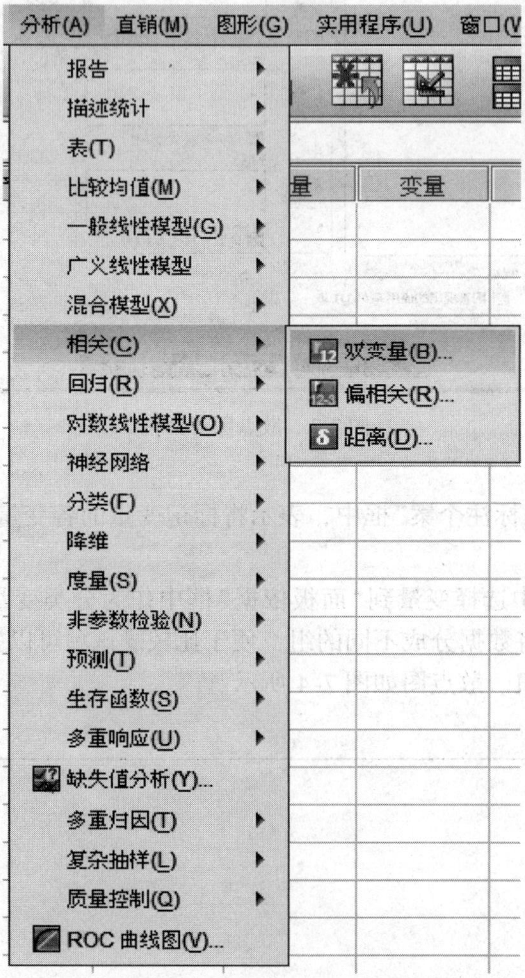

图7-5　打开双变量相关分析

(2)打开两变量相关分析的对话框，如图7-6所示。

选入需要进行相关分析的变量进入“变量”框，至少需要选入两个，这里选入“投入”、“产出”变量。

“相关系数”栏中有三项相关系数供选择。①Pearson复选框：选择进行积距相关分析，即最常用的参数相关分析；②Kendall's tau-b复选框：计算Kendall's等级相关系数；③Spearman复选框：计算Spearman相关系数，即最常用的非参数相关分析(秩相关)。

“显著性检验”栏用于确定是否进行相关系数的单侧检验或双侧检验，系统默认双侧检验。

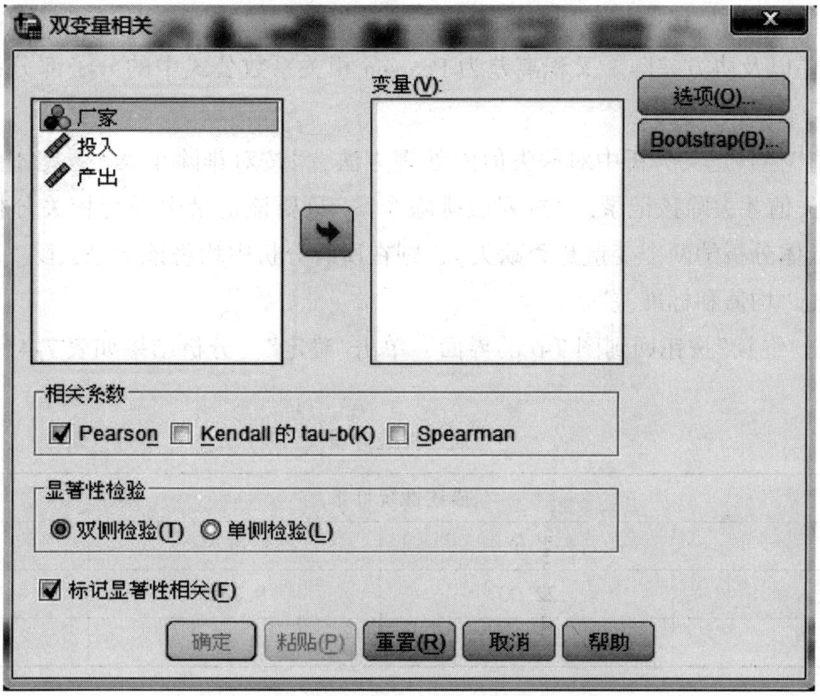

图 7-6 双变量相关分析对话框

“标记显著性相关”用于确定是否在结果中用星号标记有统计学意义的相关系数，一般选择此项。此时 P<0. 05 的系数值旁会标记一个星号“ * ”，P<0. 01 的则标记两个星号“ * * ”。

(3)单击“选项”按钮，弹出选项对话框，如图 7-7 所示。

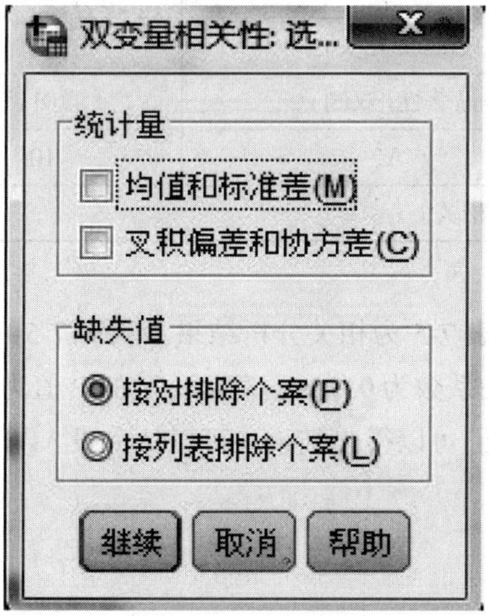

图 7-7 “选项”对话框

“统计量”栏：定义各变量输出的描述统计量。“均值和标准差”选项表示每个变量的样本均值和标准差；“叉积偏差和协方差”选项表示各对变量的离差平方和、样本方差、两变量的叉积离差以及协方差阵。叉积离差为 Pearson 相关系数公式中的分子部分；协方差为叉积离差/(n−1)。

“缺失值”栏：定义分析中对缺失值的处理方法，“按对排除个案”是具体分析用到的两个变量有缺失值才去除该记录，“按列表排除个案”只要该记录中进行相关分析的变量有缺失值(无论具体分析的两个变量是否缺失)，则在所有分析中均将该记录去除。

这里勾选“均值和标准差”。

(4)单击“继续”按钮回到图 7-6 的界面，单击“确定”。分析结果如表 7-4、表 7-5 所示。

表 7-4　**描述性统计量**

描述性统计量			
	均值	标准差	*N*
投入	22.00	9.189	10
产出	45.00	14.337	10

表 7-5　**相　关　性**

相　关　性			
		投入	产出
投入	Pearson 相关性	1	.759*
	显著性(双侧)		.011
	N	10	10
产出	Pearson 相关性	.759*	1
	显著性(双侧)	.011	
	N	10	10

*. 在 0.05 水平(双侧)上显著相关。

表 7-4 为描述统计量，表 7-5 为相关分析结果。从表 7-5 中可以看出皮尔逊相关系数为 0.759，即投入与产出的相关系数为 0.759，双侧检验的 P 值为 0.011，小于 0.05，拒绝二者不相关的原假设。因此，我们可以得出结论：可以认为投入与产出之间存在正相关，当投入增加时，产出也会相应增加。

7.3　偏相关分析

相关分析能够检验两个变量的相关程度，并通过相关系数的正负号判断相关的方向。但是在现实研究中，变量之间的相互影响往往涉及更深层次的因素。相关分析中往往因为第三变量的影响或作用，使得相关系数不能真实地反映两个变量之间的线性相关程度，这样也决定了二元变量的相关分析的不精确性。偏相关分析是指在研究两个变量之间的线性相关关系时，将与这两个变量有联系的其他变量控制不变的统计方法。

【例 7.2】政府想研究政府医疗基金的投入与病人发病率之间有无相关关系。数据文件为“health_funding. sav”。

首先，我们对数据文件试着进行相关分析。打开数据文件“health_funding. sav”，选择菜单“分析”→“相关”→“双变量”，将变量“医疗基金”与“每万人报告病例”两个变量选入右边的“变量”中。其他选项选择默认。单击【确定】。相关分析的结果如表 7-6 所示。

表 7-6　**医疗基金与每万人报告病例的相关分析表**

相关性

		医疗基金	每万人报告病例
医疗基金	Pearson 相关性	1	.737**
	显著性(双侧)		.000
	N	50	50
每万人报告病例	Pearson 相关性	.737**	1
	显著性(双侧)	.000	
	N	50	50

**. 在 .01 水平(双侧)上显著相关。

由表 7-6 我们可以看出，皮尔逊相关系数为 0.737，显著性 P 值为 0.000，小于显著性水平 0.05，所以，相关分析的结论为医疗基金的投入与病人发病率之间为正相关，当医疗基金投入增加，病人的发病率也跟随增加。这是一个匪夷所思的结论，究其原因可能在于数据文件中的“每万人访问医院人数”变量。下面，我们对数据文件进行偏相关分析。

(1)选择菜单“分析”→“相关”→“偏相关”，如图 7-8 所示。

(2)打开“偏相关”对话框，如图 7-9 所示。

选入需要进行偏相关分析的变量进入“变量”框中，至少需要选入两个。这里我们将变量“医疗基金”和“每万人报告病例”选入。

选择需要在偏相关分析时进行控制的协变量进入“控制”框中，如果不选入，则进行的就是普通的相关分析。这里我们选入变量“每万人访问医院人数”。

(3)单击“确定”按钮，分析结果如表 7-7 所示。

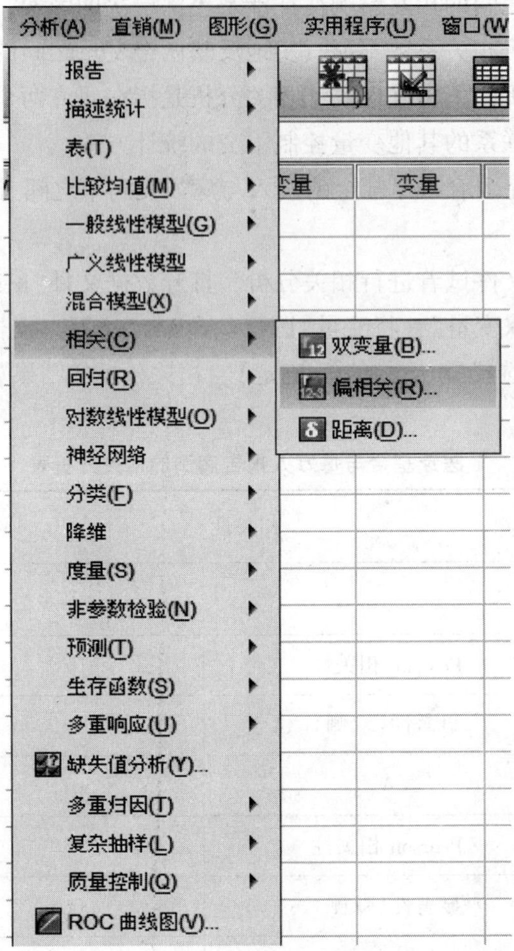

图 7-8　打开偏相关分析对话框

表 7-7　**偏相关分析结果**

相关性				
控制变量			医疗基金	每万人报告病例
每万人访问医院人数	医疗基金	相关性	1.000	.013
		显著性(双侧)	.	.928
		df	0	47
	每万人报告病例	相关性	.013	1.000
		显著性(双侧)	.928	.
		df	47	0

表 7-7 的输出结果表明，在控制变量“每万人访问医院人数”的情况下，医疗基金与每万人报告病例之间的简单相关系数为 0.013，概率 P 值为 0.928>0.05，表明两者之间无相关关

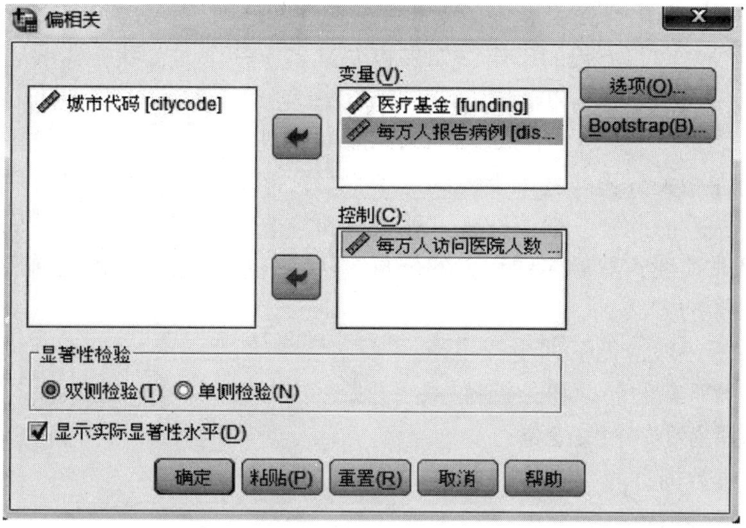

图 7-9　“偏相关”对话框

系。可见，偏相关分析的结论与简单相关分析的结论不一致，但在有些时候，偏相关分析的结论与简单相关分析的结论可能一致。

7.4　回归分析概述

相关分析研究的是现象之间是否相关、相关的方向和密切程度，一般不区别自变量或因变量。而回归分析则要分析现象之间相关的具体形式，确定其因果关系，并用数学模型来表现其具体关系。比如说，从相关分析中我们可以得知“质量”和“用户满意度”变量密切相关，但是这两个变量之间到底是哪个变量受哪个变量的影响，影响程度如何，则需要通过回归分析方法来确定。

回归分析(regression analysis)是确定两种或两种以上变数间相互依赖的定量关系的一种统计分析方法。运用十分广泛，回归分析按照涉及的自变量的多少，可分为一元回归分析和多元回归分析；按照自变量和因变量之间的关系类型，可分为线性回归分析和非线性回归分析。如果在回归分析中，只包括一个自变量和一个因变量，且二者的关系可用一条直线近似表示，这种回归分析称为一元线性回归分析。如果回归分析中包括两个或两个以上的自变量，且因变量和自变量之间是线性关系，则称为多元线性回归分析。

一般来说，回归分析是通过规定因变量和自变量来确定变量之间的因果关系，建立回归模型，并根据实测数据来求解模型的各个参数，然后评价回归模型是否能够很好地拟合实测数据；如果能够很好地拟合，则可以根据自变量作进一步预测。

例如，如果要研究质量和用户满意度之间的因果关系，从实践意义上讲，产品质量会影响用户的满意情况，因此设用户满意度为因变量，记为 Y；质量为自变量，记为 X。可以建立下面的线性关系：

$$Y=\beta_0+\beta_1 X+\varepsilon$$

式中：β_0和β_1为待定参数，β_0为回归直线的截距；β_1为回归直线的斜率，表示 X 变化一个单位时，Y 的平均变化情况；ε 为依赖于用户满意度的随机误差项。

上述为一元线性回归方程的确定，如果自变量多于一个时，我们需要建立多元线性回归方程，如下所示：

$$Y=\beta_0+\beta_1X_1+\beta_2X_2+\cdots+\beta_pX_p+\varepsilon$$

回归分析是在相关分析的基础上，确定了变量之间的相互影响关系之后，准确的描述这种关系的数量方法。因此，一般情况下，相关分析要先于回归分析进行，确定出变量之间的关系是线性还是非线性，然后应用相关的分析方法。在应用回归分析之前散点图是常用的探索变量之间相关性的方法。

应用回归分析一般遵循下列步骤：

步骤 1：写出研究的问题和分析目标；

步骤 2：选择潜在的相关变量；

步骤 3：收集数据；

步骤 4：选择合适的拟合模型；

步骤 5：模型求解；

步骤 6：模型验证和评价；

步骤 7：应用模型解决研究问题。

以上有些步骤可以跳过，有些步骤需要重复进行。例如：如果已经有了数据，则前三个步骤可以省略；而如果步骤 6 中的模型验证的结果不满意，则需要重新进行步骤 4 到步骤 6 的过程。

7.5　简单线性回归分析

任何事物和人都不是以个体存在的，它们都被复杂的关系链所围绕着，具有一定的相关性，也会具备一定的因果关系，(比如：父母和子女，不仅具备相关性，而且还具备因果关系，因为有了父亲和母亲，才有了儿子或女儿)，但不是所有相关联的事物都具备因果关系。

回归分析是对具有相关关系的两个变量之间的数量变化的一般关系确定一个合适的数学表达式，并用这个表达式来反映有相关关系的变量之间的数值变化关系，据此由一个或若干个自变量的数值推断出因变量的可能值，以便进行估计和预测的统计方法。

用一条回归直线来表明两个相关变量之间一般数学关系的方程式，称为简单直线回归方程。这种分析方法称为一元线性回归分析。

下面我们以实例具体来看一元线性回归的分析。

【例 7.3】数据文件“居民消费支出与可支配收入 . sav”为调查某地居民 2004—2012 年家庭收入与消费支出总金额，单位为亿元，现在需要研究二者之间的关系。操作过程如下：

(1) 首先我们绘制可支配收入与消费支出的散点图。这里，可支配收入作为自变量，消费支出为因变量。如图 7-10 所示。

通过散点图可知，消费支出(Y)与居民人均可支配收入(X)大体上呈现线性相关，我们再用相关分析分析“消费支出”和“可支配收入”是否具备相关性。

(2) 单击“分析”→“相关”→“双变量”，进入如图 7-11 所示的界面。

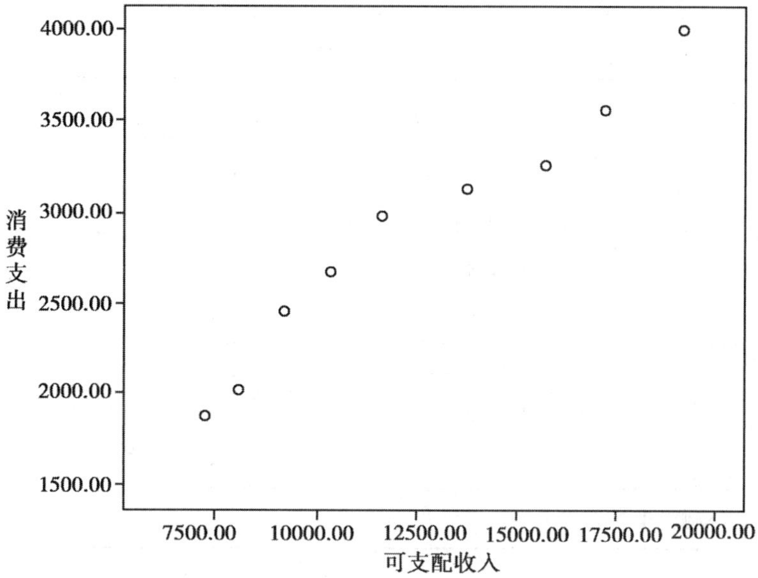

图 7-10 消费支出(Y)与居民人均可支配收入(X)的散点图

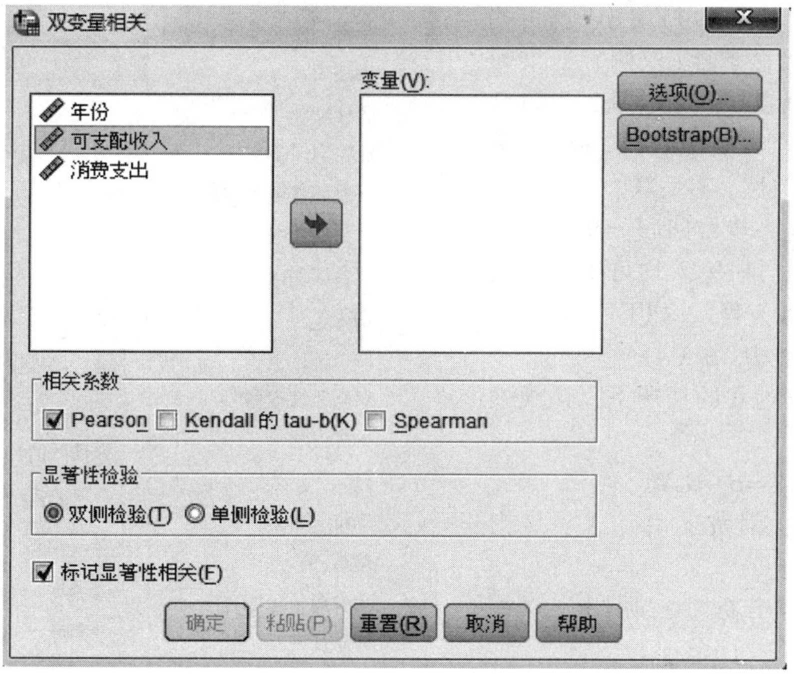

图 7-11 双变量相关对话框

将“可支配收入”和“消费支出”两个变量移入“变量”框内，在“相关系数”栏目中选择“Pearson”(Pearson 是一种简单相关系数分析和计算的方法，如果需要进行进一步分析，需要借助“多元线性回归”分析)，在“显著性检验”中选择“双侧检验”并且勾选“标记显著性相关”。

(3)单击确定按钮，得到如表7-8所示的结果。

表7-8 **相 关 性**

相 关 性			
		可支配收入	消费支出
可支配收入	Pearson 相关性	1	.979**
	显著性(双侧)		.000
	N	9	9
消费支出	Pearson 相关性	.979**	1
	显著性(双侧)	.000	
	N	9	9

**. 在.01水平(双侧)上显著相关。

从以上结果，可以看出“Pearson”的相关性为0.979，(可以认为是“两者的相关系数为0.979)属于“正相关关系”，同时“显著性(双侧)结果为0.000，由于0.000<0.05，所以具备显著性，得出：“可支配收入”和“消费支出”具备相关性，有关联。

我们将进一步做回归分析，构建消费支出(Y)与居民人均可支配收入(X)“一元线性方程”，如下所示：

$$Y_i = \beta_1 + \beta_2 X_i + u$$

在u假设为0的情况下，该线性回归方程为：

$$Y_i = \beta_1 + \beta_2 X_i$$

其中，Y：消费支出，X_i：可支配收入。

(4)单击“分析”→“回归”→“线性”，如图7-12所示。

(5)打开“线性回归”对话框，从左边变量列表中将“消费支出”选入“因变量”中，“可支配收入”选入“自变量”中。如图7-13所示。

(6)单击“统计量”进入如图7-14所示的界面。

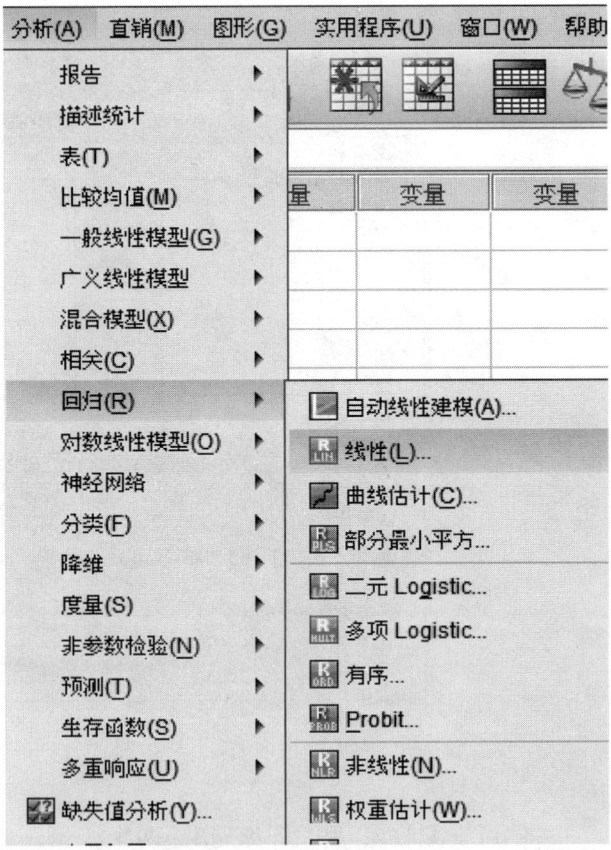

图7-12 打开线性回归

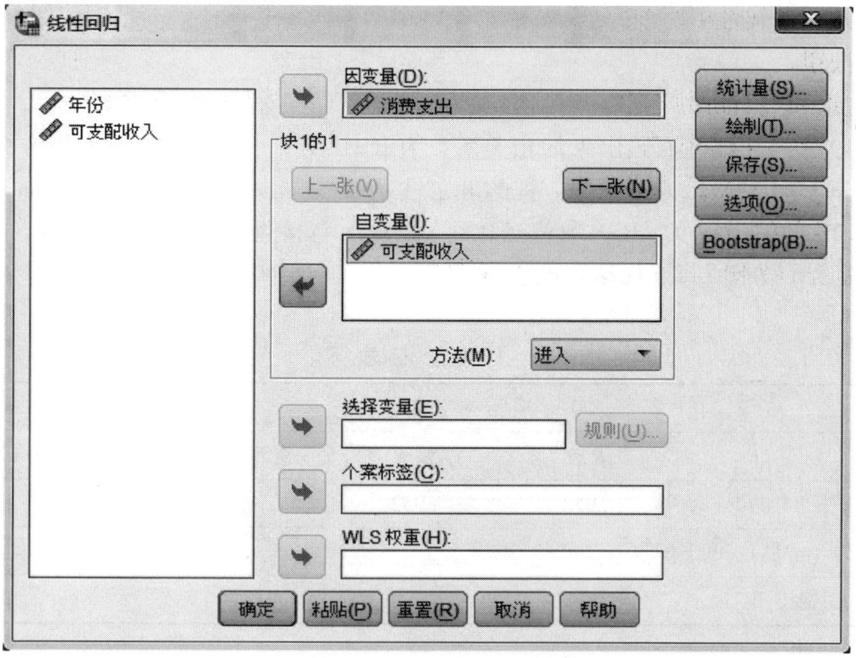

图 7-13　“线性回归”对话框

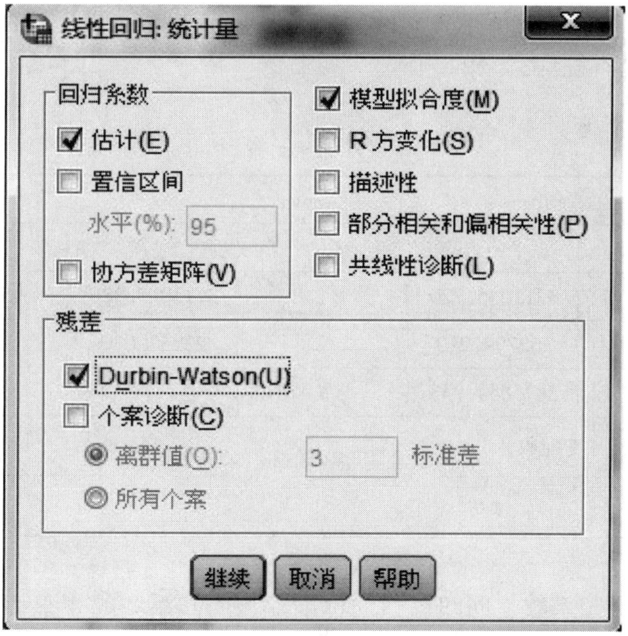

图 7-14　统计量对话框

在“回归系数”中选择“估计”，在右边选择“模型拟合度”，在“残差”下面选择“Durbin-watson(u)”，单击“继续”按钮。

(7)返回“线性回归”对话框，单击“绘制”，在“标准化残差图”下面勾选“正态概率图”，单击“继续”按钮。

(8)返回“线性回归”对话框，单击“保存”按钮，在“残差”下面选择“未标准化”。单击“继续”按钮。

(9)返回“线性回归”对话框，单击“确定”按钮。结果如表7-9，表7-10，表7-11所示。

从表7-9中可得线性回归出来的相关系数为R=0.979，方程拟合优度R方为0.958，调整后的R方为0.952，R方又称为方程的确定性系数(coefficient of determination)，表示方程中变量X对Y的解释程度。R方取值在0到1之间，越接近1，表明方程中X对Y的解释能力越强。说明所做的回归方程拟合度较好。

表7-9 **模 型 汇 总**

模型汇总[b]

模型	*R*	*R* 方	调整 *R* 方	标准估计的误差	Durbin-Watson
1	.979[a]	.958	.952	152.50256	1.022

a. 预测变量：(常量)，可支配收入。

b. 因变量：消费支出

由表7-10可见回归值明显大于残差值，回归值在总计中所占的比重要比残差值所占比重大，由此表明因变量绝大部分被自变量所解释。回归模型的F统计量F=159.653，相应的P值为0.000，拒绝模型整体不显著的假设，证明模型整体是显著的，因此我们可以用的这个模型是显著的是有统计意义的。

表7-10 **方 差 分 析**

Anova[b]

模型		平方和	*df*	均方	F	Sig.
1	回归	3713045.720	1	3713045.720	159.653	.000[a]
	残差	162799.213	7	23257.030		
	总计	3875844.933	8			

a. 预测变量：(常量)，可支配收入。

b. 因变量：消费支出

由表7-11可见回归系数、回归系数的标准差、回归系数的T显著性检验等，回归系数常量为853.367，Sig为0.001，常数项显著，回归系数为0.163，相对的sig为0.000，具备显著性，所以拟合的简单线性回归方程为：

$$y = 853.367 + 0.163x$$

*X*的系数为0.163，表明在2004—2012年间，若其他变量保持不变，可支配收入每增加1亿元，消费支出将增加0.163亿元。

表 7-11　　系　数　表

系　数[a]						
模　型		非标准化系数		标准系数	T	Sig.
		B	标准 误差	试用版		
1	(常量)	853. 367	168. 417		5. 067	. 001
	可支配收入	. 163	. 013	. 979	12. 635	. 000

a. 因变量：消费支出

7.6　多元线性回归分析

在统计中，研究一个变量与多个变量之间相关关系的理论和方法，称为多元相关分析；研究一个因变量和多个自变量的回归分析就是多元回归分析。

【例 7.4】数据文件“employee data. sav”建立了一个以初始工资、工作经验、工作时间、工作种类、受教育年限等为自变量，当前工资为因变量的回归模型。步骤如下：

(1)打开数据文件“employee data. sav”，单击“分析”→“回归”→“线性”，

打开多元分析的界面，如图 7-15 所示。

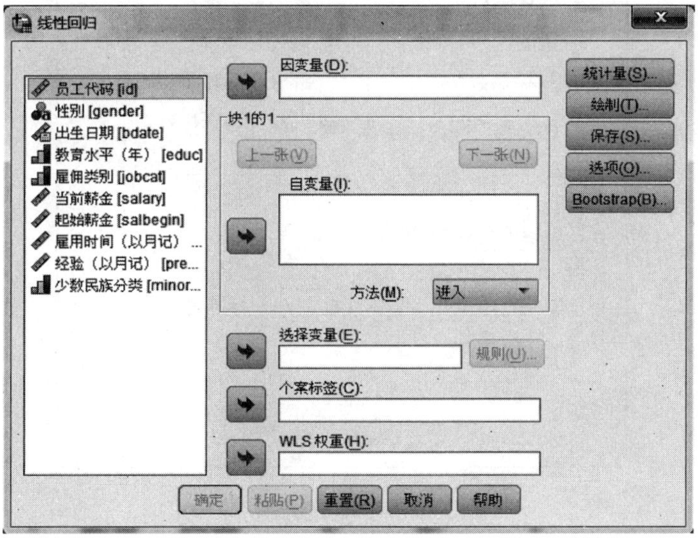

图 7-15　多元线性回归对话框

(2)将变量“当前薪金”选入“因变量”中，将变量“教育水平(x_1)”、“雇佣类别(x_2)”、“起始薪金(x_3)”、“雇佣时间(x_4)”、“经验(x_5)”选入“自变量”列表框中。如图 7-16 所示。

(3)单击“统计量”，勾选“估计”、“模型拟合度”、“共线性诊断”、“个案诊断”。单击“继续”。回到如图 7-17 所示界面，单击“确定”。

结果分析如表 7-12、表 7-13、表 7-14 所示。

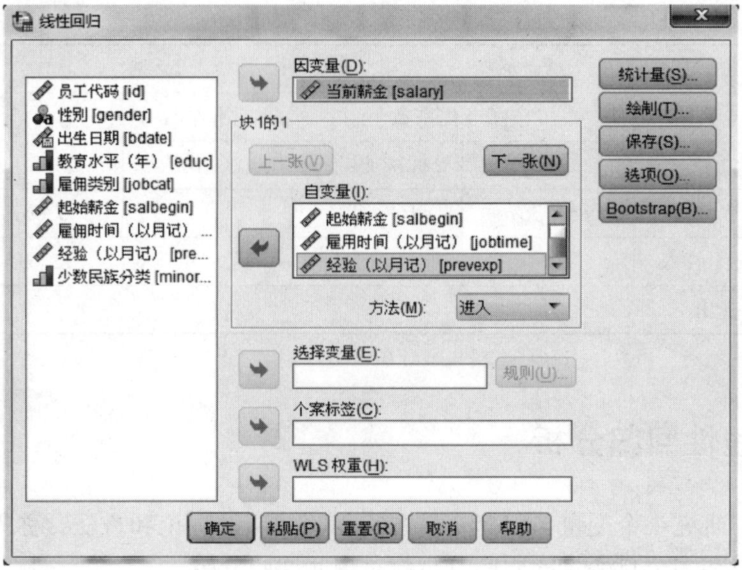

图 7-16　多元线性回归

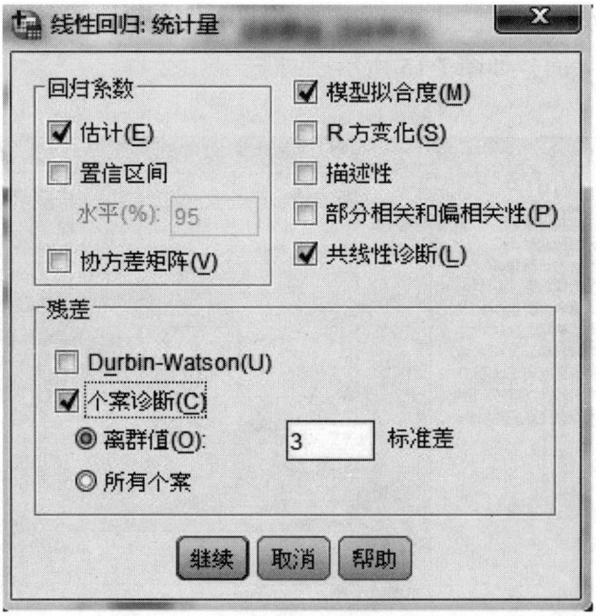

图 7-17　统计量

表 7-12　**模型汇总表**

模型汇总				
模型	R	R 方	调整 R 方	标准 估计的误差
1	.917[a]	.840	.839	$6, 856.795

a. 预测变量：(常量)，经验(以月记)，雇佣时间(以月记)，起始薪金，教育水平(年)，雇佣类别。

对模型拟合度的检验显示，对于这个多元线性回归模型，其决定系数 R 方为 0.840，说明其拟合程度较高。

表 7-13 **方差分析表**

Anova[a]

模型		平方和	df	均方	F	Sig.
1	回归	115913177991.251	5	23182635598.250	493.084	.000[b]
	残差	22003317445.089	468	47015635.566		
	总计	137916495436.340	473			

a. 因变量：当前薪金

b. 预测变量：(常量)，经验(以月记)，雇佣时间(以月记)，起始薪金，教育水平(年)，雇佣类别。

方差分析表显示，该回归模型的 Sig 为 0.000，说明该模型有显著的统计意义。

表 7-14 **系 数 表**

系 数[a]

		模型 1					
		(常量)	教育水平(年)	雇佣类别	起始薪金	雇佣时间(以月记)	经验(以月记)
非标准化系数	B	-15038.574	539.642	5859.585	1.365	154.698	-19.553
	标准 误差	2992.525	152.735	624.945	.069	31.464	3.250
标准系数	试用版		.091	.265	.629	.091	-.120
T		-5.025	3.533	9.376	19.796	4.917	-6.017
Sig.		.000	.000	.000	.000	.000	.000
共线性统计量	容差		.512	.426	.337	.992	.860
	VIF		1.953	2.349	2.965	1.008	1.162

a. 因变量：当前薪金

系数表中，回归系数常量为-15038.574，Sig 为 0.000，常数项显著，所有自变量的 Sig 值也为 0.000，都是有统计学意义的。通过对回归结果的分析，可以得出，本回归方程的拟合结果为：

Y(当前薪金) = 539.642 × 教育水平(x_1) + 5895.5855 × 雇佣类别(x_2) + 1.365 × 起始薪金(x_3) + 154.698 × 雇佣时间 × (x_4) − 19.553 × 经验(x_5) − 15038.574

通过该方程可以看出，当前工资的多少主要是取决于雇佣类别以及教育水平，雇佣时间也有一定的影响，但是影响不大，应该注意的是，工作经验越多，反而会影响当前工资的水平。

本章小结

本章主要介绍了回归分析的基本概念。从简单线性回归的概念入手，介绍了回归方程、应用回归方程进行预测等方法。多元线性回归和简单线性回归十分类似，应用回归分析需要检验回归分析的前提条件。另外，还需要对回归方程的拟合程度进行分析和检验。SPSS 线性回归提供了丰富的选项，它可以根据预测变量与响应变量的相关程度来选择预测变量。

思考与练习

一、选择题

1. 变量之间的相关程度越低，则相关系数的数值(　　)。
   A. 越小　　B. 越接近于0
   C. 越接近于-1　　D. 越接近于1
2. 回归系数和相关系数的符号是一致的，其符号均可用来判断现象(　　)。
   A. 线性相关还是非线性相关　　B. 正相关还是负相关
   C. 完全相关还是不完全相关　　D. 单相关还是复相关
3. 年劳动生产率 X(千元)和工人工资 $Y=10+70X$，这意味着劳动生产率每提高 1 千元时，工人工资平均(　　)。
   A. 增加 70 元　　B. 减少 70 元
   C. 增加 80 元　　D. 减少 80 元
4. 已知某工厂甲产品产量和生产成本有直接关系，在这条直线上，当产量为 1000 时，其生产成本为 30000 元，其中不随产量变化的成本为 6000 元，则成本总额对产量的回归直线方程是(　　)。
   A. $Y=6000+24X$　　B. $Y=6+0.24X$
   C. $Y=24+6000X$　　D. $Y=24000+6X$
5. 若物价上涨，商品的需求量相应减少，则物价与商品需求量之间的关系为(　　)。
   A. 不相关　　B. 负相关
   C. 正相关　　D. 复相关
6. 当一个现象的数量由小变大，而另一个现象的数量相反地由大变小时，这种相关关系称为(　　)。
   A. 线性相关　　B. 非线性相关
   C. 正相关　　D. 负相关
7. 如果两个变量之间的相在系数为-1，这说明两个变量之间是(　　)。
   A. 低度相关　　B. 显著相关
   C. 完全相关　　D. 高度相关
8. 为了反映商品价格与需求之间的关系，在统计中应采用（　　）
   A. 划分经济类型的分组　　B. 说明现象结构的分组
   C. 分析现象间依存关系的分组　　D. 上述都不正确

9. 圆的周长和半径之间存在着（　　）
   A. 比较关系　　B. 相关关系
   C. 因果关系　　D. 函数关系

10. 某市预测今年副食品销售额，根据历史资料可以计算出副食品销售额同人均月生活费收入、粮食人均消费量、人均月生活费支出和蔬菜年平均价格的相关系数分别为 0.906，-0.916，0.908 和 0.89。采用一元直线回归预测法时，自变量应选(　　)
    A. 人均月生活费收入　　B. 粮食人均消费量
    C. 人均月生活费支出　　D. 蔬菜年平均价格

二、简答与操作题

1. 请回答相关分析和回归分析的联系和区别。
2. 什么是正相关和负相关？举例说明。
3. 某产品的产量和单位成本的资料如下：

产量(千件)x	单位成本(元/件)y
2	73
3	72
4	71
3	73
4	69
5	68

要求：(1)计算相关系数，判断其相关方向与程度；
(2)建立直线回归方程；
(3)指出当产量每增加 1000 件时，单位成本平均变化多少？

第8章 方差分析

前面学习了 T 检验适用于样本平均数与总体平均数或者两样本平均数之间的差异显著性检验，但在实际生产和科学研究中经常会遇到多个样本的情况，这就需要同时进行多个平均数之间的差异性检验，例如：在制定某商品广告宣传策略时，不同组合方案所获得的广告效果是不一样的。广告效果可能会受到广告形式、地区规模、选择的栏目、播放的时间段、播放的频率等因素的影响。人们需要研究在影响广告效果的众多因素中，哪些因素是主要的，它们是如何产生影响的，哪些因素的搭配最合理，等等。又如：比较北京、上海、广州、武汉周岁儿童平均身高。此时，再采用 T 检验法就不适宜了，理由有如下3个：

(1)检验过程烦琐。例如：某试验包含5个处理，采用 T 检验法要进行 $C_5^2=10$ 次两两平均数之间的差异显著性检验；如果有 k 个处理，就要作 $k(k-1)/2$ 次类似的检验。

(2)误差估计的精确性低。T 检验不能充分利用数据资料所提供的信息提高误差估计的精确性。例如：某试验有5个处理，每个处理重复6次，就得到30个观测值，进行 T 检验时，每次比较只能利用2个处理共12个观测值来估计试验误差，自由度为 $2\times(6-1)=10$，如果利用整个试验的30个观测值来估计试验误差，显然估计的精确性要高，且误差自由度为 $5\times(6-1)=25$。可见使用 T 检验时，由于误差估计的精确性低，误差自由度小，因此检验的灵敏性低，容易掩盖差异的显著性。

(3)推断的可靠性低。用 T 检验进行多个平均数之间的差异显著性检验时，由于没有考虑相互比较的两个平均数的秩次问题，因而会增大犯I型错误的概率，降低推断的可靠性。比如：用两两 T 检验来比较四种广告形式，需要用6次 T 检验，对于某一次比较，犯I型错误的概率如果是 a，那么连续6次比较，其犯I型错误的概率则是 $1-(1-a)^6$。如果检验水准取0.05，那么在连续6次 T 检验中，犯I型错误的概率将上升为0.2649！也就是说，原来要求显著性水平0.05时才算小概率事件，现在到0.2649都可以认为是小概率事件。这就好像考试及格线从原来的60分降到了20分，导致考试的权威性大打折扣一样。

鉴于以上理由，多个平均数之间的差异显著性检验不宜采用 T 检验方法，而需采用方差分析法。方差分析法是科学研究工作的一个十分重要的工具。

8.1 引例

在生产经营管理中，经常需要开展一些试验活动。例如：几个不同供应商提供的同种零部件对同一产品的质量有无显著影响，同种商品的不同广告创意及不同广告发布形式对商品销售量是否产生影响、影响程度如何，以及化工生产中原料的成分、反应温度、压力、时间、催化剂等因素对产品的得率和质量有何影响。这些问题都可以通过试验研究，帮助我们找出最优的生产经营管理方案。试验的目的，是要观察某一种或多种因素的变化，对试验结果的观测数值是否具有显著性影响，从而选取最优生产经营管理方案。

为了便于理解方差分析的含义，我们先看一个例子。

【例 8.1】消费者常常会因为产品或服务质量问题向消费者协会投诉。为了对交通货运 4 个部门的服务质量进行评价，消费者协会在航空货运业、铁路货运业、公路货运业及水路货运业分别抽取了不同的企业作为样本。每个行业所抽取的企业，在服务对象、服务内容、企业规模等方面基本上是相同的、其中航空货运业抽取 6 家，铁路货运业抽取 5 家，公路货运业抽取 7 家，水路货运业抽取 6 家。最近一年中消费者对这 24 家企业投诉的次数统计如表 8-1 所示。

表 8-1　　**消费者对 4 个部门 24 家企业的投诉次数**

观测值	航空货运业	铁路货运业	公路货运业	水路货运业
1	32	44	48	44
2	41	37	29	55
3	34	64	39	64
4	35	52	51	73
5	53	48	45	58
6	45		68	60
7			56	

一般而言，受到投诉的次数越多，服务质量越差。消费者协会想知道这几个部门之间的服务质量是否有显著差异。

要分析 4 个部门之间的服务质量是否有显著差异，实际上就是要检验“部门”对“投诉次数”的影响是否显著，这最终归结为检验 4 个部门被投诉次数的均值是否相等。如果它们的均值相等，就意味着“部门”对投诉次数是没有影响的，也就是它们之间的服务质量没有显著差异；如果均值不全相等，则意味着“部门”对投诉次数是有影响的，它们之间的服务质量应该有显著差异。

在方差分析中，所要检验的对象，如“部门”，称为因素(Factor)。因素在方差分析中的不同表现(或所分的等级)，如“航空货运业”、“铁路货运业”等，称为因素的水平(Treatment)。在每个因子水平下得到的样本数据，如“投诉次数”，称为观测值。

8.2 方差分析概述

方差分析(Analysis of Variance，ANOVA)，又称“变异数分析”或“F 检验”，是由英国统计学家 R. A. Fisher 于 1923 年提出的，用于两个及两个以上样本均数差别的显著性检验。

例如：在制定某商品广告宣传策略时，广告效果会受到广告形式、地区规模、选择栏目、播放时间等因素的影响，这些因素也称为控制因素。广告形式的 4 种取值——报纸、广播、宣传品、体验就是广告形式控制因素下的 4 种不同水平。如果用销售额体现广告效果，那么观测变量就是销售额。方差分析通过控制因素各水平下，观测变量的总体分布是否有显著差异来分析比较 4 种广告形式产生的广告效果。

由于各种因素的影响，研究所得的数据呈现波动状。造成波动的原因可分成两类：一是不可控的随机因素；二是研究中施加的对结果形成影响的可控因素。

一个复杂的事物，其中往往有许多因素互相制约又互相依存。方差分析的目的是通过数据分析找出对该事物有显著影响的因素，各因素之间的交互作用，以及显著影响因素的最佳水平等。方差分析是在可比较的数组中，把数据间的总的“变差”按各指定的变差来源进行分解的一种技术。对变差的度量，采用离差平方和。方差分析方法就是从总离差平方和分解出可追溯到指定来源的部分离差平方和，这是一个很重要的思想。

方差分析认为导致观测变量值变化的原因有两种情况：第一种是控制因素不同水平所产生的影响；第二种是实验过程中的抽样所产生的随机误差。如果是控制因素的不同水平对观测变量产生了显著影响，那么，它和随机误差共同作用必然使得观测变量值有显著变动；反之，如果控制因素的不同水平没有对观测变量产生显著影响，那么，观测变量值的变动就不明显，其变动可以归结为随机误差影响造成的。换个角度来说，如果观测变量值在某因素的各个水平中出现了明显波动，则认为该因素是影响观测变量的主要因素；反之，如果观测变量值在某因素的各个水平中没有出现明显波动，则认为该因素没有对观测变量产生重要影响，其数据的波动是抽样误差造成的。现在问题的关键在于，观测变量值在控制因素的各个水平中是否产生了明显波动，也就是，观测变量的总体分布是否有显著差异。这就是方差分析需要研究的内容。

一般地，进行方差分析一般需符合以下三个条件：

第一，每个总体都应服从正态分布。也就是说，对于因素的每一个水平，其观测值是来自正态分布总体的简单随机样本。

第二，各个总体的方差 σ^2 必须相同。也就是说，各因素水平的观察数据组是从具有相同方差的正态总体中抽取的。

第三，从每一个总体中所抽出的样本是随机且独立的。

第一、二个条件的限制并非相当严格的，只要总体不是非常明显的非正态或各总体方差相差特别大，使用方差分析法进行检验的结果就较合理。方差分析就是要在上述假定成立的前提下，分析自变量对因变量的影响是否显著，实际上也就是要检验自变量的各个水平(总体)的均值是否相等。

根据控制因素个数可以将方差分析分成单因素方差分析、多因素方差分析以及协方差分析。观测变量为一个以上的方差分析为多元方差分析。

8.3 单因素方差分析

单因素方差分析用来研究一个控制变量的不同水平是否对观测变量产生了显著影响。这里，由于仅研究单个因素对观测变量的影响，因此称为单因素方差分析。例如：分析不同施肥量是否给农作物产量带来显著影响；考察地区差异是否影响妇女的生育率；研究学历对工资收入的影响等。这些问题都可以通过单因素方差分析得到答案。

8.3.1 单因素方差分析的基本思想

单因素方差分析所解决的是一个因素之下的多个不同水平之间的关系问题。一般而言，应该用一个无序分类变量来对应所研究的因素，该变量的不同取值则是该因素的不同水平。

1. 明确观测变量和控制变量

单因素方差分析的第一步是明确观测变量和控制变量。例如，上述问题中的观测变量分别是农作物产量、妇女生育率、工资收入；控制变量分别为施肥量、地区、学历。

2. 剖析观测变量的方差

单因素方差分析的第二步是剖析观测变量的方差。方差分析认为：观测变量值的变动受控制因素和随机误差两方面的影响，因此，观测变量总的离差平方和分解为组间离差平方和（Between Groups）与组内离差平方和（Within Groups）两部分。数学表述为：

$$SST=SSA+SSE$$

其中，SST 为观测变量总离差平方和；SSA 为组间离差平方和，表示各水平组均值与总均值离差的平方和，反映了控制因素不同水平对观测变量的影响；SSE 为组内离差平方和，表示每个样本数据与本水平组均值离差的平方和，反映了抽样误差。

3. 单因素方差分析的第三步是通过比较观测变量总离差平方和各部分所占的比例，推断控制因素是否给观测变量带来了显著影响

在观测变量总离差平方和中，如果组间离差平方和所占比例较大，则说明观测变量的变动主要是由控制变量引起的，可以主要由控制变量来解释，控制变量给观测变量带来了显著影响；反之，如果组间离差平方和所占比例较小，则说明观测变量的变动不是主要由控制变量引起的，不可以主要由控制变量来解释，控制变量的不同水平没有给观测变量带来显著影响，观测变量的变动主要是由随机变量因素引起的。

方差分析属于推断统计中的假设检验问题，其基本步骤与假设检验完全一致。根据前面单因素方差分析的主要思想，其基本步骤如下：

(1)提出零假设

假设某个因素有 k 个水平，每个水平的均值分别用 μ 表示，方差分析要检验 k 个水平的均值是否相等，需要提出如下假设检验问题：

原假设 H_0：$\mu_1=\mu_2=\cdots=\mu_k$

备择假设 H_1：μ_1，μ_2，…，μ_k不全相等

(2)选择检验统计量

方差分析采用的检验统计量是 F 统计量，数学定义为：

$$F=\frac{SSA/(k-1)}{SSE/(n-k)}=\frac{MSA}{MSE}$$

其中，n 为总样本数，$k-1$ 和 $n-k$ 分别为 SSA 和 SSE 的自由度；MSA 是平均组间平方和，MSE 是平均组内平方和，其目的是为了消除水平数和样本数对分析带来的影响。F 统计量的构造方式也正是体现了单因素方差分析的基本思想。根据统计学原理，F 统计量服从 $(k-1, n-k)$ 个自由度的 F 分布。

(3)计算检验统计量的观测值和概率 p 值

SPSS 将会自动取得相关数据，计算 F 统计量的观测值和对应的概率 p 值。如果是控制因素对观测变量造成了显著影响，观测变量总的变差中控制因素影响所占的比例相对于随机误差必然较大，F 值显著大于 1；反之，控制因素如果没有对观测变量造成显著影响，观测变量的变差应归结为随机误差造成的，F 值接近 1。

(4)给出显著性水平 α，并作出决策

给出显著性水平 α，与检验统计量的概率 p 值作比较。如果概率 p 值小于显著性水平 α，

则应拒绝零假设，接受备择假设，认为控制因素不同水平下观测变量各总体的均值存在显著差异，均值不全相等，控制因素的不同水平对观测变量产生了显著影响；反之，如果概率 p 值大于显著性水平 α，则不应拒绝零假设，认为控制因素不同水平下观测变量各总体的均值无显著差异，均值全相等，控制变量的不同水平对观测变量没有产生显著影响。

8.3.2　单因素方差分析的实现

下面通过实例，介绍基本操作和各个对话框的功能。在利用 SPSS 进行单因素方差分析时，应注意数据的组织形式。SPSS 要求分别定义两个变量表示观测变量值和控制变量的水平值。

【例 8.2】某企业在制定某商品的广告策略时，收集了该商品在不同地区采用不同广告形式（报纸、广播、宣传品、体验）促销后的销售额数据，希望对广告形式和地区是否对商品销售额产生影响进行分析评估。图 8-1 是评估生成的数据文件“adver. sav”的部分数据，其中变量 $x1$ 表示广告形式，观测值 1，2，3，4 分别代表报纸、广播、宣传品、体验 4 种具体的广告形式，变量 $x2$ 表示多个不同地区，变量 $x3$ 表示销售额。这里，假设各总体样本都是独立随机抽样的，各组样本来自正态总体。以商品的销售额为观测变量，广告形式和地区为控制变量，通过单因素方差分析方法分别对广告形式、地区对销售额的影响进行分析。

本例中，主要以广告形式对销售额的影响进行分析。假设 4 种广告形式下的销售额均值

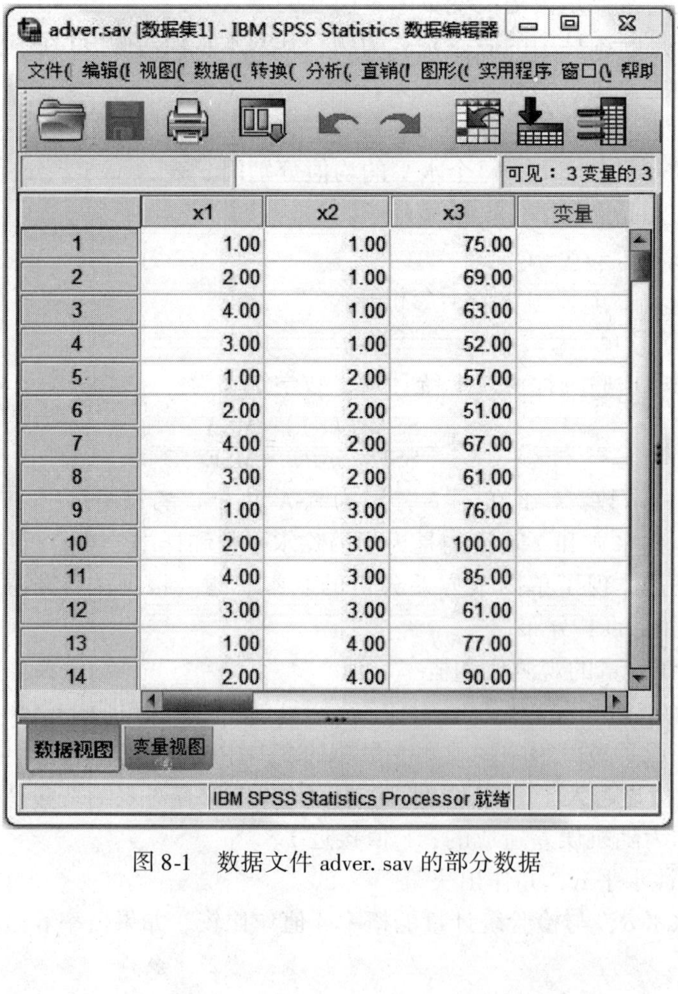

	x1	x2	x3	变量
1	1.00	1.00	75.00	
2	2.00	1.00	69.00	
3	4.00	1.00	63.00	
4	3.00	1.00	52.00	
5	1.00	2.00	57.00	
6	2.00	2.00	51.00	
7	4.00	2.00	67.00	
8	3.00	2.00	61.00	
9	1.00	3.00	76.00	
10	2.00	3.00	100.00	
11	4.00	3.00	85.00	
12	3.00	3.00	61.00	
13	1.00	4.00	77.00	
14	2.00	4.00	90.00	

图 8-1　数据文件 adver. sav 的部分数据

分别为μ_1，μ_2，μ_3，μ_4，为检验不同广告形式对销售额的影响，提出如下假设：

H_0：$\mu_1=\mu_2=\mu_3=\mu_4$，即不同广告形式没有对销售额产生显著影响

H_1：μ_1，μ_2，μ_3，μ_4不全相等，即不同广告形式对销售额产生显著影响

SPSS 中单因素方差分析的具体步骤如下：

(1)打开主对话框。打开数据文件 adver. sav，选择主菜单"分析/比较均值/单因素 AN OVA…"命令，出现如图 8-2 所示的窗口。

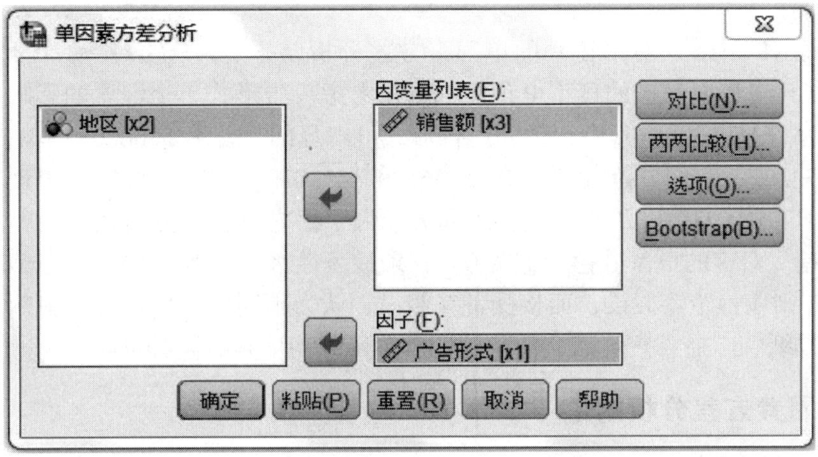

图 8-2 "单因素 AN OVA…"(单因素方差分析)对话框

界面说明：

"因变量列表(E)"框：选入因变量，即选入需要分析的变量，可选入多个结果变量(因变量)。

"因子(F)"框：因素，即选入一个分类变量，选入需要比较的分组因素，只能选入一个。

"对比(N)"按钮：线性组合比较，如检验均数之间差异大小的关系，均数间的线性趋势等。

"两两比较(H)"按钮：各组均数的多重比较，单击弹出多重比较对话框，用于选择进行各组间两两比较的方法，其中：假定方差相等复选框组是当各组方差齐时可用的两两比较方法，共有 4 种，其中最常用的为 LSD 和 S-N-K 法；假定方差不等复选框组是当各组方差不齐时可用的两两比较方法，共有 4 种。

"选项(O)"按钮：单击弹出选项对话框，用于定义相关的选项。

(2)在对话框的左边列表框中列出了数据的变量清单，选择观测变量"销售额(x3)"进入"因变量列表(E)"框，选择变量"广告形式(x1)"进入"因子(F)"列表框。控制变量有几个不同的取值就表示控制变量有几个水平。

(3)单击"确定"按钮，SPSS 便自动分解观测变量的变差，计算组间方差，组内方差，F 统计量以及对应的概率 p 值，完成单因素方差分析的相关计算。并将计算结果输出到 SPSS 输出窗口中。分析结果如表 8-2 所示。

表 8-2　　　　广告形式对销售额的单因素方差分析结果：ANOVA

销售额

	平方和	df	均方	F	显著性
组间	5866.083	3	1955.361	13.483	.000
组内	20303.222	140	145.023		
总数	26169.306	143			

表 8-2 显示广告形式对销售额的单因素方差分析结果。SPSS 会自动计算组间方差、组内方差、F 统计量以及对应的概率 P 值。如果仅考虑广告形式单个因素的影响，销售额的离差平方总和为 26169.306，其中，不同广告形式可解释的变差为 5866.083，抽样误差引起的变差为 20303.222，它们方差分别为 1955.361 和 145.023，相除所得的 F 统计量的观测值为 13.483，由于 F 值大于 1，那么，说明组间方差大于组内方差，分组造成的差异远远超过抽样造成的误差。对应的概率 p 值近似为 0，如果显著性水平 α 为 0.05，由于概率 p 值小于显著性水平 α，则应拒绝零假设，而接受备择假设，认为不同广告形式对销售额产生了显著影响，也就是报纸、广播、宣传品、体验这四个总体的均值是有差异的。

8.3.3　单因素方差分析的进一步分析

方差分析的可能结果有两种，一种不拒绝 H_0，表示拒绝总体均数相等的证据不足，此时分析终止。另一种则拒绝 H_0，接受 H_1，表示总体均数不全相等，究竟哪两两均数之间相等？哪两两均数之间不等？则需要进一步作比较分析。也就是说，经过方差分析若拒绝了检验假设，只能说明多个样本总体均数不相等或不全相等。若要得到各组均数间更详细的信息，则应在方差分析的基础上进行多个样本均数的两两比较。例如：在完成上述单因素方差分析的基本分析后，可得到关于控制变量是否对观测变量造成显著影响的结论。但在实际应用中，如果控制变量确实对观测变量产生了显著影响，进一步还应确定控制变量的不同水平对观测变量的影响程度如何，其中哪个水平的作用明显大于其他水平，哪个水平的作用是不显著的。这就需要进一步做其他几个重要分析，主要包括方差齐性检验和多重比较检验等。

在如图 8-2 所示的单因素方差分析对话框右方有三个按钮选项，它们是："对比(N)…"按钮、"两两比较(H)…"按钮和"选项(O)…"按钮。当单击三个按钮打开的对话框时，可以对单因素方差分析作进一步的操作。

- "选项"对话框

"选项"对话框用来对方差分析的前提条件进行检验，并可输出其他相关统计量和对缺失数据进行处理，如图 8-3 所示。其中，"描述性(D)"选项输出观测变量的基本描述统计量；"方差同质性检验(H)"选项用于各水平下各总体方差齐性检验；"均值图(M)"选项输出各水平下观测变量均值的折线图；"缺失值"框中提供了两种缺失数据的处理方式。

这里，选择"描述性(D)"、"方差同质性检验(H)"和"均值图(M)"选项，其输出结果依次如下："表 8-3 不同广告形式下销售额的基本描述统计量及 95% 的置信区间"、"表 8-4 不同广告形式下销售额的方差齐性检验结果"、"图 8-4 不同广告形式下销售额均值折线图"。

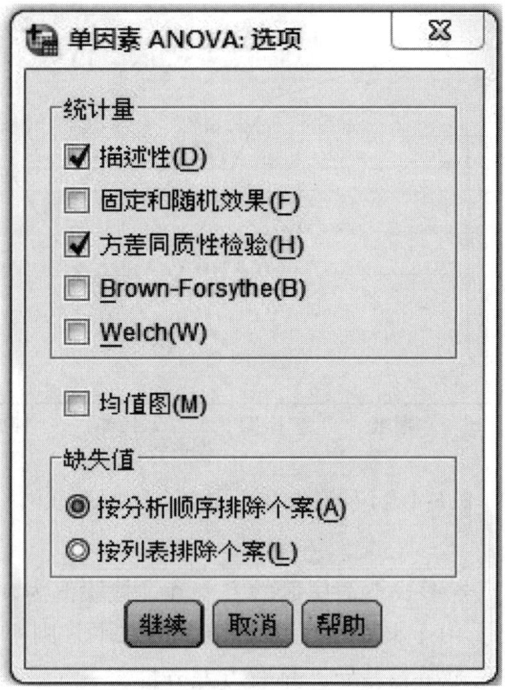

图 8-3　“单因素 ANOVA：选项”对话框

表 8-3　　不同广告形式下销售额的基本描述统计量及 95% 的置信区间

销售额

	N	均值	标准差	标准误	均值的 95% 置信区间		极小值	极大值
					下限	上限		
报纸	36	73.2222	9.73392	1.62232	69.9287	76.5157	54.00	94.00
广播	36	70.8889	12.96760	2.16127	66.5013	75.2765	33.00	100.00
宣传品	36	56.5556	11.61881	1.93647	52.6243	60.4868	33.00	86.00
体验	36	66.6111	13.49768	2.24961	62.0442	71.1781	37.00	87.00
总数	144	66.8194	13.52783	1.12732	64.5911	69.0478	33.00	100.00

表 8-4　　不同广告形式下销售额的方差齐性检验结果

销售额

Levene 统计量	df1	df2	显著性
.765	3	140	.515

由表 8-3 可见，四种不同广告形式下各有 36 个样本，由均值一列数据可以看出，宣传品广告的效果最不理想，报纸广告的销售额最高，广播广告的效果与报纸相近。

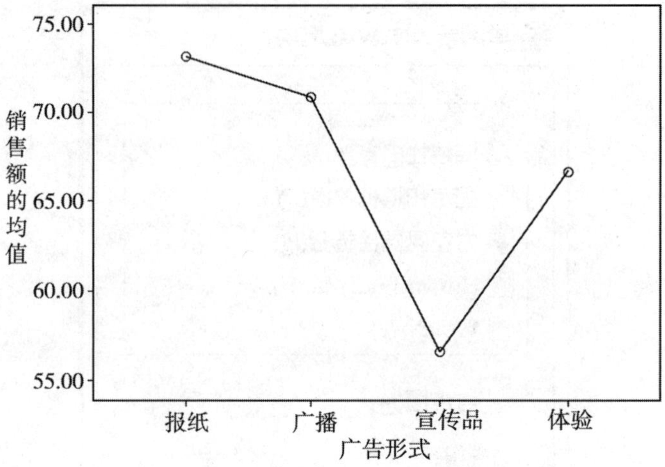

图 8-4　不同广告形式下销售额均值折线图

由表 8-4 可见，不同广告形式下销售额的方差齐性检验值为 0.765，概率 p 值为 0.515。如果显著性水平 α 为 0.05，由于概率 p 值大于显著性水平，则不应拒绝零假设，认为不同广告形式下销售的总体方差无显著差异，具有方差齐性。

- "两两比较"对话框

前面方差分析结果显著，只能表明四种广告形式对销售额有差异，那么究竟哪种广告形式的作用较明显哪种不明显，这些问题需要进一步运用多重比较来检验。"两两比较(H)…"选项用来实现多重比较检验。

在单因素方差分析对话框(见图 8-2)中，单击"两两比较(H)…"按钮，打开"单因素 ANOVA：两两比较"对话框，如图 8-5 所示。

该窗口中提供了 18 种多重比较检验的方法。其目的是，对每个水平的均值逐对进行比较检验，通过结果说明哪个水平造成了观察变量的显著差异。其中，"假定方差齐性"选项组中的方法适用于各水平方差齐性的情况；"未假定方差齐性"选项组适用于各水平方差不齐的情况。

LSD 法：即最小显著性差异法，实际上就是 *T* 检验的变形，用 *T* 检验完成各组间的配对比较，检验的敏感性高，各个水平间的均值存在微小差异也有可能被检验出来，但此方法对第一类弃真错误的概率不进行控制和调整。

Bonferroni 法：即修正最小显著性差异法，与 LSD 法基本相同，不同的是对犯第一类错误的概率进行了控制。

Tukey 法：即 Tukey 显著差异法，应用这种方法要求各水平下观测值个数相等。与 LSD 法相比，对犯第一类错误的概率给予了有效的处理。

Scheffe 法：使用了 F 统计量作为检验统计量，对所有可能的组合进行同步进入的配对比较，可用于检验分组均值所有可能的线性组合。当各水平个案数不相等，或者想进行复杂的比较时，用此法较为稳妥，但灵敏度不是很高。

S-N-K 法：全称为 Student-Newman-Keuls 法，是运用最广泛的一种两两比较方法。它采用 Studentized Range 分布进行所有各组均值间的配对比较。该方法保证在 H_0 真正成立时总

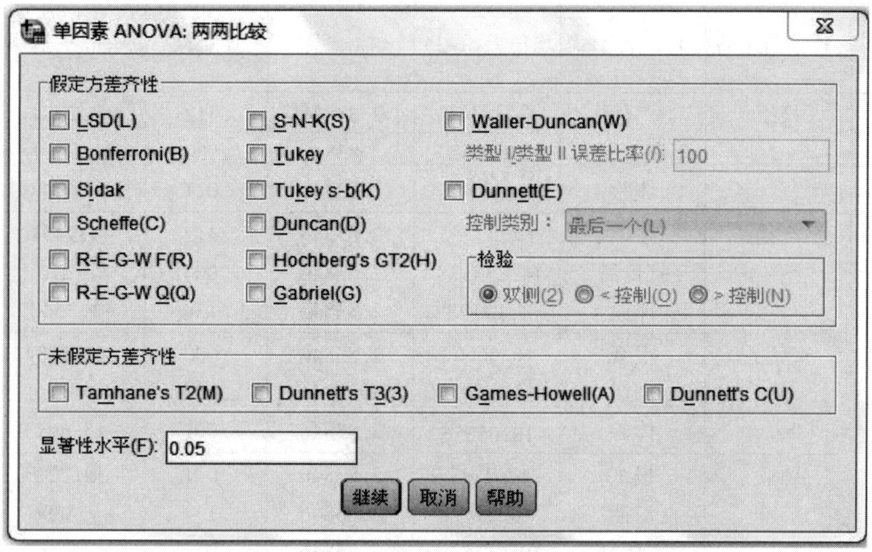

图 8-5 单因素方差分析的两两比较对话框

的 α 水准等于实际设定值，即控制了一类错误。

在多重比较检验中，SPSS 默认的显著性水平为 0.05，可根据具体情况修改“显著性水平”文本框内的数值进行调整。

该例中，选取了 LSD，Bonferroni，Tukey 三种方法，广告形式的多重比较检验结果，如表 8-5 所示。同时选取 S-N-K，Tukey 和 Scheffe 方法进行相似性子集分析，结果如表 8-6 所示。

表 8-5　　**广告形式的多重比较检验**

因变量：销售额

	(I)广告形式	(J)广告形式	均值差(I-J)	标准误	显著性	95% 置信区间	
						下限	上限
Tukey HSD	报纸	广播	2.33333	2.83846	.844	-5.0471	9.7138
		宣传品	16.66667*	2.83846	.000	9.2862	24.0471
		体验	6.61111	2.83846	.096	-.7693	13.9915
	广播	报纸	-2.33333	2.83846	.844	-9.7138	5.0471
		宣传品	14.33333*	2.83846	.000	6.9529	21.7138
		体验	4.27778	2.83846	.436	-3.1027	11.6582
	宣传品	报纸	-16.66667*	2.83846	.000	-24.0471	-9.2862
		广播	-14.33333*	2.83846	.000	-21.7138	-6.9529
		体验	-10.05556*	2.83846	.003	-17.4360	-2.6751
	体验	报纸	-6.61111	2.83846	.096	-13.9915	.7693
		广播	-4.27778	2.83846	.436	-11.6582	3.1027
		宣传品	10.05556*	2.83846	.003	2.6751	17.4360

续表

	(I)广告形式	(J)广告形式	均值差(I-J)	标准误	显著性	95%置信区间	
						下限	上限
LSD	报纸	广播	2.33333	2.83846	.412	-3.2784	7.9451
		宣传品	16.66667*	2.83846	.000	11.0549	22.2784
		体验	6.61111*	2.83846	.021	-.9993	12.2229
	广播	报纸	-2.33333	2.83846	.412	-7.9451	3.2784
		宣传品	14.33333*	2.83846	.000	8.7216	19.9451
		体验	4.27778	2.83846	.134	-1.3340	9.8896
	宣传品	报纸	-16.66667*	2.83846	.000	-22.2784	-11.0549
		广播	-14.33333*	2.83846	.000	-19.9451	-8.7216
		体验	-10.05556*	2.83846	.001	-15.6673	-4.4438
	体验	报纸	-6.61111*	2.83846	.021	-12.2229	-.9993
		广播	-4.27778	2.83846	.134	-9.8896	1.3340
		宣传品	10.05556*	2.83846	.001	4.4438	15.6673
Bonferron	报纸	广播	2.33333	2.83846	1.000	-5.2631	9.9298
		宣传品	16.66667*	2.83846	.000	9.0702	24.2631
		体验	6.61111	2.83846	.128	-.9854	14.2076
	广播	报纸	-2.33333	2.83846	1.000	-9.9298	5.2631
		宣传品	14.33333*	2.83846	.000	6.7369	21.9298
		体验	4.27778	2.83846	.804	-3.3187	11.8742
	宣传品	报纸	-16.66667*	2.83846	.000	-24.2631	-9.0702
		广播	-14.33333*	2.83846	.000	-21.9298	-6.7369
		体验	-10.05556*	2.83846	.003	-17.6520	-2.4591
	体验	报纸	-6.61111	2.83846	.128	-14.2076	.9854
		广播	-4.27778	2.83846	.804	-11.8742	3.3187
		宣传品	10.05556*	2.83846	.003	2.4591	17.6520

* 均值差的显著性水平为0.05。

表8-5中分别显示了两两广告形式下销售额均值检验的结果。可以看出，尽管理论上各种检验方法对抽样分布标准误差的定义不同，但在SPSS中却全部采用了LSD方法中的标准误差，因此每种方法的前两列数据完全相同。第三列是检验统计量观测值在不同分布中的概率p值，可见不同方法在检验敏感度上存在差异。假设显著性水平 α 为0.05，在LSD方法中，报纸广告和广播广告的效果没有显著差异(概率p值为0.412)，与宣传品和体验广告均有显著差异(概率p值分别为0.000和0.021)；但是，在Tukey和Bonferron两种方法中，结论是：报纸仅与宣传品广告有显著差异，而与广播、体验广告均无显著差异。

这个结论说明，LSD方法的检验敏感度是其中最高的，高的检验敏感度会使拒绝零假设的可能性增大，较低敏感度的方法，其犯I类错误的可能性会略高。

表中第一列的星号的含义是，在显著性水平默认值为0.05的情况下，相应两组的均值存在显著差异，与第三列的结果相对应。

由表 8-6 可以看到表中三种方法划分的子集结果是一致的，在显著性水平 α 为 0.05(默认)的情况下，首先观察 S-N-K 方法的结果，均值为 56.5556 的组(宣传品组)与其他三组的均值有显著不同，被划分出来，形成两个相似性子集。在第一个子集中，组内相似的概率为 1，第二个子集组内相似的概率为 0.055，通常在相似性子集划分时多采用 S-N-K 方法的结论。

表 8-6 **相似性子集划分**

	广告形式	*N*	Subset for alpha=0. 05	
			1	2
Student-Newman-Keuls[a]	宣传品	36	56. 5556	
	体验	36		66. 6111
	广播	36		70. 8889
	报纸	36		73. 2222
	Sig.		1. 000	. 055
Tukey HSD[a]	宣传品	36	56. 5556	
	体验	36		66. 6111
	广播	36		70. 8889
	报纸	36		73. 2222
	Sig.		1. 000	. 096
Scheffe[a]	宣传品	36	56. 5556	
	体验	36		66. 6111
	广播	36		70. 8889
	报纸	36		73. 2222
	Sig.		1. 000	. 148

总之，如果从获得高销售额的角度选择广告形式，不应采用宣传品的形式，可考虑在报纸、广播和体验中选择一种低成本或操作性强的广告。

● “对比”对话框

“对比”对话框用于实现先验对比检验和趋势检验，在单因素方差分析对话框(见图 8-2)中，单击“对比(N)…”按钮，打开单因素方差分析的对比对话框，如图 8-6 所示。

“多项式”复选框用于进行趋势检验，在后面的下拉列表框中选择趋势检验的方法，这里不作此项检验。

“系数”框用于先验对比检验。在文本框中依次输入系数 1，-0.5，0，-0.5，每输入一个数字后单击“添加(A)”按钮一次。应保证输入的系数和为 0，并注意输入的顺序，它将分别与因素的水平值相对应。单击“继续”按钮，返回到单因素方差分析对话框，再单击“确定”按钮，输出窗口显示：“表 8-7 广告形式先验对比检验的系数说明”、“表 8-8 报纸与广播、体验整体效果的对比检验结果”。

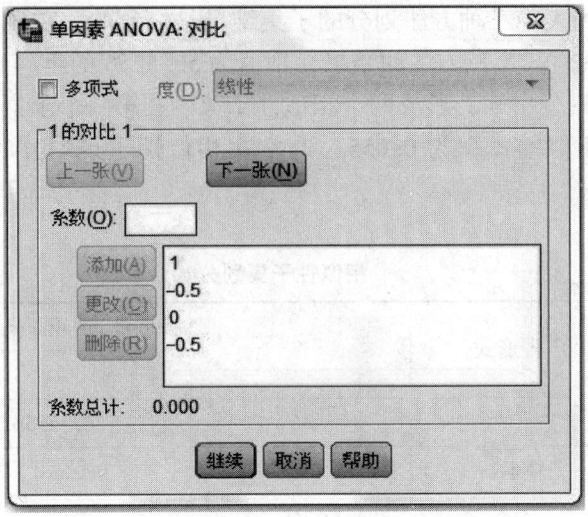

图 8-6　单因素方差分析的对比对话框

表 8-7　　**广告形式先验对比检验的系数说明**

对比系数

对比	广告形式			
	报纸	广播	宣传品	体验
1	1	-. 5	0	-. 5

表 8-8　　**报纸与广播、体验整体效果的对比检验结果**

对比检验

对比			对比值	标准误	T	*df*	显著性(双侧)
销销额	假设方差相等	1	4. 4722	2. 45818	1. 819	140	. 071
	不假设等方差	1	4. 4722	2. 25053	1. 987	90. 771	. 050

从前面的分析中已知，宣传品广告的效果是最差的，而其余三种略有差异。这里，采用先验对比检验方法，进一步对报纸与广播、体验和整体效果进行对比分析。表 8-8 分别显示了两组方差相等和不相等情况下两独立样本 *T* 检验的结果，这里应看第一行。如果显著性水平 α 为 0. 05，由于 T 统计量的概率 p 值大于显著性水平，不应拒绝零假设，即认为报纸与广播、体验整体效果并没有显著差异。

至此，对广告形式单因素对销售额影响进行了较详细的分析。结论是，在四种广告形式中，宣传品广告的效果最差，其他三种没有显著差异，在实际操作中，可综合其他因素在报纸、广播和体验三种形式中选择。

【例 8. 3】五个商店以各自的销售方式卖出新型健身器，连续四天各商店健身器销售量如表 8-9 所示。销售量服从正态分布，且具有方差齐性，试考察销售方式对销售量有无显著影响，并对销售量作两两比较。

表 8-9　　**销售方式与销售量数据表**

试验号	销售方式				
	A_1	A_2	A_3	A_4	A_5
1	10	12	10	12	15
2	8	13	8	15	13
3	11	14	9	14	16
4	7	17	11	13	18

分析：本案例属于单因素方差分析问题。

H_0：$\mu_1=\mu_2=\mu_3=\mu_4=\mu_5$；

H_1：各μ_i(i=1，2，…，5)不全相等；

操作步骤：

(1)定义变量 x 和 g ，x 代表销售量，g 代表组别，见图 8-7。

(2)选择“分析/比较均值/单因素 ANOVA…”，打开单因素 ANOVA 主对话框。

(3)将 x 键入因变量列表栏中，将 g 键入因子栏中。

(4)单击“两两比较(H)…”按钮，打开子对话框，选择 LSD 和 Dunnett 两种方法，单击“继续”按钮返回主对话框。

(5)单击“选项(O)…”按钮，打开选项子对话框，选择“描述性”和“方差同质性检验”，单击“继续”按钮返回主对话框。

	x	g
1	10.00	1.00
2	12.00	2.00
3	10.00	3.00
4	12.00	4.00
5	15.00	5.00
6	8.00	1.00
7	13.00	2.00
8	8.00	3.00
9	15.00	4.00
10	13.00	5.00
11	11.00	1.00
12	14.00	2.00

图 8-7

(6)单击“确定”按钮，得到结果如表 8-10、表 8-11、表 8-12、表 8-13 所示。

表 8-10　　**描　　述**

销售量

	N	均值	标准差	标准误	均值的 95% 置信区间		极小值	极大值
					下限	上限		
商店 1	4	9.0000	1.82574	.91287	6.0948	11.9052	7.00	11.00
商店 2	4	14.0000	2.16025	1.08012	10.5626	17.4374	12.00	17.00
商店 3	4	9.5000	1.29099	.64550	7.4457	11.5543	8.00	11.00
商店 4	4	13.5000	1.29099	.64550	11.4457	15.5543	12.00	15.00
商店 5	4	15.5000	2.08167	1.04083	12.1876	18.8124	13.00	18.00
总数	20	12.3000	3.07964	.68863	10.8587	13.7413	7.00	18.00

表 8-11　　方差齐性检验

销售量

Levene 统计量	df1	df2	显著性
.375	4	15	.823

表 8-12　　单因素方差分析

销售量

	平方和	df	均方	F	显著性
组间	133.200	4	33.300	10.628	.000
组内	47.000	15	3.133		
总数	180.200	19			

表 8-13　　多 重 比 较

因变量:销售量

	(I)组别	(J)组别	均值差(I-J)	标准误	显著性	95%置信区间	
						下限	上限
LSD	商店 1	商店 2	-5.00000*	1.25167	.001	-7.6679	-2.3321
		商店 3	-.50000	1.25167	.695	-3.1679	2.1679
		商店 4	-4.50000*	1.25167	.003	-7.1679	-1.8321
		商店 5	-6.50000*	1.25167	.000	-9.1679	-3.8321
	商店 2	商店 1	5.00000*	1.25167	.001	2.3321	7.6679
		商店 3	4.50000*	1.25167	.003	1.8321	7.1679
		商店 4	.50000	1.25167	.695	-2.1679	3.1679
		商店 5	-1.50000	1.25167	.249	-4.1679	1.1679
	商店 3	商店 1	.50000	1.25167	.695	-2.1679	3.1679
		商店 2	-4.50000*	1.25167	.003	-7.1679	-1.8321
		商店 4	-4.00000*	1.25167	.006	-6.6679	-1.3321
		商店 5	-6.00000*	1.25167	.000	-8.6679	-3.3321
	商店 4	商店 1	4.50000*	1.25167	.003	1.8321	7.1679
		商店 2	-.50000	1.25167	.695	-3.1679	2.1679
		商店 3	4.00000*	1.25167	.006	1.3321	6.6679
		商店 5	-2.00000	1.25167	.131	-4.6679	.6679
	商店 5	商店 1	6.50000*	1.25167	.000	3.8321	9.1679
		商店 2	1.50000	1.25167	.249	-1.1679	4.1679
		商店 3	6.00000*	1.25167	.000	3.3321	8.6679
		商店 4	2.00000	1.25167	.131	-.6679	4.6679
Dunnett t (双侧)b	商店 1	商店 5	-6.50000*	1.25167	.000	-9.9137	-3.0863
	商店 2	商店 5	-1.50000	1.25167	.585	-4.9137	1.9137
	商店 3	商店 5	-6.00000*	1.25167	.001	-9.4137	-2.5863
	商店 4	商店 5	-2.00000	1.25167	.349	-5.4137	1.4137

*. 均值差的显著性水平为 0.05。

b. Dunnett t 检验将一个组视为一个控制组,并将其与所有其他组进行比较。

结果说明：

(1)表8-10是描述统计量表，反映各种不同销售方式销售量的均值、标准差、标准误、均值95%的置信区间、最小值和最大值等；

(2)表8-11是方差齐性检验表，T值为0.375，两个自由度分别为4和15，双侧检验概率为0.823，所以不能拒绝方差齐性的假设；

(3)表8-12为单因素方差分析表，组间离差平方和SSR＝133.200，组间均方MSR＝33.300，组内离差平方和SSE＝47.000，组内均方MSE＝3.133，总离差平方和SST＝180.200，F＝10.628，F检验概率＝0.000<α，故拒绝H_0，接受H_1，即各种不同销售方式的销售量之间有显著性差异；

(4)表8-13为均数多重比较检验表，显示了采用LSD和Dunnett两种方法进行均值多重比较的结果。结果显示第一、三种销售方法、第二、四种销售方式、第二、五种销售方式和第四、五种销售方式的销售量均值之间没有显著性差异。

在实际中，常常需首先检验数据资料是否服从正态分布、是否方差齐性．然后才进行进一步的分析。

8.4 多因素方差分析

多因素方差分析用来研究两个及两个以上的控制因素是否对观测变量产生显著影响。由于讨论多个因素对观测变量的影响，因此这种方差分析过程称为多因素方差分析。多因素方差分析不仅能够分析多个因素对观测变量的独立影响，更能够分析多个控制因素的交互作用能否对观测变量的分布产生影响，进而最终找到利于观测变量的最优组合。

例如，仍然用某企业对不同广告形式在不同地区的广告效果(销售额)进行评估的数据，通过多因素方差分析方法，对广告形式、地区、广告形式和地区的交互作用给销售额的影响进行分析，进而为制订广告和地区的最优组合方案提供依据。又如，在冶金行业中研究片状钛合金在不同温度、不同拉伸速度下的抗拉性能是否一致，等等。这些问题都属于多因素方差分析。

多因素方差分析应用条件：因变量和协变量必须是数值型变量，且因变量来自或近似来自正态总体。因素变量是分类变量，变量可以是数值型或字符型的。各水平下的总体假设服从正态分布，而且假设各水平下的方差是相等的。

多因素方差分析过程可以分析出每一个因素的作用；各因素之间的交互作用；检验各总体间方差是否相等；还能够对因素的各水平间的均值差异进行比较等。

8.4.1 多因素方差分析基本思想

多因素方差分析的基本思想和单因素方差分析基本相似，都是通过检验两个或多个样本均数间是否存在显著差异，从而得出结论。

8.4.2 多因素方差分析的实现

SPSS利用“一般线性模型”模块的“单变量”过程来完成多因素方差分析。“单变量”过程可以处理各种不同设计，如完全随机区设计、析因设计、拉丁方设计、裂区试验设计、交叉设计及协方差分析等。

在利用SPSS进行多因素方差分析时，应首先将各个控制因素及观测变量分别定义成多个SPSS变量，并组织好数据后再进行分析。在SPSS中进行多因素方差分析的基本操作步骤如下：

(1)打开数据文件，选择主菜单“分析/一般线性模型/单变量”命令，打开“单变量”对话框，如图8-8所示。

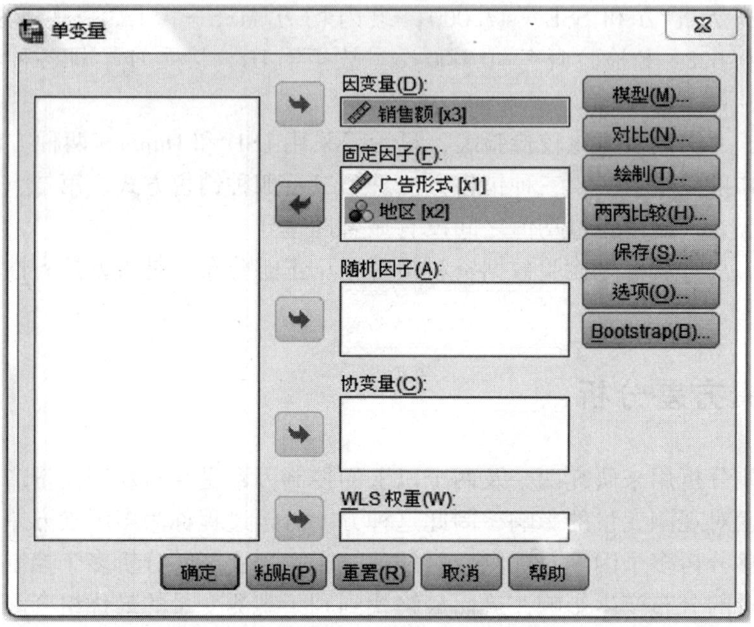

图8-8　“单变量”(单变量方差分析)对话框

(2)在对话框的左边列表框中列出了数据的变量清单，选择观测变量进入“因变量”列表框，选择固定因素变量，单击右向箭头按钮，将其移动到“固定因子”列表框；如果需要，选择随机因素变量移动到“随机因子”列表框；选择协变量移动到“协变量”列表框。

(3)单击“确定”按钮，执行操作。

这里，以广告形式和地区为控制变量(控制因素)，销售额为观测变量，建立固定效应的饱和模型。其中，零假设为：不同广告形式没有对销售额产生显著影响；不同地区的销售额没有显著差异；广告形式和地区对销售额没有产生显著的交互影响。

按上面步骤方法，参照图的设置，单击“确定”按钮后，SPSS自动建立多因素方差分析的饱和模型，并计算各检验统计量的观测值和对应的概率p值，并将结果显示到输出窗口，如表8-14所示。

表中第一列是对观测变量总变差分解的说明；第二列是观测变量变差分解的结果；第三列是自由度；第四列是均方；第五列是F检验统计量的观测值；第六列是检验统计量的概率p值。

结果显示，观测变量的总变差为26169.306，它被分解为四个部分，分别是：由广告形式(x_1)不同引起的变差(5866.083)，由地区(x_2)差异引起的变差(9265.306)，由广告形式和地区交互作用($x_1 \times x_2$)引起的变差(4962.917)，由随机因素(Error)引起的变差(6075.000)。

表 8-14　　销售额多因素方差分析的饱和模型

因变量：销售额　　主体间效应的检验

源	Ⅲ型平方和	df	均方	F	Sig.
校正模型	20094.306[a]	71	283.018	3.354	.000
截距	642936.694	1	642936.694	7619.990	.000
x_1	5866.083	3	1955.361	23.175	.000
x_2	9265.306	17	545.018	6.459	.000
$x_1 \times x_2$	4962.917	51	97.312	1.153	.286
误差	6075.000	72	84.375		
总计	669106.000	144			
校正的总计	26169.306	143			

a. R 方 = .768（调整 R 方 = .539）

这些变差除以各自的自由度后，得到各自的均方，并可计算出各 F 检验统计量的观测值和在一定自由度下的概率 p 值，F_{x_1}，F_{x_2}，$F_{x_1 \times x_2}$的概率 p 值分别为 0.000，0.000 和 0.286。如果显著性水平 α 为 0.05，由于 F_{x_1}，F_{x_2}的概率 p 值小于显著性水平 α，则应拒绝零假设，可以认为不同广告形式、地区下的销售额总体均值存在显著差异，即各自不同水平给销售额带来了显著影响。该结论与单因素方差分析是一致的。同时，由于 $F_{x_1 \times x_2}$的概率 p 值大于显著性水平 α，因此不应拒绝零假设，可以认为不同广告形式和地区没有对销售额产生显著的交互作用，不同地区采用哪种形式的广告对销售额都将不产生显著影响。

另外，表下方的 R^2(0.768) 和调整的 R^2(0.539) 反映的是多因素方差模型对观测变量数据的总体拟合程度，它们越接近 1 说明对数据的拟合程度越高。在该问题中有两个控制变量，所以应参考调整的 R^2，可以看到该模型对数据的拟合程度并不很理想，从另一个角度说明了销售额还受到除广告形式和地区以外的其他因素的影响。

【例 8.4】某公司需采购大量化纤织品，本地现有四个生产厂家，每家均有甲、乙、丙、丁种类型的化纤织品，公司研究机构对每个厂的每种样品进行试验，测得其质量指标见表 8-15。现需检验各类化纤织品及各厂家生产对产品质量有无显著影响。

表 8-15　　各厂家四种化纤品的质量指标

厂家 \ 化纤品	B_1	B_2	B_3	B_4
A_1	40	41	46	34
A_2	28	37	42	22
A_3	31	40	45	25
A_4	46	47	52	40

分析：该案例属于无交互作用的多因素方差分析问题。

操作步骤如下：

(1)定义变量及标签，输入数据，建立三个变量，分别是产品质量指标(x)，厂家(a)和化纤品(b)，见图8-9。

	x	*a*	*b*
1	40.00	1.00	1.00
2	41.00	1.00	2.00
3	46.00	1.00	3.00
4	34.00	1.00	4.00
5	28.00	2.00	1.00
6	37.00	2.00	2.00
7	42.00	2.00	3.00
8	22.00	2.00	4.00
9	31.00	3.00	1.00
10	40.00	3.00	2.00
11	45.00	3.00	3.00
12	25.00	3.00	4.00

图8-9

(2)选择“分析/一般线性模型/单变量”，随即弹出单变量主对话框。

(3)将x键入“因变量”下端矩形框中，同时，将a和b键入“固定因子”下端矩形框中。

(4)单击“模型(M)…”按钮，打开子对话框，选中“设定”单选按钮，在“因子与协变量”下端矩形框中分别点击a、b，再点击向右的箭头按钮，在“构建项”下拉列表框中选择“主效应”，单击“继续”按钮，返回单变量主对话框。如图8-10所示。

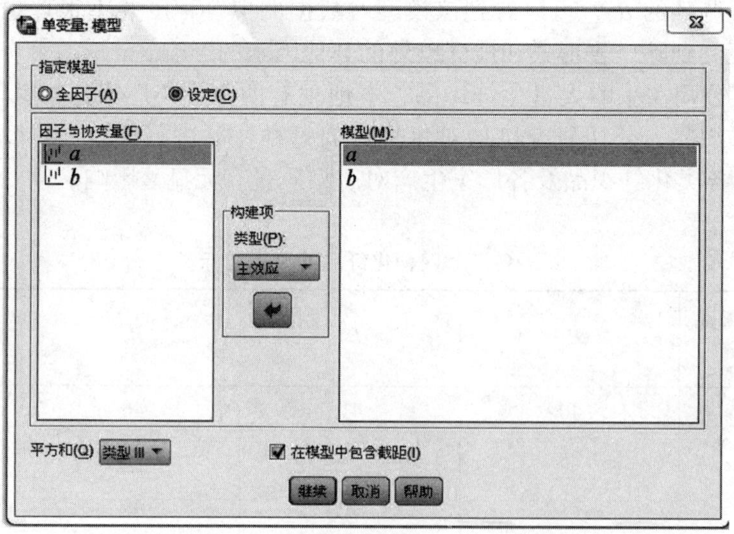

图8-10

(5)单击"两两比较(H)…"按钮，打开"单变量：观测均值的两两比较"子对话框，在此对话框的"因子"下端矩形框中分别点击 a、b，再点击向右的箭头按钮，将 a、b 分别键入"两两比较检验"下端矩形框中，并在"假定方差齐性"下选择"S-N-K"，单击"继续"按钮，返回单变量主对话框。

(6)单击"选项(O)…"按钮，打开选项子对话框，在此对话框的"因子与因子交互"下端矩形框中，同时，点击 a、b，再点击向右的箭头按钮，将 a、b 分别键入"显示均值"下端矩形框中，单击"继续"按钮返回"单变量"主对话框。

(7)单击"确定"按钮，得到结果如表 8-16 至表 8-21 所示。

表 8-16 **方差的单变量分析**

主体间因子

		值标签	N
厂家	1.00	A_1	4
	2.00	A_2	4
	3.00	A_3	4
	4.00	A_4	4
化纤品	1.00	B_1	4
	2.00	B_2	4
	3.00	B_3	4
	4.00	B_4	4

表 8-17 **主体间效应的检验**

因变量:产品质量指标

源	Ⅲ型平方和	df	均方	F	Sig.
校正模型	1014.000[a]	6	169.000	23.766	.000
截距	23716.000	1	23716.000	3335.063	.000
a	451.000	3	150.333	21.141	.000
b	563.000	3	187.667	26.391	.000
误差	64.000	9	7.111		
总计	24794.000	16			
校正的总计	1078.000				

a. R 方 =.941(调整 R 方 =.901)

估算边际均值

表 8-18　　**1. 厂家**

因变量:产品质量指标

厂家	均值	标准误差	95% 置信区间	
			下限	上限
A_1	40.250	1.333	37.234	43.266
A_2	32.250	1.333	29.234	35.266
A_3	35.250	1.333	32.234	38.266
A_4	46.250	1.333	43.234	49.266

表 8-19　　**2. 化纤品**

因变量:产品质量指标

厂家	均值	标准误差	95% 置信区间	
			下限	上限
B_1	36.250	1.333	33.234	39.266
B_2	41.250	1.333	38.234	44.266
B_3	46.250	1.333	43.234	49.266
B_4	30.250	1.333	27.234	33.266

表 8-20　　**厂家同类子集**

产品质量指标

Student-Newman-Keuls[a,b]

厂家	N	子集		
		1	2	3
A_2	4	32.2500		
A_3	4	35.2500		
A_1	4		40.2500	
A_4	4			46.2500
Sig.		.146	1.000	1.000

已显示同类子集中的组均值。

基于观测到的均值。

误差项为均值方(错误)=7.111。

a. 使用调和均值样本大小=4.000。

b. Alpha=.05。

表 8-21 化纤品同类子集

产品质量指标

Student-Newman-Keuls[a,b]

化纤品	N	子集			
		1	2	3	4
B_4	4	30.2500			
B_1	4		36.2500		
B_2	4			41.2500	
B_3	4				46.2500
Sig.		1.000	1.000	1.000	1.0000

已显示同类子集中的组均值。

基于观测到的均值。

误差项为均值方(错误)= 7.111。

a. 使用调和均值样本大小 = 4.000。

b. Alpha = .05。

结果说明:

(1)由表 8-16 可知,因素 A、B 各有四个水平,每个水平有四例。

(2)由表 8-17 可知,因素 A:F = 150.333/7.111 = 21.141,P = 0.000,按 0.05 检验水准,拒绝无效假设,可认为各厂家对产品质量有显著影响;因素 B:F = 187.667/7.111 = 26.391,P = 0.000,按 0.05 检验水准,拒绝无效假设,可认为各类型化纤织品对产品质量有显著影响。

(3)由表 8-18 和表 8-19 可知,各水平的均数,标准误和 95% 置信区间。

(4)由表 8-20 可知,第一均衡子集(Subset = 1)包含:第二组(A = 2)和第三组(A = 3),它们的均数分别为 32.25 和 35.25,两组均数比较的 P 值 = 0.146,按 0.05 检验水准,接受无效假设,可认为第一均衡子集中的均数两两之间无显著差异,即认为第二和第三厂家影响基本等效。第一组(A = 1)、第四组(A = 4)与第二组(A = 2)或第三组(A = 3)均数未列在均衡子集表的 Subset 同一格子中,可认为它们均数并非均衡,存在显著差异,因为它们的均数比较的 P 值 < 0.05。

(5)由表 8-21 可知,均数都不属于不同子集,可以认为四类化纤织品对产品质量的差异有统计学意义,因为按 0.05 的检验水准,它们属于不同的总体(Subset)。

8.4.3 多因素方差分析的进一步分析

【例 8.5】表 8-22 是某商品在不同地区和不同时期的销售量表。假设已知数据服从正态分布,试根据表中的数据,在显著性水平 0.05 下检验地区因素及时间因素对销售量的影响是否显著。

表 8-22　　　　　　　　　　　**某商品销售量表**　　　　　　　　　　　单位：千件

时期＼地区	1	2	3	4	5
1	6.5	14.2	13.4	2.4	6.2
2	1.8	7.1	9.4	1.5	4.8
3	3.6	10.8	7.2	1.7	4.9
4	3.7	8.9	8.6	2.3	4.6
5	7.6	12.6	7.5	2.8	5.2

分析：根据题意建立假设H_0：地区和时间因素对销售量影响不显著；

H_1：地区和时间因素对销售量影响是显著的。

由于销售量受地区和时间两个因素的影响，这是一个多因素方差分析的问题，根据上表建立数据文件，如图 8-11 所示具体分析的步骤如下：

	销售量	地区	时期
1	6.5	1	1
2	1.8	1	2
3	3.6	1	3
4	3.7	1	4
5	7.6	1	5
6	14.2	2	1
7	7.1	2	2
8	10.8	2	3
9	8.9	2	4
10	12.6	2	5
11	13.4	3	1
12	9.4	3	2

图 8-11

(1) 单击“分析/一般线性模型/单变量”，打开单变量主对话框。如图 8-12 所示。

(2) 选择要分析的变量“销售量”进入“因变量”框中，选择因素变量“地区”和“时期”进入“固定因子”框中。

(3) 单击“模型(M)…”按钮选择分析模型，得到模型子对话框。如图 8-13 所示：在“指定模型”框中，指定模型类型。

- 全因子选项为系统默认项，建立全模型，全模型中包括因素之间的交互作用。如果选择分析两个因素的交互作用，则必须在两因素的每种水平组合下，取得两个以上的试验数据，才能实现两个因素的交互作用的分析结果。如果不考虑因素间的交互作用时，应当选择自定义模型。
- 设定选项为自定义模型，本例选择此项并激活下面的各项操作。

先从左边框中选择因素变量进入模型框中，然后选择效应类型。一般不考虑交互作用时，选择主效应，考虑交互作用时，选择交互作用。可以通过单击“构建项”下面的选项完成，本例中选择“主效应”。最后在平方和中选择分解平方和的方法后返回主对话框。一般选取默认项“类型 III”。单击“确定”就可以得到相应的多因素方差分析表。如表 8-23 和表

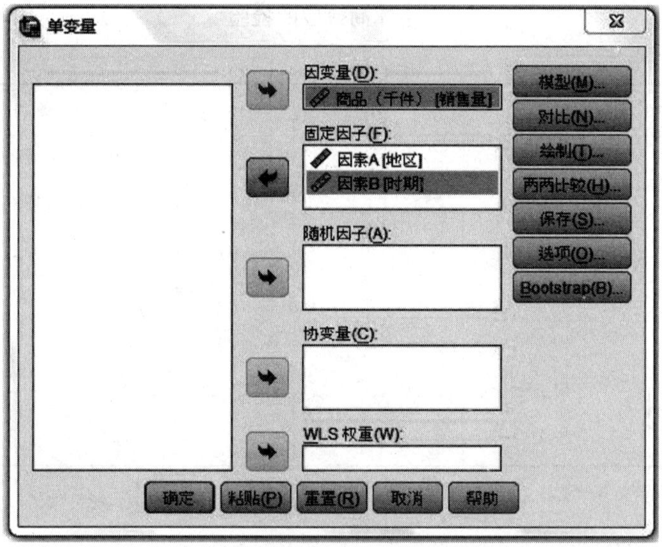

图 8-12

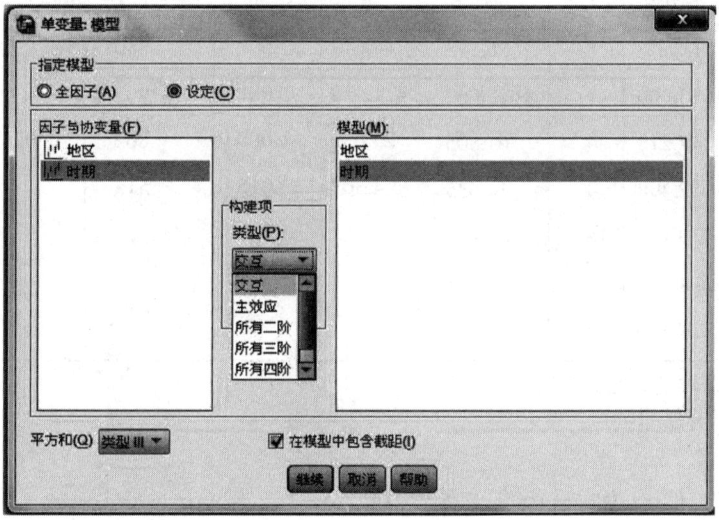

图 8-13

8-24所示。

从表中数据可看出，F 值对应概率 P 值都小于显著性水平 0.05，这说明地区和时期对销售量的影响都是显著地，故接受假设 H_1。因素 A：F＝59.582，P＝0.000，按 0.05 检验水准，拒绝无效假设，可以认为因素 A 效应显著，即表示不同类型商店对产品的销售有显著性影响；因素 B：F＝43.582，P＝0.000，按 0.05 检验水准，拒绝无效假设，可以认为因素 B 效应显著，即表示不同包装对产品的销售有显著性影响；因素 A＊B 的交互作用：F＝8.494，P＝0.000，按 0.05 检验水准，拒绝无效假设，可以认为因素 A＊B 的交互效应显著，即不同类型商店与不同包装两影响因素有交互作用。

Eta 平方：Eta^2B> Eta^2A> Eta^2A＊B，可以认为各因素对总变异的贡献是因素 B>因素 A>因素 A＊B。

表 8-23　　主体间效应的检验

因变量：商品（千件）

源	III型平方和	df	均方	F	Sig.
校正模型	289.717[a]	8	36.215	14.679	.000
截距	1015.060	1	1015.060	411.438	.000
地区	247.218	4	61.805	25.052	.000
时期	42.498	4	10.625	4.307	.015
误差	39.474	16	2.467		
总计	1344.250	25			
校正的总计	329.190	24			

a. *R*方=.880（调整*R*方=.820）

表 8-24　　主体间效应的检验

因变量：商品（千件）

源	III型平方和	df	均方	F	Sig.	偏Eta方	非中心参数	观测到的幂[b]
校正模型	289.717[a]	8	36.215	14.679	.000	.880	117.432	1.000
截距	1015.060	1	1015.060	411.438	.000	.963	411.438	1.000
地区	247.218	4	61.805	25.052	.000	.862	100.206	1.000
时期	42.498	4	10.625	4.307	.015	.518	17.226	.832
误差	39.474	16	2.467					
总计	1344.250	25						
校正的总计	329.190	24						

a. *R*方=.880（调整*R*方=.820）

b. 使用alpha的计算结果=.05

非中心参数：各 F 值＊效应自由度。

观察效能：观察效能 A、观察效能 B 和观察效能 A＊B 都等于1，可以认为各因素的检验效能均很大，无须增加样本含量。

(4)如果需要进行特定的两水平间的均值比较，则可单击“对比”按钮，打开对比对话框如图 8-14 所示，在“因子”框中显示所有在主对话框中选择的因素变量，括号中显示的是当前的比较方法，点击选中因素变量，可改变均值的比较方法。

“更改对比”栏中列出对比方法。供选择的方法依次是：

- 无：不进行均数比较；
- 偏差：以观察值均值为标准进行比较；
- 简单：以第一个或最后一个水平的观察值均值为标准；
- 差值：各水平上观察值与最后一个水平的均值比较；
- Helmert：各水平上观察值与最后一个水平的均值比较。

选择了比较方法后，再点击“更改”按钮确定，将选中的比较方法显示在选中的因素变

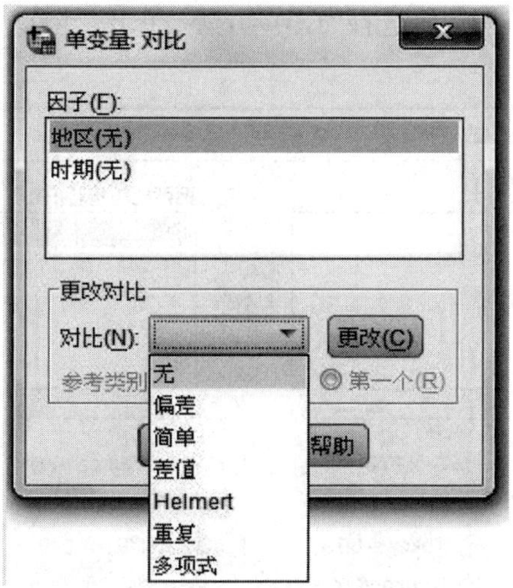

图 8-14 单变量：对比对话框

量后的括号内。然后返回主对话框。本例中不作比较选择。

(5)如果需要进行图形展示，可单击“绘制”按钮，打开图形对话框如图 8-15 所示。选择作均值来看图的参数。

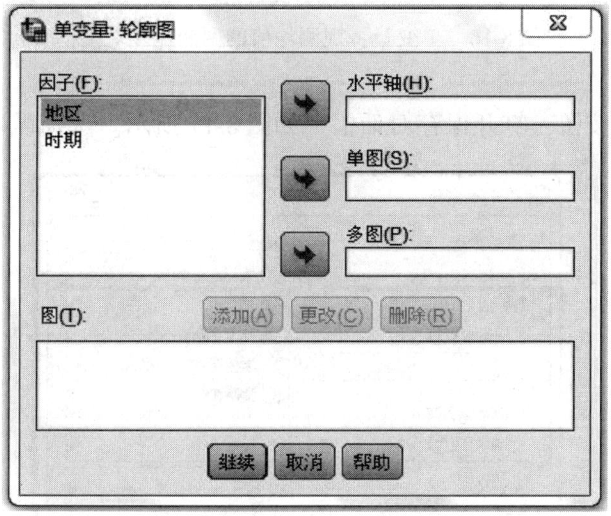

图 8-15 单变量：轮廓图对话框

①在“因子”框中选择因素变量进入“水平轴”框内，然后单击“添加”按钮，可以得到该因素不同水平的因变量均值的分布。

②如果要了解两个因素变量的交互作用，则将一个因素变量送入“水平轴”(横坐标)后，将另一个因素变量送入“单图”框中，然后单击“添加”按钮。就可以输出反映两个因素变量的交互图。本例中选择因素 A(地区)为水平轴。

(6)如果需要将因素 A 各水平间均值进行两两比较，则可以单击“两两比较”按钮，打开多重比较对话框如图 8-16 所示。从“因子”框中选择因素变量进入“两两比较检验”框中，然后选择多重比较方法。本例中各组方差相等，选择“LSD”方法。单击“继续”按钮返回主对话框。

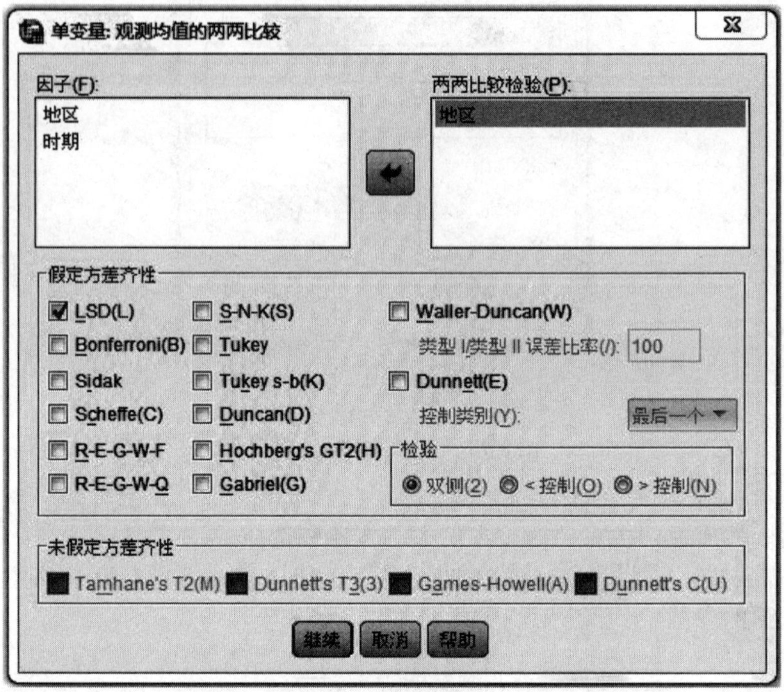

图 8-16　单变量：观测均值的两两比较对话框

（7）单击“保存”按钮，打开保存对话框，如图 8-17 所示。选择需要保存的变量。

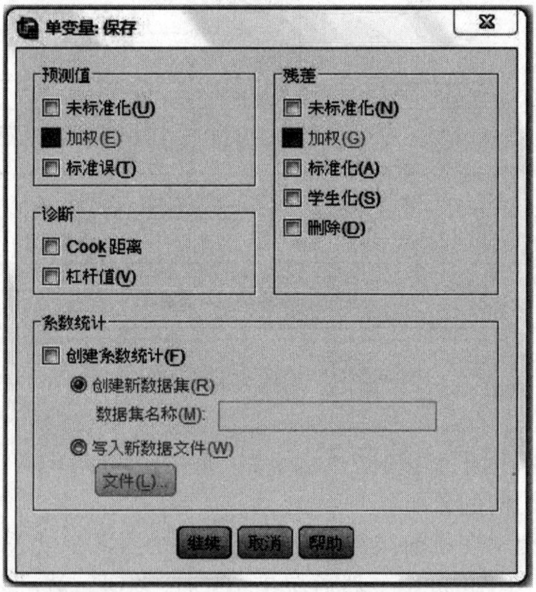

图 8-17　单变量：保存对话框

- 预测值：选择此栏系统将给出根据模型计算的有关预测值的选择项。有非标准化预测值和标准误等。

- 诊断：诊断异常值栏，有 Cook 距离和杠杆值。
- 系数统计：保存新文件栏。
- 残差栏：有非标准化和标准化残差、学生化和删除残差等。

本例中选择默认项。

(8)单击“选项”按钮，打开“单变量：选项”对话框，从中选择需要输出的显著性水平，默认值为 0. 05。本例中不作选择。

在进行所有的选择后，单击“确定”，就可以得到输出结果。

由多重比较 LSD 表中得到不同地区销售量的比较表，如表 8-25 所示。

表 8-25 **多重比较表**

因变量：商品（千件） 多 个 比 较

LSD

(I) 因素A	(J) 因素A	均值差值 (I–J)	标准误差	Sig.	95%置信区间	
					下限	上限
A_1	A_2	–6.080*	.9934	.000	–8.186	–3.974
	A_3	–4.580*	.9934	.000	–6.686	–2.474
	A_4	2.500*	.9934	.023	.392	4.606
	A_5	–.500	.9934	.622	–2.606	1.606
A_2	A_1	6.080*	.9934	.000	3.974	8.186
	A_3	1.500	.9934	.151	–.606	3.606
	A_4	8.580*	.9934	.000	6.474	10.686
	A_5	5.580*	.9934	.000	3.474	7.686
A_3	A_1	4.580*	.9934	.000	2.474	6.686
	A_2	–1.500	.9934	.151	–3.606	.606
	A_4	7.080*	.9934	.000	4.974	9.186
	A_5	4.080	.9934	.001	1.974	6.186
A_4	A_1	–2.500*	.9934	.023	–4.606	–.394
	A_2	–8.580*	.9934	.000	–10.686	–6.474
	A_3	–7.080*	.9934	.000	–9.186	–4.974
	A_5	–3.000*	.9934	.008	–5.106	–.894
A_5	A_1	.500	.9934	.622	–1.606	2.606
	A_2	–5.580*	.9934	.000	–7.686	–3.474
	A_3	–4.080*	.9934	.001	–6.186	–1.974
	A_4	3.000*	.9934	.008	.894	5.106

基于观测到的均值。

误差项为均值方（错误）=2.467。

*. 均值差值在.05级别上较显著。

从表中可以看到地区之间的差异比较结果，如 A_1 与 A_2，A_1 与 A_3 的差异就比较大，而 A_1 和 A_5 之间就没有显著差异。

由图 8-18 可以看出，两个因素变量地区和时期的折线之间无交叉，因此两个因素之间基本上没有交互作用。

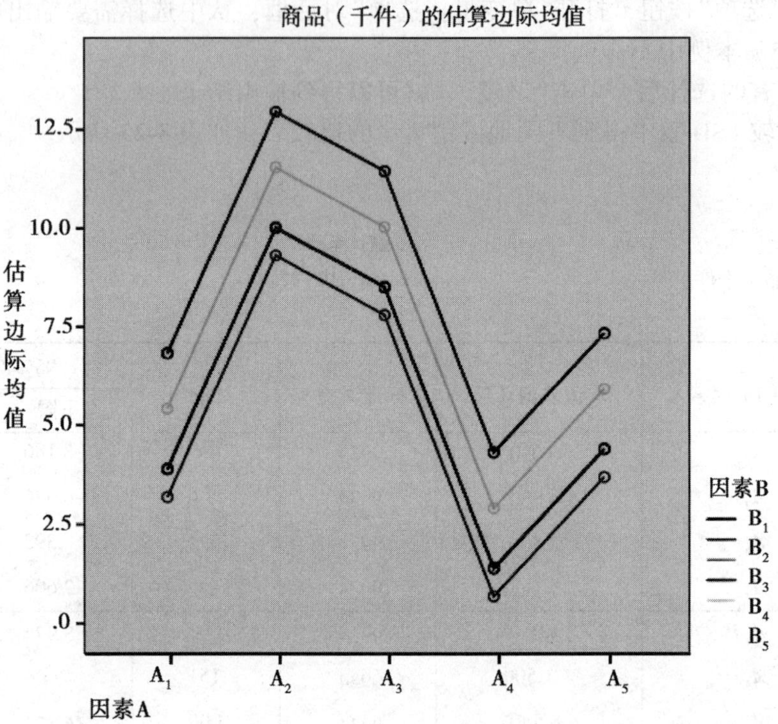

图 8-18　因素 A 与因素 B 的交互作用图

本章小结

在经营管理中效益的好坏，工业产品质量的高低，商业企业销售规模的大小等，往往受许多因素影响。为了得到较好的经济效益，较高的产品质量，较大的销售规模，就必须从众多的影响团素中找出影响显著的因素，以便寻找最佳生产方案或促销方式，提高企业经济效益。方差分析为解决此类问题提供了较好分析方法。在利用 SPSS 实现方差分析时，应注意以下几个问题：

单因素方差分析过程可以进行单因素方差分析、均值多重比较和相对比较。

单变量方差分析过程可以完成一般单因变量、多因素方差分析，还可以指定协变量，即进行协方差分析。

利用单变量过程实现单因变量双因素分析时，首先要判断两影响因素是否存在交互作用，若存在交互作用，则在设定模型子对话框的指定模型下选择全因子(此模型不仅能够分析因素的主效应，而且可以分析因素的交互作用；若不存在交互作用，则在设定模型子对话框的指定模型下选择设定(由分析者自定义分析因素效应)。

思考与练习

简答与操作题

1. 什么是方差分析？它所研究的是什么？

2. 方差分析包括哪些类型？它们有何区别？

3. 方差分析中有哪些基本假定？

4. 简述方差分析的基本思想。

5. 简述方差分析的基本步骤。

6. 某商店采用四种不同的方式推销商品。为检验不同方式推销商品的效果有无显著差异，随机抽取样本，得到如下数据：

方式一	方式二	方式三	方式四
77	95	72	80
86	92	77	84
80	82	68	79
88	91	82	70
84	89	75	82

要求：计算统计量，并以 $\alpha=0.05$ 的显著性水平作统计检验。

7. 为研究食品的包装和销售地区对其销售量是否有影响，在三个不同地区用三种不同包装方法进行销售，获得的销售量数据如下：

		包装方法		
		B_1	B_2	B_3
销售地区	A_1	45	75	30
	A_2	50	50	40
	A_3	35	65	50

要求：检验不同的地区和不同的包装方法对该食品销售量是否有显著影响（$\alpha=0.05$）。

8. 入户推销有五种方法。某大公司想比较这五种方法有无显著地效果差异，设计了一项实验。从尚无推销检验的应聘人员中随机挑选一部分，并随机将他们分为五个组，每组用一种推销方法培训。一段时期后得到他们在一个月内的推销额，如下表所示：

第一组	20.0	16.8	17.9	21.2	23.9	26.8	22.4
第二组	24.9	21.3	22.6	30.2	29.9	22.5	20.7
第三组	16.0	20.1	17.3	20.9	22.0	26.8	20.8
第四组	17.5	18.2	20.2	17.7	19.1	18.4	16.5
第五组	25.2	26.2	26.9	29.3	30.4	29.7	28.2

(1)利用单因素方差分析方法分析这五种推销方式是否存在显著差异。

(2)绘制各组的均值对比图，并利用 LSD 方法进行多重比较。

9. 某连锁商场有五个连锁分店。希望比较这五个分店的营业额是否相同，调查人员各自独立地从这五个分店中取得 12 个营业日的日营业额，资料见下表：

连锁店营业日	第一连锁店	第二连锁店	第三连锁店	第四连锁店	第五连锁店
1	924	994	1160	1072	949
2	1094	1270	1185	1011	1121
3	1000	1261	1292	961	1159
4	948	1034	1319	1229	1049
5	1066	1542	1101	1238	952
6	923	1258	1246	1035	1097
7	823	1215	1340	1240	1144
8	1035	978	1019	947	958
9	1130	1316	1224	1110	917
10	1019	1005	967	955	1077
11	985	944	1221	1091	967
12	957	1295	1210	916	1039

参考文献

[1]蔡建琼等. SPSS统计分析实例精选[M]. 清华大学出版社，2006

[2]杜强. SPSS统计分析从入门到精通[M]. 人民邮电出版社，2011

[3]杜志渊. 常用统计分析方法：SPSS应用[M]. 山东人民出版社，2006

[4]何宁. 统计分析系统SAS[M]. 武汉大学出版社，2005

[5]何宁. 统计分析系统SAS与SPSS[M]. 机械工业出版社，2008

[6]巩月明. 货币政策对中国股市影响的统计分析——基于独立样本t检验的实证研究[J]. 特区经济，2008

[7]李河. 如何正确使用"双侧检验" 或"单侧检验"[J]. 循证医学，2003

[8]李洪成. SPSS18数据分析基础与实践[M]. 电子工业出版社，2010

[9]李志辉. PASW/SPSS Statistics中文版统计分析教程(第3版)[M]. 电子工业出版社，2010

[10]卢纹岱. SPSS统计分析(第4版)[M]. 电子工业出版社，2012

[11]梅宏斌. SPSS 10. 0 for Windows在经济管理中的应用[M]. 中国统计出版社，2006

[12]米红. 实用现代统计分析方法及SPSS应用[M]. 当代中国出版社，2004

[13]吴明隆. SPSS统计应用实务[M]. 中国铁道出版社，2001

[14]薛薇. 统计分析与SPSS的应用(第3版)[M]. 中国人民大学出版社，2011

[15]张文彤. SPSS统计分析基础教程(第2版)[M]. 高等教育出版社，2011

[16]百度百科,http://baike. baidu. com/view/325793. htm

[17]维基百科全书,http://en. wikipedia. org/wiki/SPSS

[18]析数软件(上海)有限公司,http://www. spss. com. cn

